国际EPC
工程项目风险管理

路铁军　宋晓刚　史翠荣◎著

Risk Management of International
EPC Projects

中国社会科学出版社

图书在版编目(CIP)数据

国际EPC工程项目风险管理 / 路铁军，宋晓刚，史翠荣著. -- 北京 : 中国社会科学出版社， 2024. 12.
ISBN 978-7-5227-4531-2

Ⅰ. F426. 9

中国国家版本馆CIP数据核字第20245U0B21号

出 版 人 赵剑英
责任编辑 田 文
责任校对 白玉洁
责任印制 张雪娇

出　　版 中国社会科学出版社
社　　址 北京鼓楼西大街甲158号
邮　　编 100720
网　　址 http://www.csspw.cn
发 行 部 010-84083685
门 市 部 010-84029450
经　　销 新华书店及其他书店

印　　刷 北京君升印刷有限公司
装　　订 廊坊市广阳区广增装订厂
版　　次 2024年12月第1版
印　　次 2024年12月第1次印刷

开　　本 710×1000　1/16
印　　张 16. 75
插　　页 2
字　　数 258千字
定　　价 98. 00元

前　言

对外承包工程是国际经济合作的重要内容，改革开放以来，中国对外承包事业获得了长足发展。2023 年，中国对外承包工程业务完成营业额 1609.1 亿美元，新签合同额 2645.1 亿美元，本年度中国内地有 81 家企业入选国际承包商 250 强榜单。这些数据反映出中国对外承包工程业务取得的巨大成就。但是，我们也必须看到，由于国际政治经济及市场形势变化，中国对外承包事业也面临许多新的挑战。

近年来，国际政治经济颇不宁静，大国之间博弈加剧，地缘政治形势紧张，国际安全风险上升，地区冲突频发。俄乌冲突以来美西方对俄全面制裁，全球供应链遭到破坏，保护主义和逆全球化抬头，国际经济合作面临巨大障碍和威胁，国际工程市场受到明显影响。后疫情时期世界经济恢复缓慢，各国通胀压力增大，很多国家财政预算紧张，基建资金缺口严重，国际市场业务扩展难度增加，市场竞争普遍加剧。

“一带一路”倡议的不断推进，为区域国家基建市场带来繁荣，也为中国对外承包工程带来机遇。但随着国际工程市场需求的变化，EPC、PPP 等大型复杂项目增加，同时绿色发展、高质量发展等理念更加得到各国重视，这些都给对外承包企业带来新的挑战。

随着国际工程市场上 EPC 项目的增多，中国越来越多的大型设计或施工企业开始以总承包商角色承担海外 EPC 项目，但由于这些企业在国内长期从事单纯的设计或施工业务，对国际工程 EPC 总承包模式还不太熟悉，有些企业虽然在国内有实施工程总承包的经历，但由于国内工程总承包与国际 EPC 工程总承包在风险分配理念上存在较大差异，企业对国际 EPC 工程项目的风险缺乏充分认识，若仍以传统思维来承揽和实施国际 EPC 工程项目，将给企业海外经营带来巨大风险。

面对新形势、新挑战，只有通过不断学习，锐意进取，不断增强企业的核心竞争力，才能使企业在日益激烈的国际竞争中砥砺前行，推动中国对外承包事业健康可持续发展，为中国对外经济合作和“一带一路”倡议不断向纵深发展作出贡献。

基于对中国对外承包工程事业发展现状和未来的思考，作者结合长期从事国际工程管理教学、研究和参与国际工程管理的经验，在查阅大量文献的基础上，撰写了《国际 EPC 工程项目风险管理》一书，旨在为中国对外承包企业和项目管理者提供参考，以期提高中国承包商实施国际 EPC 工程项目的管理水平，为中国对外承包事业的可持续发展贡献微薄之力。

本书可供国际工程管理领域的学者及对外承包工程经营管理人员参考，也可作为高等院校相关专业本科生和研究生涉及国际工程管理课程的教材和参考书。

本书由石家庄铁道大学路铁军、河北经贸大学宋晓刚、河北高速公路集团有限公司史翠荣合著。本书的写作得到了石家庄铁道大学、中国化学、中国铁建、中国中铁、中国中车等单位有关领导和同人的大力支持，在此致以衷心感谢。本书写作过程中参考了大量文献资料，对这些文献资料的提供者和原作者谨致谢意。对可能存在错漏和不足之处，敬请同人和读者指正。

路铁军 谨识

2024 年 4 月

目　录

第一章

绪论：对外承包工程的发展与国际工程市场

第一节　中国对外承包工程的发展历程

中国企业对外工程承包业务开始于改革开放初期，与改革开放并行发展，四十多年间历经多次变革调整，取得了长足的发展和巨大成就，其发展历程大致可划分为四个发展阶段。

一　起步阶段（1979—1982）

中国对外承包工程的起步得益于改革开放初期国内外经济环境提供的机遇。从国际上看，20 世纪 70 年代中期至 80 年代初，国际石油价格大幅上升，中东地区产油国借助“石油美元”积累巨额外汇收入，掀起了工程建设热潮，为中国进入国际工程市场提供了重要的发展空间，中国对外工程承包企业把握市场机遇，以中东和北非市场为起点进入国际工程市场。在国内，1978 年改革开放逐渐起步，中国企业在承担援外任务的同时也开始承包海外工程项目。当时国务院批准设立三家外经企业，即中国建筑工程公司、中国土木工程公司、中国路桥工程公司，加上原来的外经部中国成套设备进出口公司，共四家“窗口公司”拥有对外经营权。这几家公司依靠国家政策支持、援外项目经验以及相关外经人才优势，率先开启了中国对外工程承包业务。当时为保证国家公司的信誉及对外公司的国际经营能力，规定只有获得政府批准的对外经营权才能开展对外承包业务，因此这一时期其他公司必须通过与“窗口公司”合作，以“借船出海”的方式开展对外经营业务。在对外工程承包发展起步阶段，中国企业以承担施工分包任务为主，多集中于基本房建、打井、桥梁、道路等土建领域，签约合同额和项目规模都比较小，1979—1982 年，中国累计签订对外承包工程合同 610 份，合同额 7. 95 亿美元，完成营业额 2. 23 亿美元。

二　平稳上升阶段（1983—1999）

这一阶段，中国对外承包工程市场区域趋于多元化，对外承包商数量增多，业务规模持续扩大。1982 年后国际油价暴跌，中东市场工程规模急剧收缩，为应对国际市场变化，中国对外承包企业审时度势，及时灵活调整国际市场战略方向。20 世纪 90 年代初期，东南亚和南亚经济发展迅速，中国承包企业凭借区位优势迅速占据亚洲市场。同时中国改革开放提速发展，对外开放格局进一步打开，对外开放经营权下放。1992 年，中国拥有对外承包工程经营权的企业数量增至 211 家，同时新增 36 家大型甲级设计咨询业务设计院开展对外咨询业务，1992 年中国对外承包工程新签合同额为 52. 51 亿美元，同比增加 108%。1997 年亚洲金融危机发生后，中国企业又积极转向非洲、美洲、南太等其他区域，在项目分布上初步形成以亚洲和非洲为主、兼顾其他市场的多元市场格局。1999 年对外承包新签合同额首次突破 100 亿美元大关，达到 103. 7 亿美元，完成营业额 86. 12 亿美元。随着业务规模持续扩大，中国企业承揽业务的领域向房屋、交通及石化领域扩展。

三　高速增长阶段（2000—2017）

在这一阶段，中国对外承包企业经过多年市场耕耘，迎来世界经济长期向好的发展局面以及国家战略对工程承包事业大力扶持的政策环境，对外承包工程事业开始进入规模化高速增长时期。进入 21 世纪，世界经济一直保持较高的增长速度，带动国际工程承包市场繁荣发展。2000 年正式实施的“走出去”战略以及 2013 年提出的“一带一路”倡议，为走出国门的中国对外承包工程企业提供了国家战略层面的支撑，此后政府出台了一系列相关文件，为对外承包业务发展提供政策保障，多家金融机构及国家开发银行的设立也为对外承包工程提供了有力的资金支持。加入世界贸易组织及其他区域性合作组织，对促进对外承包工程企业深化国际合作、提升国际化经营能力创造了良好的机遇。这一阶段中国对外承包工程呈现以下特点。

（1）业务规模迅速增长，新签合同额跨越发展。2002—2017 年中国对外承包工程完成营业额保持年均 20% 的增长速度，新签合同额保持年均 22% 的增长，其中 2006 年对外承包工程新签合同额增速高达 121.62%，2008 年完成营业额增速高达 38.74%。这一阶段对外承包工程新签合同实现两级跳，2008 年为 1054.51 亿美元，跨越 1000 亿美元，2015 年为 2100.7 亿美元，迈入 2000 亿美元。此后 2016 年和 2017 年两年新签合同额均保持在 2000 亿美元以上，分别为 2440.1 亿美元和 2652.8 亿美元，同比增长分别为 16.15% 和 8.71%。

（2）大型项目逐年增加，承包模式不断创新。随着国际市场项目规模日益大型化，新签大型项目规模和数量持续增加，2017 年，新签合同额在 5000 万美元以上的项目 782 个，合计 1977.4 亿美元，占新签合同总额的 74.5%，其中 10 亿美元以上的项目 41 个。同时，国际承包模式也发生转变，融资和管理能力成为重要竞争力，BOT、BOOT、EPC、EPC + F、PMC、PPP 模式逐渐成为中国对外承包工程的有益尝试。

（3）对外承包主体不断壮大，竞争力不断提升。2017 年实际开展对外承包工程业务的企业达到 1045 家，当年进入国际承包 250 强的中国企业达到 69 家，已形成一支门类齐全、具有较强实力的梯队化经营队伍，国际影响力大幅提升。

（4）优势业务凸显，“一带一路”市场突出。中国承包商在交通运输、房屋建筑、电力工程、石油化工、通信领域的技术标准、设计施工、设备制造及运营管理方面具备了相当的实力和优势，超八成业务集中在基础设施类项目。随着“一带一路”倡议深入实施，亚洲、非洲成为对外承包工程重点区域，多半业务分布于共建“一带一路”国家和地区。2017 年中国企业在“一带一路”共建国家新签合同额 1443.2 亿美元，占当年新签合同总额的 54.4%，完成营业额 855.3 亿美元，占 50.7%。中国承包商围绕“一带一路”倡议和国际产能合作，积极推进“投—建—营”一体化建设，促进业务向高端化转型升级。

（5）对外承包工程管理体系趋于完善，政策支持日益健全。为推动中国对外承包工程事业健康规范化发展，商务部在对外承包工程业务保函风险、进出口设备、境外投资、合规经营、信用体系建设、金融税收、社会责任、法制规范发展等方面制定指导文件，持续深化对外承包工程事业改革创新。

四　向高质量转型阶段（2018 年以后）

经历了前些年的高速发展，中国对外承包工程整体已达较大规模，但从 2018 年以来，业务增长进入停滞和调整期。2018 年，中国对外承包工程业务完成营业额 1690.4 亿美元，同比增长 0.3%，新签合同额 2418 亿美元，同比下降 8.8%。2019 年完成营业额 1729 亿美元，同比增长 2.3%，新签合同额 2602.5 亿美元，同比增长 7.6%。新冠疫情的发生蔓延给国际工程市场造成巨大影响，也使中国对外承包工程面临下行压力，2020 年中国对外承包工程完成营业额 1559.4 亿美元，同比下降 9.8%，新签合同额 2555.4 亿美元，同比下降 1.8%。到 2021 年年末，趋势有所缓解，2021 年对外承包工程完成营业额为 1549.4 亿美元，同比下降 0.6%，新签合同额为 2584.9 亿美元，同比增长 1.2%。2022 年以来，虽然新冠疫情已结束，但国际地区局势紧张加剧，特别是俄乌冲突及西方对俄罗斯的制裁，导致全球供应链遭到破坏，给国际工程市场带来新的不确定性，2022 年中国对外承包工程完成营业额 1549.9 亿美元，与上年基本持平，新签合同额 2530.7 亿美元，下降 2.1%。2023 年中国对外承包工程首次出现“双增长”，完成营业额 1609.1 亿美元，增长 3.8%，新签合同额 2645.1 亿美元，同比增长 4.5%，见表 1 – 1。

表 1－1　2018—2023 年中国对外承包工程完成营业额（亿美元）与新签合同额（亿美元）及同比增长

业务额＼年份	2018	2019	2020	2021	2022	2023
完成营业额及增长	1690.4（+0.3%）	1729（+2.3%）	1559.4（−9.8%）	1549.4（−0.6%）	1549.9（+0.00%）	1609.1（+3.8%）
新签合同额及增长	2418（−8.8%）	2602.5（+7.6%）	2555.4（−1.8%）	2584.9（+1.2%）	2530.7（−2.1%）	2645.1（+4.5%）

资料来源：商务部网站。

总体来看，2018 年以来世界各国经济比较低迷，基建项目资金缺口严重，加上国际大国关系紧张，地区冲突频发，国际市场业务扩展难度增加。这种形势下，探索高质量可持续发展路径、创新国际合作方式、推动业务转型升级成为中国承包商面临的重要挑战。中国对外承包工程业务转型升级的努力体现在以下方面。

（1）重视优势领域和重点市场，强化对外承包业务的基本盘。亚洲作为中国对外承包工程第一大市场，在非常时期可发挥市场稳定作用，从新签合同额的情况看，2020 年亚洲市场新签合同额 1429.7 亿美元，同比增长 1.3%，占当年新签合同总额的 56%，呈现大项目聚集的特点，主要集中于交通、建筑和电力工程业务领域。

（2）探索创新业务模式，向多元化、高端化发展。后疫情时期部分发展中国家债务沉重，国际金融组织放缓甚至停止贷款，私人投资规模大幅缩减，未来融资将成为制约大型基建项目建设的重要难题。新形势下中国对外承包企业积极参与国际 EPC 项目，探索 BOT、PPP、区域规划和综合开发、小比例投资入股等业务模式，加大对中高端新市场的探索和开发力度。

（3）推进“投—建—营”一体化经营。通过收购、兼并及重组等形式，延长产业链并开展设计咨询及运营管理等相关领域服务，提升对项目高端环节的盈利能力；或通过收购发达国家建设与设计咨询企业，为进入高端承包市场打下基础。深度参与项目前期规划，从项目所在国及业主角度考虑当地发展需要，积极提出合理化建议。加强企业合规经营，探索属地化经营；同时，加强企业对全球资源的配置能力，注重综合竞争力提升，完善风险防控机制，向大型综合服务商转变。

（4）创新合作模式，扩展跨界合作及第三方合作。一方面，是企业间“跨界”合作，产业链上下游企业进行资源整合，央企与地方企业通过优势互补“联合走出去”，以及地方政府牵头组建“走出去企业联盟”等，不断提升业务开拓能力和风险管控水平；另一方面，与发达国家企业的三方合作也日益增多，充分借助发达国家企业在设计与法律咨询服务、联营体投标、项目融资、企业并购等方面的专业优势，通过合作实现双赢和多赢。

过去几十年，中国对外承包工程事业从无到有，走过了波澜壮阔的历程，取得了举世瞩目的成绩。展望未来，虽然更加复杂的国际形势给世界经济带来更多不确定性，但基于多年来积累的经验和不断增强的实力，中国对外承包企业应该有信心迎接挑战。“一带一路”倡议持续推进以及近几年提出的创新驱动和高质量发展战略，也为行业和企业发展提供了新的战略指引和发展契机。通过信息化、智能化实现绿色高质量发展是未来的发展方向，为各国基础设施体系朝着数字化转型、智能升级和融合创新的方向发展提供重要契机，也将为中国对外承包企业在绿色和智慧建筑、交通、制造等领域带来更多的机会。在国际工程市场上，中国海外工程人必将继续披荆斩棘，勇往直前，不断创造出更大的辉煌。

第二节　国际工程区域市场

按照美国《工程新闻纪录》（ENR）统计报告对国际工程市场的划分，国际工程市场按照地域主要划分为 9—10 个区域性市场，分别为亚洲/澳大利亚、欧洲、美国、中东、南非/中非、拉美、北非、加拿大、加勒比、北极/南极地区，有时将亚洲/澳大利亚拆分为亚洲和澳大利亚，南非/中非和北非合并为非洲。根据对 250 家最大国际承包商的业绩统计，2016—2022 年各主要区域市场营业额及市场份额见表 1－2 和表 1－3。

表 1－2　　2016—2022 年国际区域市场营业额（亿美元）

区域＼年份	2016	2017	2018	2019	2020	2021	2022
亚/澳市场	1203.1	1276.1	1273.9	1252.2	1073.1	976.3	1092.4
欧洲市场	959.9	1023.6	1078.1	1058.3	1059.8	1131.0	1127.6
美国市场	536	601.4	640.3	712.1	681.2	510.2	559.1
中东市场	840.2	814	809.2	713.8	555.2	485.4	499.0
非洲市场	615.4	624.3	600.8	552.3	482.7	467.8	480.9
拉美市场	309.1	271.7	271.4	232.6	195.9	195.8	272.6
加拿大市场	187.2	181.6	169	170.6	134.9	188.0	239.1
加勒比地区	28.5	28	26.5	35.3	20.5	24.1	14.4
北极/南极	2	3.5	3.7	3.4	0.3	0.4	0.5

资料来源：历年 ENR 国际承包商 250 强报告。

表 1－3　　2016—2022 年国际区域市场份额（%）

区域＼年份	2016	2017	2018	2019	2020	2021	2022
亚/澳市场	25.7	26.5	26.1	26.5	25.5	24.5	25.5
欧洲市场	20.5	21.2	22.1	22.4	25.2	28.4	26.3
美国市场	11.4	12.5	13.1	15.1	16.2	12.8	13
中东市场	17.9	16.9	16.6	15.1	13.2	12.2	11.6
非洲市场	13	12.9	12.3	11.7	11.5	11.8	11.2
拉美市场	6.6	5.6	5.6	4.9	4.7	4.9	6.4
加拿大市场	4	3.8	3.5	3.6	3.2	4.7	5.6
加勒比地区	0.6	0.6	0.5	0.7	0.5	0.6	0.3
北极/南极	0.0	0.1	0.1	0.1	0.0	0.0	0.0

资料来源：历年 ENR 国际承包商 250 强报告。

在 ENR 主要区域市场划分的基础上，进一步综合形成六大国际工程承包市场，即亚太市场、中东市场、欧洲市场、非洲市场、北美市场、拉美及加勒比市场，六大承包市场覆盖国际工程大部分业务，并集聚了国际众多承包商，如图 1－1 为全球六大承包市场 2016—2022 年国际营业额变化趋势。从整体来看，亚太市场、欧洲市场、北美市场近五年都保持持续增长，而中东市场、非洲及拉美市场则呈下降趋势。2018 年之前全球承包市场排名为亚太市场、欧洲市场、中东市场、北美市场、非洲及拉美市场，之后北美市场超越中东市场成为全球第三大承包市场。2020 年在全球新冠疫情影响下，除欧洲市场基本保持微弱增势外，其余五大承包市场都出现不同程度的下降，欧洲市场增势强劲，2021 年和 2022 年营业额均超过亚太市场。

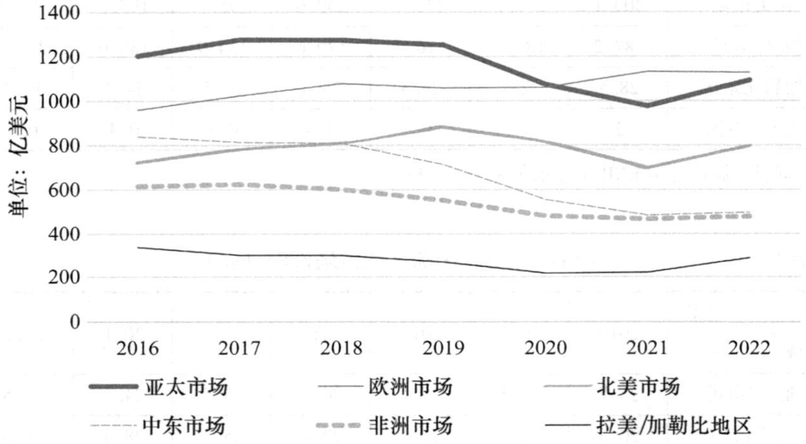

图 1－1　2016—2022 年全球六大承包市场营业额趋势

数据来源：历年 ENR 国际承包商 250 强报告。

一　亚太市场

亚太市场指亚洲及环太平洋地区，包括东南亚、东亚、南亚、西北亚、澳大利亚、新西兰及南太平洋岛国区域。2016—2022 年亚太市场营业额占比超过四分之一的国际市场份额，连续 5 年保持全球第一大国际承包市场地位。近年来在中国“一带一路”倡议的带动下，亚洲地区是全球经济最有活力的地区。随着亚洲地区发达经济体基础设施改造和新兴经济体工业化、城市化发展的推进，各国加大对基础设施互联互通的支持力度，交通、电力、新能源等领域的投资需求持续保持旺盛。“一带一路”倡议的深入推进以及疫情后亚洲各国经济发展的需要，导致基础设施投资大幅增加，亚洲区域将成为全球市场中最具活力和发展潜力的地区。

二　欧洲市场

欧洲市场历来是全球最大的工程承包市场之一，进入门槛较高，目前逐渐出现东移态势。早期欧洲市场随着经济一体化推进、欧盟成立发展及东欧市场开发等有利条件，建筑承包市场长期保持良好的发展态势。自 2005 年后，因政府缩减开支、国际金融危机等因素影响，欧洲市场营业额连续多年出现下滑。近年来，受英国脱欧、欧洲多国经济增长乏力的拖累，欧盟多国政府普遍压缩开支，减少了基础设施方面的投入。中东欧地区基础设施发展落后，但各国政府均制订了相应的发展规划，发展基础设施意愿强烈。由于政府财力不足，因此融资能力成为国际承包商进入欧洲市场的重要竞争力。2018 年欧洲经济强势复苏，推动了建筑业复苏，2020 年欧洲市场在疫情中持续保持增长，中东欧捷克、斯洛伐克、波兰等国家工程承包市场增长较快，欧洲市场及欧洲承包商在 2020 年以后都取得比较优秀的业绩，未来发展潜力较大。

三　中东市场

中东市场指从地中海东部到波斯湾的大片地区，主要包括伊朗、伊拉克、沙特、土耳其、叙利亚等国。中东市场发展与全球石油价格、国际石油产量、社会稳定和地区冲突等因素密切相关。20 世纪 70 年代借助石油美元发展机遇，中东市场形成并快速发展为国际重要承包市场，80 年代后因产油量锐减、两伊战争及海湾战争，导致中东市场下滑趋势明显。随着战后重建和国际油价上升，中东市场开始快速恢复发展。2007 年美国次贷危机、2011 年叙利亚战争、2014—2015 年国际油价暴跌等因素，导致中东市场风险骤增，国际营业额和市场份额出现持续下降。近年来，受到国际油价多年持续走低的影响，中东国家普遍缩减财政预算，力推经济多元化。国际承包商面在该地区面临更激烈的竞争、更严格的审查、更低的利润水平以及不确定因素增加等多重挑战。此外近几年中东地区政局动荡加剧，导致国际承包商在该地区面临严峻的安全风险。2018 年及以后中东市场营业额低于北美市场，成为第四大承包市场。

四 非洲市场

非洲市场地域辽阔、人口增长迅速，资源丰富，但经济落后，基础设施匮乏，工业基础薄弱，资金短缺，长期以来处于消沉状态。为摆脱贫困现状，各国积极采取经济发展措施，大力吸引外资，推动该区域更多的投资流动，吸引了大量国际承包商涌入，国际工程市场规模不断扩大。当前非洲国家正处在经济快速发展阶段，基础设施薄弱是经济发展的短板，非洲各国都积极加大对基础设施投资，优化营商环境，非洲承包市场未来发展潜力巨大。另外，非洲市场人力资源丰富，积极开展属地化管理是实现在该市场长久深入发展的重要战略。但不容忽视的是，非洲多数国家法制不健全、政治稳定性差、自然医疗条件恶劣、存在恐怖主义威胁。此外，近些年随着国际利率水平的走高，部分非洲国家面临货币贬值、偿债压力增大的困境。总之，非洲市场技术较为落后，进入市场壁垒较小，随着越来越多的国际承包商涌入，非洲市场竞争更加激烈，国际承包商在非洲市场面临政治、法律、社会、健康、安全等多方面的风险。

五 北美市场

北美市场主要在美国和加拿大两个发达国家，作为发达经济体代表，该市场工程项目技术含量高，存在一定进入壁垒，一直以来被英、美、法、日、澳等发达国家的大型国际承包商所垄断。对于发展中国家及新兴国家的国际承包商而言，凭其当前技术、资金及管理能力，大规模进入及开拓该市场存在较大的障碍。近些年美国基础设施改造需求扩大，不仅有改善公路、机场、地铁等传统基建的客观需求，而且也寻求 5G 等高新技术为代表的通信领域的竞争优势，大力推动制造业回流。在后疫情时代，随美国扩大基础设施投资计划的实施，北美市场面临重要的发展机遇，也为发展中国家大型承包商探索高端市场提供了机遇。

六 拉美/加勒比海市场

拉美/加勒比海地区指美国以南的北美洲或南美洲诸国家。拉美地区主要为较落后的发展中国家，近年来多数国家经济增速较为缓慢，经济增长内生动力不足，由于与美国经济关系密切，极易受到外部市场需求波动的冲击，加之该地区正处在社会矛盾加剧、政治波动放大的阶段，因此，该地区经济增长和政治稳定面对多重挑战，国际工程市场发展也因此陷入困境。虽然拉美地区各国都积极采取措施促进经济发展，但当地存在通货膨胀严重、国家外债多、资金匮乏、支付信誉不良等问题。

第三节 国际工程市场行业分布

ENR 年度报告一般将国际工程按行业领域划分为交通运输、房屋建筑、石油石化、电力工程、工业工程、制造业、水利工程、电信、排水/废弃物处理、有害废物处理等 11 个领域。2016—2022 年 ENR 国际承包商 250 强十大行业的营业额统计见表 1－4 和表 1－5。

表 1－4 2016—2022 年国际 250 家承包商各行业领域营业额（亿美元）

行业＼年份	2016	2017	2018	2019	2020	2021	2022
交通运输	1443.8	1534.3	1521.9	1465.8	1305.4	1321.7	1425.8
房屋建筑	1014.3	1122.9	1145.6	1234.6	1001.8	899	918.3
石油石化	1045.1	890.8	765.1	709.3	576.5	516	569.4
电力工程	455.5	501.0	507.0	485.6	471.4	450	450.7
工业工程	147.0	192.5	216.8	160.5	168.1	151	171.2
制造业	101.0	97.5	160.9	108.2	130.7	170	225.7
水利工程	122.2	123.3	144.1	139.0	110.6	112	123.1
电信	47.7	50.1	68.7	78.4	85.6	74.5	123.4

续表

年份 行业	2016	2017	2018	2019	2020	2021	2022
排水/废弃物处理	60. 1	71. 2	85. 2	79. 5	68. 7	71	65. 1
有害废物处理	12. 0	9. 0	7. 3	5. 3	4. 6	3	4. 3
其他	232. 6	231. 5	250. 2	264. 5	280. 2	207	204. 4

资料来源：历年 ENR 国际承包商 250 强报告。

表 1－5　2016—2022 年国际 250 家承包商细分行业市场份额（%）

年份 行业	2016	2017	2018	2019	2020	2021	2022
交通运输	30. 80	31. 8	31. 2	31. 0	31. 1	33. 2	33. 3
房屋建筑	21. 70	23. 3	23. 5	26. 1	23. 8	22. 6	21. 4
石油石化	22. 30	18. 5	15. 7	15. 0	13. 7	13. 0	13. 3
电力工程	9. 7	10. 4	10. 4	10. 3	11. 2	11. 3	10. 5
工业工程	3. 1	4. 0	4. 5	3. 4	4. 0	3. 8	4. 0
制造业	2. 2	2. 00	3. 0	2. 3	3. 1	4. 3	5. 3
水利工程	2. 6	2. 60	3. 0	2. 9	2. 6	2. 8	2. 9
电信	1. 0	1. 0	1. 4	1. 7	2	1. 9	2. 9
排水/废弃物处理	1. 3	1. 0	1. 7	1. 7	1. 6	1. 8	1. 5
有害废物处理	0. 3	0. 2	0. 1	0. 1	0. 1	0. 1	0. 1
其他	5. 0	4. 8	5. 1	5. 5	6. 7	5. 2	4. 8

资料来源：历年 ENR 国际承包商 250 强报告。

从 2016—2022 年国际工程各行业的营业额及其所占市场份额来看，交通运输、房屋建筑和石油石化始终是国际承包市场三大主要业务领域，近 5 年平均市场份额为 69. 58%，牢牢占据国际承包市场传统领先优势行业地位。其中，交通运输行业年度营业额一直保持最高，年均市场份额均保持在 30% 以上，房屋建筑行业次之，年均市场份额 23. 2%，交通运输和房屋建筑市场规模始终保持在 1000 亿美元以上。石油化工行业排第三位，年均市场份额为 15. 93%。电力工程市场营业额基本稳定，占全球10%左右市场份额。工业工程市场营业额波动较大，年均市场份额在3%—4%。制造业与水利工程规模相近，平均市场规模在120亿美元左右，市场份额为2.5%—3%。电信行业年均市场规模在66亿美元左右，平均市场份额为1%—2%，是国际市场中不可忽视的新兴市场。排水/废弃物和有害废物处理市场份额不超过2%，对国际市场份额贡献较小，但也是国际工程市场中不可忽视的特殊市场。此外，国际市场其他类别营业额稳定在250亿美元左右，占据国际承包市场5%左右的份额。国际市场十大行业市场份额如图1－2所示。

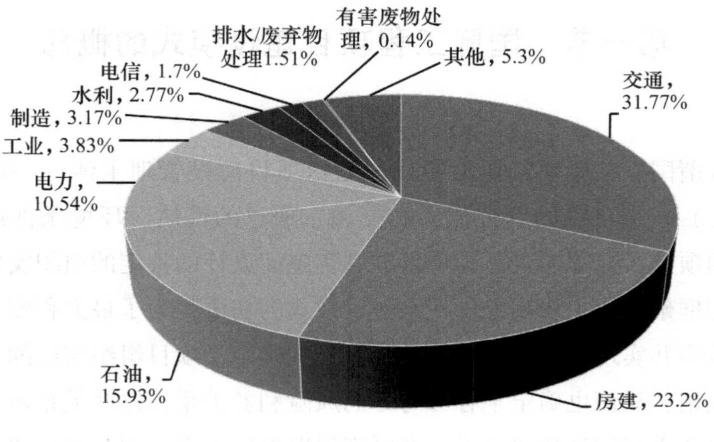

图1－2　2016—2022年国际工程市场行业领域年均市场份额

数据来源：历年ENR国际承包商250强报告。

第二章

国际工程项目建设模式

第一节 国际工程项目建设模式的概念

所谓国际工程项目建设模式，是指项目建设管理主体（一般指项目业主）根据自身的管理能力和资源、项目的性质、环境条件以及要实现的项目目标等因素，为项目顺利实施而设计的特定的组织实施程序和结构框架。业主采用某种特定建设模式的初衷是为了最大程度地规避自身风险并实现项目目标。项目建设模式确定了项目组织实施的程序及合同框架，从而也确定了各参与方的风险利益关系，这些关系通过业主与承包商之间签订的建设承包合同而得以确定下来，因此项目建设模式也被称为项目合同模式。项目建设模式不同，项目各参与方之间的权利义务和风险责任也不相同，各方在项目实施过程中关注的焦点以及为实现各自的目标而采取的管理措施也会有所不同。选择合适的项目建设模式是国际工程项目建设过程顺利进行和实现项目目标的重要前提。

业主作为项目的所有者及管理主体，一般是项目模式的设计者和决定者，并将其体现在其编制的招标文件中。业主根据自身条件和要求，可自行组织并选择设计和施工承包商，直接与设计单位和施工单位签订合同，或业主可将项目建设任务直接发包给一个总承包商，由总承包商负责设计及施工分包等工作，在这些情况下业主作为项目实施的管理主体，需要为项目筹集资金并根据不同模式适当地参与项目协调和控制，并承担相应的风险和责任。在项目融资类的模式如 BOT 项目中，项目公司作为项目的临时业主而成为项目管理实施的主体，根据特许协议负责项目融资以及项目建设和运营组织、协调和控制。每种项目建设模式都有特定优势和不足，针对不同的项目能够选择合适的项目建设模式，对保障项目目标实现非常重要。

承包商作为项目的重要参与主体和主要建设者，也应高度重视项目的建设模式。在项目投标阶段，承包商首先应关注项目所采用的是哪一种项目建设模式，并通过研究招标文件明确业主及承包商之间的权力、责任、义务及风险分配，并相应地采取适当的投标报价策略，而在中标后的项目实施中，也应根据特定的项目建设模式以及建设合同所确立的权力、义务和风险关系采取相应的管理对策和措施。承包商应深刻了解不同项目建设项目模式的内涵和风险特点，对于不了解或缺乏经验的建设项目模式应暂时避免投标或谨慎投标，盲目地参与以自己不熟悉的建设模式实施的国际工程项目是极其危险的。

第二节　典型的国际工程项目建设模式

选择恰当的项目建设模式是实现融资、风险控制和项目目标的重要条件。在长期的项目管理实践中，国际上逐渐发展并形成了一些比较成熟的项目建设模式。

一　DBB 模式

DBB（Design - Bid - Build）模式，即设计—招标—建造模式，是国际市场上流行较早的项目建设模式，也是早期国际市场应用最为广泛的建设模式，为世界银行、亚洲开发银行等国际金融机构的资助项目所普遍采用。DBB 模式的运作过程和规则为，由业主选择设计机构（通常为咨询工程师和建筑师）并签订合同，委托其开展项目前期策划及可行性研究等相关研究工作，通过项目业主及相关部门立项评估后，进入工程设计阶段。在开展设计的同时准备施工招标文件的编制，设计工作完成后设计机构协助业主通过竞争性招投标形式选择施工承包商，中标的承包商与业主直接签订合同。对工程的分包部分经业主同意后，承包商同分包商签订分包合同组织实施。项目施工阶段业主通过合同授权建筑师/工程师负责施工过程中监督管理和协调工作，建筑师/工程师与承包商之间无直接合同关系，但需要承包商遵守建筑师/工程师发出的指令。DBB 模式组织结构关系如图 2－1 所示。

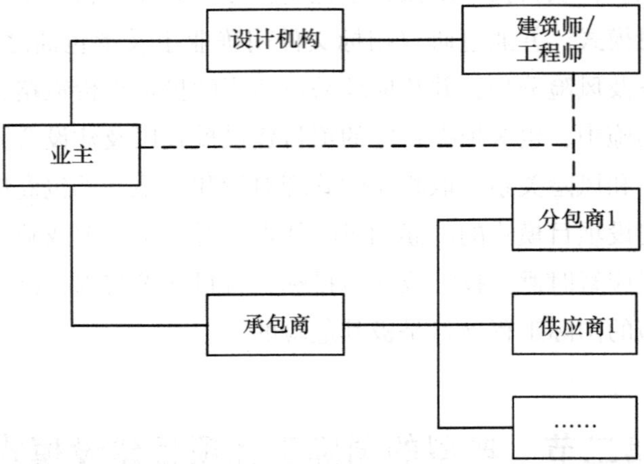

图 2－1　DBB 模式合同结构关系

DBB 模式最显著的特点是项目按线性顺序实施，即须按照设计—招标—建造三步法进行，当前一阶段结束后才可进行下一阶段。业主分别与设计、施工承包商直接订立合同关系，因此业主对项目设计要求和施工过程的直接控制比较强。各参与方对 DBB 模式运作比较熟悉，角色责任界限清楚，可以通过竞争性招标获得最优报价。同时业主可采用各方均熟悉的标准合同文本（如 FIDIC 红皮书），有利于合同管理和风险管理。但在实践中 DBB 模式也表现出一些固有的缺点，主要包括：（1）固定的实施顺序导致项目建设周期过长，对于一些工期紧张的项目较为不利；（2）业主需要同时负责设计、施工，对业主自身的控制和合同管理能力要求高，同时设计与施工分属不同单位，项目出现问题时协调较为困难，可能出现各方相互推诿责任的现象；（3）DBB 模式下设计与施工脱节，设计可施工性较差，工程建设过程发生变更和索赔的概率较大，项目进度延误和成本失控的风险较高。

二 CM 模式

CM（Construction - Management）模式，也称建设工程管理模式、阶段发包模式或“快速轨道”模式，是20世纪五六十年代发源于美国并在国际市场得到快速发展的一种管理模式。CM 模式采用所谓“快速轨道”（Fast - Track）方式组织项目实施。CM 模式具体运作思路为：在项目评估立项后，业主聘请经验丰富的 CM 经理并委托其负责组织管理项目的规划、设计和施工。在全部设计完成前，工程某部分施工图设计已经完成，如基础工程、路基工程、制梁工程等，即将该部分提前进行招标，然后进入施工阶段，通过阶段性发包，实现了设计—招标—施工的合理搭接，从而加快建设进度。这种模式下可以没有总的承包商，业主可直接与每个阶段工程的承包商签订合同，CM 经理凭借其丰富的管理经验，在设计过程中提供合理化可施工性建议，在施工阶段负责施工过程管理及施工协调。CM 模式在一定程度上将工程建设中设计和施工作为一个整体，有利于降低项目变更风险、缩短建设工期。

具体实施中 CM 可分为代理型 CM 和风险型 CM 两种。代理型 CM 模式下，CM 经理与业主之间签订合同，为业主提供专业咨询服务，但不对工程造价负责，业主根据分段招标结果与承包商订立分项施工合同，CM 经理代表业主对承包商进行协调管理，两者之间属于协调关系。CM 经理以“成本 + 酬金”的方式获取代理服务费，代理型 CM 模式合同结构关系如图 2 - 2 所示。风险型 CM 模式下，CM 经理既为业主提供咨询和代理服务，也担任类似总承包商的角色。CM 单位与业主约定最大保证金额 GMP，若实际工程造价超过 GMP，超过部分由 CM 承担，若未超过 GMP 则 CM 经理可以获取风险利润，风险型 CM 合同结构关系如图 2 - 3 所示。

相对业主而言，CM 模式优点在于 CM 经理在设计阶段介入，将施工经验融入工程设计，设计方和施工方协调充分提高了工程项目施工阶段的可实施性，分阶段的设计—施工合理搭接与平行作业，整体提高项目建设效率。但分段发包可能导致承包费较高，因此须比较分析分项的

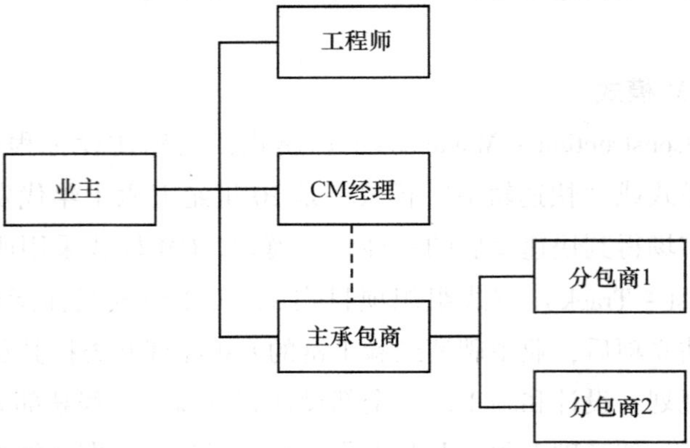

图 2－2　代理型 CM 模式合同结构关系

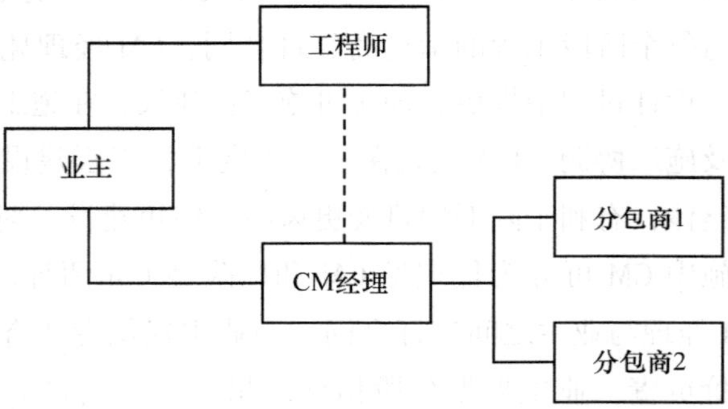

图 2－3　风险型 CM 模式合同结构关系

多少，确定最佳分段招标次数和方案。代理型 CM 模式下，项目各参与方责任界限清晰，业主对项目直接控制，但 CM 经理不对进度和成本作出保证，业主风险较大。风险型 CM 模式下，业主与 CM 经理约定 GMP 有利于业主对投资的总体把控，承担风险较小，但市场上胜任 CM 工作的公司较少，业主与 CM 之间就 GMP 也较难达成一致，另外业主对项目的控制相对较弱。

CM 模式应用范围广泛，大型工业单体建筑、群体工业建筑、民用建筑、大型公共建筑、大型商业建筑、市政基础设施等均可使用。CM 模式所具有的特点决定了它特别适用于以下类型的项目：（1）较复杂的项目，包括组成复杂，由很多子项目组成的项目；技术复杂，如采用新材料、新工艺及高科技手段、施工难度大的项目；参与单位复杂，如设计、施工均有多家单位参与的项目；（2）实施周期较短、工期要求特别紧的项目，如对缩短建设周期特别重视的公共项目；（3）投资量大、规模大的项目，如现代化的群体高层建筑或大型基础设施项目；（4）不适合工程总承包，也很难通过施工总承包将合同价固定包死的项目。

三　DB 模式

DB（Design - Build）模式，即设计—建造模式，是一种总承包合同模式。在 DB 模式下，业主仅提出项目标准和功能要求，然后选择一个实体作为设计—建造总承包商，总承包商可以是单一企业或多家企业组成的联合体，按照合同约定负责项目的设计与施工全过程，并对工程造价、工期、安全、质量等全面负责。在这种模式下总承包商对项目成本负责，可以以竞争性招标的方式选择设计或施工分包商，或使用本公司的专业人员自行完成工程施工；设计工作亦可由承包商的内部机构完成，或由与设计—建造承包商签订合同的专业设计机构完成。DB 模式合同结构如图 2-4。此外，DB 合同显著特点是业主合同关系简单，业主通过单一合同将项目主要工作和风险一起转移给总承包商，FIDIC 编制的《生产设备和设计—施工合同条件》（黄皮书）是对应该模式应用

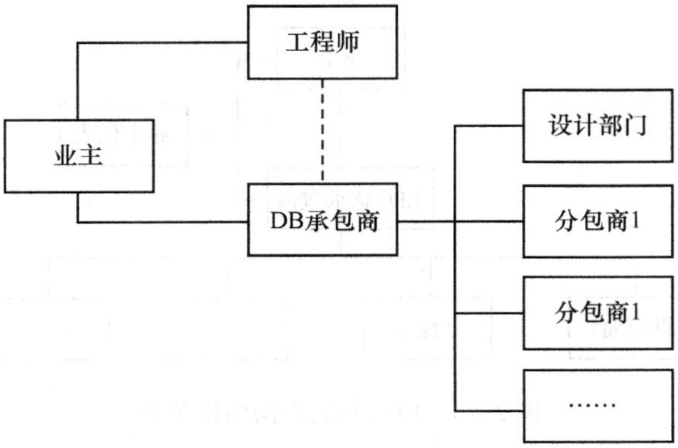

图 2-4　DB 模式合同结构关系

的国际通用合同条款。

DB 模式合同结构简单，业主仅与 DB 承包商签订合同，管理协调工作大幅减少，单一责任制也能避免传统模式下工程质量出现问题后相互推诿的现象发生。对业主来说，DB 模式将设计和施工环节全部交付给一个总承包商完成，便于承包商充分发挥技术和管理能力，通过边设计边施工方式提高效率，缩短项目建设时间，降低设计变更风险。对于承包商而言，在承担工程设计施工的过程中尽可能发挥设计施工优势。当然，DB 模式对总承包商的综合能力要求更高。

四 EPC 模式

EPC（Engineering Procurement Construction）模式，即设计—采购—施工总承包模式，是近年来国际市场出现的一种总承包合同模式。简单而言，EPC 模式指在基本固定工期、固定价格的前提下，业主仅提出项目预期的功能性要求及目标（或相关标准），与 EPC 总承包商签订合同，将工程设计、采购及任务全部委托给总承包负责，并要求其对项目建设过程中的工期、质量、造价全面负责的总承包模式之一。FIDIC 编制的《设计采购施工（EPC）/交钥匙工程合同条件》（银皮书）是针对这一合同模式而编制的合同条件，EPC 模式的合同结构模式如图 2－5。与其他模式不同，这种模式下风险不再遵循均衡分配，本书将在第三章第二节做更详细介绍。

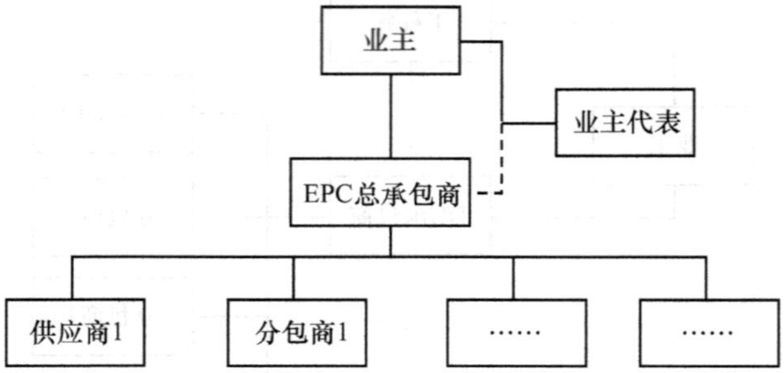

图 2－5 EPC 模式合同结构关系

五　PMC 模式

PMC（Project Management Contract），即项目管理承包模式，是指业主聘请有实力、经验丰富的国际工程公司（或管理咨询公司）作为项目管理承包商，代表业主对项目全过程进行集成化管理。PMC 负责完成（或辅助业主完成）绝大部分项目管理工作，在项目定义阶段协助业主开展项目前期策划、可行性研究、项目定义、融资方案、标准规范、初步设计、投资估算及项目招标等事项，在项目执行阶段代表业主负责项目详细设计、采购及施工的全部管理协调和监督工作，并定期向业主汇报管理成果，保证项目目标及业主功能要求实现。业主通过合同将项目的管理权和控制权委托给管理承包商，不必再保留大量的技术和管理人员，仅保留少数管理力量对工程建设重大关键问题进行决策以及对 PMC 的工作进行监督。PMC 作为能够提供专业化工程管理服务的组织，需要具备处理项目各方面管理问题的综合能力，因此业主通常会选择国际市场上具有丰富项目管理经验和多年 PMC 项目承包管理背景的知名机构。

采用 PMC 模式具有以下优势：（1）可以充分发挥 PMC 专业化管理服务职能，协调和管理项目的策划、设计与施工环节，有利于降低工程变更风险，提高整个项目管理水平，保证项目目标成功实现。（2）有助于节约项目投资。PMC 在项目前期阶段就介入管理，在管理过程中以降低成本为目标进行全方位规划。另外，PMC 报酬机制与管理绩效挂钩，业主和 PMC 签订的合同中都有节约投资予以相应比例的奖励的相关内容，因此 PMC 一般会在保证项目各项目标实现的前提下尽量降低成本。（3）有助于业主获得融资。PMC 作为国际长期从事管理服务的承包商，熟悉国际金融和信贷机构及相关业务，可在协助业主进行项目融资和出口信贷选择方面发挥重要作用，同时融资机构也愿意对 PMC 模式的项目提供资金保障。但是选择 PMC 模式也存在一些问题：PMC 模式下业主对项目参与程度低，可能无法有效约束 PMC 的行为；PMC 模式适用范围较小，在国际大型及超大型复杂工程建设中应用较多，而且项目整体管理费较高；此外，由于国际专业 PMC 承包商数量总体较少，选择合适的 PMC 承包商难度较高。

基于 PMC 模式的管理特点，该模式适用于国际大型、复杂、专业性要求高的项目，以及东道国社会发展程度低、缺乏管理经验的项目。这些项目引入 PMC 模式有利于确保项目成功建成，同时帮助这些国家和地区提高项目管理水平。此外，利用世界银行或国外金融机构、财团或出口信贷资金而筹建的项目，贷款方可能会要求采用 PMC 模式以确保项目成功，降低资金风险。

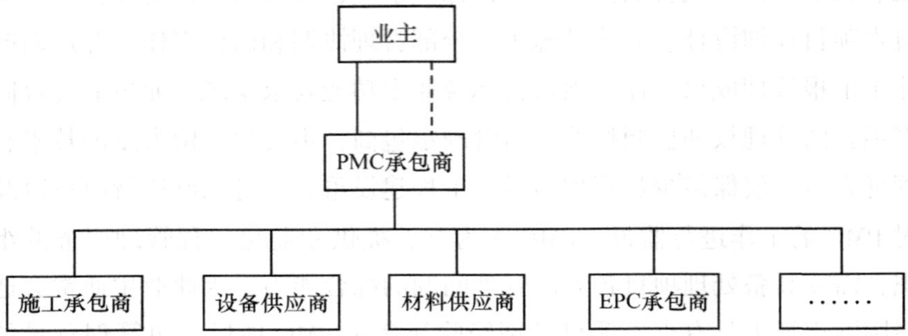

图 2－6　PMC 模式合同结构关系

六　IPMT 模式

IPMT（Integrated Project Management Team），指“一体化项目管理团队”，是目前国内外大型工程建设（特别是石化）项目中广泛应用的现代化项目模式。IPMT 是在 PMC 模式的基础上发展起来的，解决了 PMC 模式下管理承包商一权独大的弊端，即由业主和管理承包商联合组成一体化管理团队，是 PMC 模式的扩展延伸。该模式旨在减少业主方和管理方之间的界面，使业主以最少的人力，既能实现对项目的有效控制，又能获得专业管理公司丰富的项目管理经验，充分实现对大型复杂项目的高效管理。所谓“一体化”指业主与管理承包商之间的组织结构一体化，项目程序体系一体化，设计、采购、施工一体化及参与项目管理各方的目标及价值观的一体化，充分实现项目管理过程最优资源集成整合。IPMT 一体化管理可分为三大类型：由业主驱动，项目管理承包商支持型；由项目管理承包商驱动，业主支持型；双方共同驱动型。项目管理取得成功的关键在于资源如何最优配置，因此具体类型的选择要依据项目条件、业主的项目管理能力和参与程度确定。任何驱动类型下业主都要权衡自身的管理能力，对管理承包商予以充分的决策管理授权和信任，实现双方的优势互补。

IPMT 一体化管理适用于大型或超大型国际项目管理，这些项目通常含有多个装置单元及复杂技术工艺，同时需要多家工艺专利商、设计院及施工单位介入，要求项目管理公司应由技术经验丰富的工艺专家、设计专家和管理专家共同组成，通过一体化管理可以明确大型项目管理总体系统和程序，确保设计标准化和整体性。IPMT 管理可以实现项目集约化运营，如集中化采购、统一政府报批和协调、统一合同管理，有利于提高项目整体管理效率。

七 Partnering 模式

Partnering 模式，即合作（伙伴）模式，20 世纪 70—80 年代首先出现在美国。到 20 世纪 90 年代中后期，其应用逐渐扩大到英国、澳大利亚、新加坡等国及中国香港地区。根据美国建筑协会的定义，Partnering 模式是“在两个或两个以上的组织之间为了获取特定的商业利益，最大化地利用各组织的资源而作出的一种长期承诺，这一承诺要求使传统组织间孤立的关系转变成一种不受组织边界约束、能够共享组织资源、利益的融洽关系。这种关系建立在信任、追求共同目标和理解各组织的期望和价值观的基础之上。期望获取的利益包括提高工作效率、降低成本、增加创新机遇和不断提高产品和服务的质量”。具体到工程项目管理领域，Partnering 模式指业主与项目参与各方在相互尊重和信任的基础上通过签订长期或短期的 Partnering 合作协议，在充分考虑各方利益的基础上明确共同的建设目标，通过构建工作小组的形式及时协调沟通，培育相互合作的工作关系，共同解决项目中的问题，共同分担风险和成本，保证项目整体及各参与方目标的实现。Partnering 模式被认为是一种在业主、承包方、设计方、供应商等各参与者之间达到彼此目标、实现竞争优势的一种合作战略。面对国内外建筑环境突变和竞争加剧，该模式因在业主投资、质量及成本控制、降低索赔诉讼及提高利润等方面的优势，越来越受到建筑工程界的重视。

在 Partnering 模式中，Partnering 协议是各参与方之间的承诺，协议规定了合作原则、范围、目标、风险分配、争议处理以及终止协议等内容，是 Partnering 模式具体运行的行动准则。值得注意的是，合作协议独立于合同存在，协议终止并不影响合同继续执行。Partnering 模式组织成员由项目参与各方人员共同组成，其组织结构如图 2－7 所示。首先，项目高级管理层从各方选出合适人员组成 Partnering 工作小组，负责整个项目共同目标、组织设计及组织模式论证等决策工作；其次，共同指定 Partnering 主持人，Partnering 主持人是参与各方共同指定的中立第三方，其主要任务是策划准备 Partnering 会议、指导 Partnering 模式实施及各方之间的协调，与任何一方都无指令性关系；最后，是项目具体参与各方的组织。

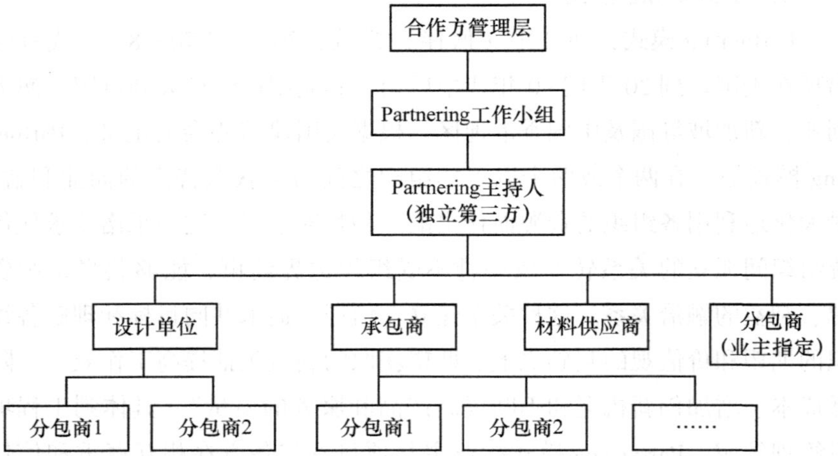

图 2－7　Partnering 模式组织结构

Partnering 模式改变了传统模式下各参与方之间利益竞争的关系，引导各方形成合作伙伴关系，建立项目共同的目标，以项目整体利益为主，从而弱化了各方之间的利益冲突。项目合作各参与方通过信息共享和交流沟通，针对问题提出解决方案，降低了冲突和争端事件发生的次数，提高项目执行效率。

Partnering模式运行以资源共享、信息互通为前提，需要各方之间打破原有工作习惯，形成团结协作、交流沟通、相互适应的新型工作方式。因此Partnering模式必须建立在一定互信的基础上，合作伙伴的选择、如何建立互信基础都是合作管理模式面临的重要挑战。此外，Partnering模式初期投入高，合作初期任务工作繁多，需投入大量成本和精力，且运行效率比较缓慢，可能容易导致部门投资者在初期止步。而对于长期固定合作的Partnering伙伴而言，特定一方可能对合作伙伴产生依赖，容易造成与市场脱节。

八 BOT模式

BOT（Build - Operation - Transfer），直译为建造—运营—移交模式，但本质上是一种项目融资模式。20世纪80年代因全球经济衰退和第三世界国家债务危机，全球项目融资处于低潮阶段，为提高国际项目抵抗政治风险、金融及债务风险的能力，提升项目投资收益和经营管理水平，满足发展中国家基础设施建设资金需求，BOT模式逐渐发展并被广泛用于公共基础设施项目建设。BOT作为一种投资、建设和运营的融资模式，指东道国政府开放本国的建设和运营市场，为项目的建设和运营提供一种特许协议，由本国或外国的财团或者投资人作为项目投资人，通过特许协议从东道国政府获得某项基础设施的建设特许权，在一定时期内组建项目公司，负责项目的融资、设计、建造和运营，在特许经营期内通过运营获取商业利润并偿还贷款，运营期满结束后将项目无偿移交给东道国政府。因此BOT项目一般是公共部门项目，只是在有限时间内需要私人资本支持，通常应用到如电厂、机场、港口、电信、高速公路、供水及污水处理等投资大、建设周期长、运营获益类基础设施项目。BOT模式在长期发展中已经衍生出BOOT（Build - Own - Operate - Transfer）、BOO（Build - Own - Operate）、TOT（Transfer - Operate - Transfer）等多种形式。

BOT模式优点在于：（1）降低政府部门财政预算和项目债务风险。BOT模式的项目公司通过采取多种渠道为建设项目融资，可以弥补政府资金不足，缓解政府资金压力。（2）BOT 项目由外国的公司来承包，不仅给项目所在国带来先进的技术和管理经验，也给本国的承包商带来学习机会，促进了国际经济融合。（3）政府与项目公司在特许协议中对提供基础设施运营服务的价格及调价机制作出合理规定，兼顾公共产品的社会效益及私人投资的获利机会，促进私人资本参与公共基础设施建设，为公众提供更好的服务。（4）在私人资本参与下，各种金融及贷款机构对项目融资审查更严格，资金流通更加透明；将私人资本效率引入公共项目，通过有效的过程控制加快项目建设进度，有利于提高工程建设质量，降低项目投资，提高项目运作效率。

BOT 模式也存在一定的缺陷：（1）因基础设施投资大，建设周期长，融资成本高，参与方众多且结构复杂，组织协调困难，对项目发起人的资金及综合管理能力要求高，政府在特许期内缺乏项目控制权；（2）公共部门和私人企业往往都需要经过一个长期的调查了解、谈判和磋商过程，以致项目前期过长，投标费用过高；（3）项目投资方需要承担大量的融资风险和建设风险，项目运营期收益不确定性大；（4）在特许期内，政府对项目失去控制权。

九 PPP 模式

PPP（Public－Private－Partnership），即政府和社会资本合作模式，通常是政府部门根据社会对公共基础设施的需求提出需要建设的项目，由通过招投标获得特许权的 SPV 公司进行项目的融资、建设与运营，SPV 是为该项目专门成立的项目公司，由政府与私营部门共同出资组成，政府在 SPV 公司中充当次要投资人（30%—49%），SPV 按要求的标准建设项目并为用户提供服务，在特许期结束时将所经营的项目完好地、无债务地归还政府，而私营部门则从政府部门或从接受服务方收取费用以回收成本并获取合理利润。

政府公共部门与私人部门之间是一种合作方式，这种合作伙伴关系建立在适当的资源分配、风险分担和利益共享机制基础上，公共部门充分借助私人资本开展公共基础设施的设计、建造、运营和服务工作，以满足公众对公共产品的需求，缓解政府公共基础设施建设资金不足，增强公共产品和服务供给能力，提高供给效率。PPP 模式下，PPP 模式发挥了政府部门和私营部门在项目建设过程中各自的优势，其优点主要表现在：（1）转换政府职能，减轻财政负担。PPP 模式引入私营部门承担公共产品与服务项目融资、建设、运营等大部分工作，政府从公共产品与服务的直接提供者转变成监督者，与政府直接提供公共产品与服务相比，大幅减轻政府债务负担。（2）降低项目总成本，提高公共产品与服务的质量。政府和私营部门共同负责项目规划、可行性研究、融资等，保证了项目在技术和经济上的可行性，私营部门提供优秀的技术和管理服务，通过双方优势互补优化项目整体效益。（3）合理分散风险。PPP 模式在项目初期就可以实现风险分配，政府和私人资本方共同承担风险和责任，从而降低了项目融资风险，提高了项目成功的可能性。（4）打通了私人部门参与公共基础设施建设渠道，有利于吸引私人资本参与。

但也应意识到，PPP 模式实际上是由私营机构提供公共服务，如果服务不被认可，政府将受到公众压力。采用 PPP 模式实施项目的原则是允许私人部门在提供符合标准的服务的前提下获得合理但不能过高的收益，因此，科学的 VFM 评价以及合理的风险分配是 PPP 项目成功的关键。PPP 融资项目融资数额巨大，通常都是多家机构参与，涉及不同性质私人资本参与方和众多合同协议，组织形式和管理界面非常复杂，易导致管理决策执行拖延和投资人之间形成纠纷，项目所在国政府的协调支持以及完善的法律保障对 PPP 项目实施非常重要。

第三章

国际 EPC 项目模式与 EPC 合同条件

第一节　国际 EPC 项目模式的发展背景

EPC 项目模式，即设计—采购—施工（Engineering - Procurement - Construction）总承包模式，也称 EPC 交钥匙总承包模式，最早起源于 20 世纪 70 年代末的美国石油化工行业，这种集设计、采购和施工一体化的承包方式解决了传统承包方式存在的一些弊端，更有利于满足国际工程市场上某些项目业主的特定需求。需要指出，EPC 总承包模式与传统承包模式的不同不仅仅在于承包商工作范围的延伸，更在于业主需求和风险分配的深刻变化。EPC 模式的发展背景可以从以下几个方面进行说明。

（1）对于业主来说，传统施工合同模式的优点是可以通过鼓励竞争获得较低的报价，但这种模式要求按照设计—招标—施工的程序分阶段进行，对于工期紧张的项目非常不利。由于设计与施工分离，业主方面可能因不能及时提供相关资料和图纸或出现错误而遭到施工方的索赔，导致项目最终价格可能因变更和索赔而大大增加，竣工日期也可能发生延误。业主需要负责的管理协调事务多，因自身管理能力限制，在合同履行过程中可能因不能进行有效协调而导致效率降低。当工程发生质量问题或工期拖延时，施工方与设计方及业主之间对于产生问题的原因和责任往往存在分歧，引发争端，不仅消耗时间成本，也使业主投资利益难以保障。

（2）伴随国际经济和工程市场快速发展，建筑产品或服务在投资、规模、技术方面更新升级加速，以前通用的传统承包模式越来越不能满足市场上某些业主对项目管理的需要，客观上存在项目合同模式创新的需求。为了克服设计和施工分离的缺陷，逐渐产生了设计—建造总承包模式，这种模式下承包商负责设计、施工总承包，承包商工作范围扩大了，但风险分配仍遵循平衡分配的原则，对于不可预见的困难、物价上涨等因素仍可进行合同价格调整，项目最终价格和工期仍存在一定的开放性。

（3）随着国际市场上私人投资项目数量的增加，为了比较准确地预测项目投资的经济可行性，很多业主迫切需要一种固定价格、固定工期的合同格式。特别是对于某些私人商业投资项目的业主而言，项目建设只是其投资计划中的一个重要环节。为保障整个投资计划的有效执行，业主越来越需要承包商尽早对项目的最终价格和完工期限作出保证，同时为了保障自身利益，希望将工程实施过程中的大部分风险责任转嫁给承包商承担，而业主也愿意支付更多的费用。

在这种背景下，为满足国际工程市场上项目业主需求的新变化，EPC 模式应运而生并受到许多业主青睐，在大型工程投资建设项目，如工业、石油、化工、冶金、建材和电力等工程上得到广泛应用。

第二节　国际 EPC 项目模式的内涵及特点

EPC 是英文 Engineering、Procurement、Construction 的缩写，但 EPC 模式的含义不能仅仅理解为设计、采购和施工三个环节的简单叠加。

EPC 模式下的 Engineering 通常翻译为“设计”，但该“设计”与“Design”存在本质区别。“Design”多指对建筑物在空间布局、功能划分及外观审美艺术方面的处理，而 EPC 模式中“Engineering”不仅包括具体的详细设计，而且可包括整个工程的总体策划、概念设计等内容，甚至根据业主需要将可行性研究也包括在内。EPC 项目的设计对整个项目的工期和成本有着重大影响。一方面，设计是工程采购信息的来源，进入详细设计阶段后，采购反馈信息又作为设计输入条件，设备采购进度和设计进度相互制约；另一方面，工程设计费用一般只占到工程成本的 2% ~4%，但对工程最终造价的影响则达到了 75% 以上。因此，EPC 总承包模式中的设计要与采购和施工环节深度交叉，在满足项目预期功能和技术标准的前提下，尽最大可能合理优化设计方案，并通过施工单位及早介入来提高项目后期项目的可施工性，实现降低建设总成本和缩短工期的目标。

EPC 模式下的 Procurement（采购）除了包括一般建筑设备材料的采购外，更多指专业设备及成套设备的采购。EPC 模式中设备采购阶段成本支出占比非常高，基本占合同金额的 80% 左右。对于大型国际 EPC 设备安装类工程，特别是非标准大型设备从下单制造到完成交付的交货期一般要经历几年时间，因此 EPC 项目采购任务通常需要较早开始并加强采购过程管理。

EPC 模式下 Construction（施工）所包含的工作范围可进一步向后延伸，包括工程施工、安装、调试及技术培训等。

根据以上对“设计—采购—施工”的基本理解，EPC 模式概念可以归纳为在工期、价格基本固定的前提下，业主仅提出项目预期功能性要求或目标（或相关标准），通过招标或委托的方式选择一家 EPC 总承包商，由总承包商按照合同约定完成工程设计、采购及施工等全部建设任务，并对工程的质量、工期、成本和安全全面负责的总承包模式。

概括地说，EPC 模式具有如下主要特点：

（1）合同结构关系清晰。在 EPC 模式中，业主和 EPC 总承包商直接签订合同，由总承包商负责对工程建设全部任务的组织和实施，同时业主派出代表进行监督管理，业主代表和总承包商之间无直接合同关系。另外，对于业主指定或总承包商确定的分包商，都直接与 EPC 总承包商签订合同并对总承包商负责，总承包商对业主负责。

（2）合同价格、工期基本固定。EPC 合同下，认为总承包商在投标报价时，已经在提交的报价中充分考虑了工程建设的各种困难和必要的成本、利润及相应的风险费用，因此 EPC 合同签订后，除不可抗力外，其他情况下合同价格基本不可调。

（3）风险分担不均衡。EPC 模式的一个显著特点是风险“倾斜式”转移给承包商，而不再是传统模式那样遵循风险均衡原则，总承包商需要承担除不可抗力以外的几乎所有风险。当然，高风险应该对应高收益，EPC 总承包项目的利润率理论上应高于传统模式的项目，业主也会理解 EPC 项目的签约价格可以相对较高。对于有实力的 EPC 总承包商来说，在承担更多风险责任的同时，也拥有更多自主权，有机会通过发挥其强大的技术管理和风险管控能力，获得相对较高的收益。

（4）业主参与程度降低，EPC 承包商有更多主动权。EPC 模式中业主仅提出项目预期功能及标准，总承包商从项目前期就开始介入，充分参与工程初步设计、详细设计环节，将丰富的知识和经验融入其中，有利于充分发挥设计主导作用，实现设计采购和施工环节的合理衔接和深度交叉；在项目执行过程中，业主一般只进行目标性、整体性管理决策，对承包商的干预程度明显降低，增加了承包商对整个项目的自主掌控权，同时也要求承包商具备强大的技术和管理能力。

（5）设计方、采购方和施工方深度融合。EPC 模式中总承包商将设计方、采购方和施工方独立三方关系转变成内部关系，对设计、采购、施工环节的统一计划、统一组织和协调管理，在设计的同时开展设备采购或分阶段设计并施工，充分实现工程建设过程的并行交叉，降低各环节工作面的冲突，有利于提高整体管理效率，提升项目工程质量和缩短建设周期。

第三节　FIDIC EPC 交钥匙合同条件

一　FIDIC 系列合同条件

FIDIC 是国际咨询工程师联合会（International Federation of Consulting Engineers）的法文名称的缩写，创建于 1913 年，是各国咨询工程师协会的联合会。FIDIC 最初由欧洲几个国家的独立咨询工程师协会发起创办，其目标是共同促进成员协会的专业影响。FIDIC 目前拥有遍布全球的近百个成员协会，成为世界上最具权威的国际咨询工程师组织。中国工程咨询协会在 1996 年代表中国咨询工程师正式加入该组织。为满足各类工程项目需要，FIDIC 陆续编写出版了一系列合同条件，FIDIC 编写的各类合同条件构成 FIDIC 合同条件系列，统称 FIDIC 合同条件。FIDIC 系列合同条件是在总结各个国家和地区的业主、咨询工程师和承包商各方的经验和建议的基础上编制的，并持续更新修订以更好地服务工程实践，到目前为止包括 1999 年前的多个版本、1999 年版本和 2017 版本，是国际上最具权威代表性的系列合同文件范本，也是国际工程市场招标项目使用最广泛的合同条件。中国有关部委编制的合同条件或协议书范本都把 FIDIC 系列合同条件作为重要参考文本，世界银行、亚洲开发银行、非洲开发银行等国际金融组织的贷款项目，也基本采用 FIDIC 编制的系列合同条件。

1999 年前 FIDIC 编制出版的合同条件包括：土木工程施工合同条件（简称“红皮书”）；电气与机械工程合同条件（简称“黄皮书”）；设计—建造与交钥匙项目合同条件（简称“橘皮书”）；土木工程施工分包合同（与红皮书配套采用）；业主/咨询工程师标准服务协议书（简称“白皮书”）等。FIDIC 一般每隔十年左右对其编制的合同条件进行一次修订。

1999 年，为适应雇主对项目管理模式的新要求，FIDIC 在以前出版的各类合同条件的基础上，正式推出了 4 本新的 FIDIC 合同条件，即：《施工合同条件》（*Conditions of Contract for Construction*，也称“新红皮书”）；《生产设备和设计—施工合同条件》（*Conditions of Contract for Plant and Design - Build*，也称“新黄皮书”）；《设计采购施工/交钥匙工程合同条件》（*Conditions of Contract for EPC/Turn - key Project*，也称“银皮书”）；《简明合同格式》（*Short Form of Contract*，也称“绿皮书”）。与以前的合同条件相比，1999 版 FIDIC 合同条件具有编排格式更统一，语言结构更简明以及术语定义更科学全面等特点。

另外，FIDIC 还出版了用于设计建造运营总承包项目的《设计—建造—运营项目合同条件》（*Conditions of Contract for Design - Build - Operate Projects*）（2008 年，FIDIC 金皮书）及用于地下工程的《地下工程合同条件》（*Conditions of Contract for Underground Works*）（2019 年，简

称FIDIC翠皮书)。

2017年，FIDIC对1999版合同条件中的三个合同条件进行了修订，推出了《施工合同条件》(*Conditions of Contract for Construction*) 2017年第二版、《生产设备和设计—施工合同条件》(*Conditions of Contract for Plant and Design - Build*) 2017年第二版及《设计采购施工/交钥匙工程合同条件》(*Conditions of Contract for EPC/Turn - key Project*) 2017年第二版，并于2018、2019、2022年进行了三次修订。

二 FIDIC EPC合同条件

(一) FIDIC EPC合同条件编写的背景

FIDIC《设计采购施工(EPC)/交钥匙工程合同条件》(*Conditions of Contract for EPC/Turnkey Projects*)，也简称银皮书，是当前在EPC项目中应用最广泛的合同范本。FIDIC银皮书在序言中对EPC模式的产生发展以及FIDIC组织编写出版EPC合同范本的背景做了比较详细的说明，这些说明对于理解EPC的内涵特点具有重要帮助。银皮书编写者认为，BOT或其他投资机制下的设计—采购—施工总承包项目，特别是电气、机械以及其他加工项目都适用于采用EPC模式。在EPC模式中，业主更关注的是项目预期功能的实现程度，而非项目建造过程。采用这种合同模式，雇主仅需在“雇主的要求”中原则性地提出对项目的基本要求，通常包含工程目的、工作范围、技术要求、项目控制程序和前期资料，由投标人对一切情况和数据进行证实并进行必要的调查后，再结合自身的经验提出最合适的详细建设方案。因此投标人和雇主必须在投标过程中就一些技术和商务方面的问题进行谈判，谈判达成的协议构成合同的一部分。签订合同后，只要其最终结果达到雇主规定的标准，承包商可自行选择方式实施过程。而雇主对承包商的控制是有限的，一般情况下不应干涉承包商的工作。当然雇主有权对工程进度、工程质量等进行监督检查，以保证工程满足要求标准。

(二) FIDIC EPC合同条件的适用性

FIDIC在其2017年修订出版的《FIDIC设计—采购—施工交钥匙合同条件》(2017) 中给出了项目不适合采用EPC合同条件的三种情形：

(1) 如果没有充分的时间或资料供投标人认真审查“业主要求”、完成设计以及风险评估和估价；

(2) 如果施工中包含大量地下工程或投标人不能勘察的其他区域（除非对不能预见的情况做了特殊规定）；

(3) 如果业主打算对承包商的工作进行密切监督或控制，或者打算对大部分施工图纸进行审查。

对于第（1）种情形，鉴于国际工程 EPC 模式基本上是固定总价合同，因此要求投标人务必有充足的时间和机会进行项目调查，对项目工作范围、功能要求、拟采用的标准、需要的资源等要有比较明确的了解，并对项目风险进行评估，确定项目风险在承包商可承受的范围内，并在报价中加以考量。否则，承包商将无法作出合理的投标报价，盲目性投标可能导致重大甚至灾难性后果。

对于第（2）种情形，正是由于国际工程 EPC 模式下承包商需要承担几乎一切风险，包括一些不可预见的困难，所以采用国际工程 EPC 模式的项目所涉及不可预见困难不应太多太大，而如果项目包含大量地下工程，如山区公路、铁路项目，往往包含多项隧道工程，一般意味着可能存在大量的不可预见风险，因此不适合采用 EPC 模式。当然，如果能够确定地下工程所涉及的不可预见性风险较少或可控，那么也是可以采用 EPC 模式的，如城市地铁工程，虽然涉及大量地下工程，但鉴于城市地区地质条件比较稳定，地下结构相关资料比较翔实，通过调查可以比较明确地掌握，风险在可控范围内，所以仍适合采用 EPC 模式。而对于一些山区交通、水利等工程项目，大量的工程量位于地表以下，由于地质复杂，不可预见的风险大，故而一般不适合采用 EPC 模式。但如果对这些项目中的地下工程在合同中做特殊处理，对地下部分按风险平衡的原则分配风险而非一概由承包商承担，那么非地下部分当然仍可以采用 EPC 模式。那么此时该项目实际上已不完全是 EPC 模式，而更类似于设计—建造（D－B）总承包模式，或者说是 EPC 与传统模式相结合的模式。

对于第（3）种情形，由于国际工程的业主采用 EPC 模式的初衷是希望通过让承包商承担项目几乎全部风险以确保更确定的项目价格和工期，从而更好地实现其包括该项目建设在内的整个投资计划，因此，从责任与权利对等的角度，业主不应该对承包商实施项目的过程做过多的干涉；而从利益与责任的角度，国际工程 EPC 模式下业主之所以理解并允许承包商以较高的价格承担 EPC 项目，也是基于承包商承担更多风险和全过程控制的责任。如果业主过程控制参与过多，既违背责权利平衡的原则，也不符合业主采用 EPC 模式的初衷。如果业主希望对项目的设计、施工过程及承包商的工作实施更多更直接的控制，则可采用传统项目模式，而无需采用 EPC 模式。

因此，概括地说，国际工程 EPC 模式适用于业主希望承包商负责项目建设全过程并承担绝大部分风险以实现项目造价和工期最大的确定性，同时承包商在投标前有条件对项目内容和风险进行充分调查和评估以确保风险可控的项目。对于不适合采用 EPC 模式而业主又希望承包商承担设计施工总承包的项目，FIDIC 推荐使用《FIDIC 生产设备与设计—建造合同条件》。

（三）FIDIC EPC 合同条件的内容框架

1999 版 FIDIC 银皮书内容共 20 条，2017 版将 1999 版中的第 20 条有关索赔和有关争端解决的内容分别作为独立一条，因此 2017 版银皮书内容共 21 条。具体条款包括基本术语定义、权利义务、合同价格与计量支付、设计采购施工、工期、质量、风险与保险、变更和索赔争端处理机制等。

FIDIC 银皮书中“一般规定”首先对合同基本术语如合同、各方人员、日期、款项付款、工程货物等作出界定，避免因合同双方背景不同导致对基本概念或范围理解不一致；其次对合同履约期间的双方的基本权利义务作出相应规定。银皮书中没有“工程师”这一角色，代之以“雇主代表”。他代表雇主利益，与红皮书中“工程师”相比权利较小，有关延期和追加费用方面的问题一般由雇主作出决定。

FIDIC 银皮书采取总价合同方式，雇主在签订合同时认为承包商提出的报价是充分的，认为承包商对要实施的工作内容和性质及其他必要信息已清楚把握，对履行合同涉及的自然、社会及法律环境风险已充分了解。除非在某些特定风险出现时，雇主才会根据变化情况对合同总价作出一定的改变。因此如果雇主非常重视最终合同价格的确定性，可以采取这种合同方式。FIDIC银皮书在合同价格和支付条款中，对预付款、保留金、期中付款、竣工结算和最终付款的程序、时间和付款条件做了详细要求。

FIDIC EPC合同条件下业主对承包商整体控制力减弱。

鉴于设计的重要性，雇主通常应在EPC合同中给出设计依据和技术标准、设计文件审核程序和设计责任相关内容。采购是项目实施的核心环节，与采购相关的内容包括承包商采购范围、采购过程监督、业主协助采购义务、甲方提供材料、现场物资所有权问题等方面。EPC合同条件关于施工的相关规定包括承包商人员管理、设备管理、施工方法、进度质量管理、现场施工的谨慎义务、安全环境管理、试验检验程序等，这些规定构成了业主管理承包商的依据，也是承包商实施EPC项目的基础。

质量管理方面，FIDIC银皮书对工程质量的控制主要通过对工程的试验来进行，包括施工期间的试验、竣工试验和竣工后试验。其中，与传统施工合同相比，竣工后试验是EPC合同的一种特殊要求，目的是验证承包商提供的设备和仪器的性能及可靠性。

EPC合同条件中规定的变更指雇主方面对工程特性进行的改变。由于EPC模式中设计、采购和施工及竣工试验等相关工作都是承包商负责承担，相比于施工承包模式，EPC模式下承包商的变更和索赔机会要少得多。只有业主下达变更指令或批准承包商提出的“价值工程”建议书时，承包商才能按照变更程序实施变更。EPC合同条件对双方索赔依据、索赔程序、索赔内容及合同争议解决程序都作出了明确说明。2017版FIDIC银皮书改变了此前版本中将雇主和承包商的索赔程序区分处理的做法，对雇主和承包商的索赔程序进行了统一，统一化的索赔程序不再区分承包商索赔和雇主索赔。

（四）FIDIC EPC合同下的风险分配

在风险分配方面，FIDIC银皮书下承包商与红皮书中相比要承担更多的风险。EPC合同打破了传统模式中双方风险平衡的状态，风险向承包商倾斜。

国际EPC工程项目中，承包商负责设计—采购—施工一体化承包，与传统模式相比，承包商工作范围扩大了，如果业主需要，还可要求承包商的工作范围进一步向前延伸，把项目概念设计甚至可行性研究包括进来；也可向后延伸，将人员培训、运营调试乃至一段时间的运营维护和管理也包括进来。承包商工作范围的扩大必然导致其相应的风险范围的扩大。而且，由于国际工程EPC模式基本上属于固定工期、固定总额的合同，因此相应地，承包商要承担绝大部分风险。国际EPC工程项目中风险被“倾斜式”转移给承包商，而不再是传统模式那样遵循风险均衡原则，承包商在原有风险分担的基础上，不仅要承担经济风险和外界环境风险，更增加了一些额外风险，如不利或不可预见的地质条件风险，以及在“雇主要求”中说明的一些因雇主提供的基础资料造成的风险，几乎包含不可抗力以外的所有风险。因此在签约合同前，承包商一定要认真调查分析，全面考虑相关情况，合理预见风险并将一定的风险管控费用计入合同价格，EPC项目的报价应合理高于传统项目报价。当然，EPC总承包商在承担更多责任的同时，在项目实施中也应具有更多自主权，通过其强大的技术管理和风险管控能力，EPC承包商有可能获得相对较高的利润。

为了理解国际工程EPC项目风险分配的不平衡特征，以下结合FIDIC EPC交钥匙工程合同条件（FIDIC银皮书）中有关承包商设计责任的条款、不可预见的困难条款和竣工时间延长条款加以分析说明。

FIDIC银皮书中关于设计责任风险的分配，相较传统施工条件下有明显不同。FIDIC EPC银皮书设计条款5.1〔设计义务的一般要求〕中规定，对于业主在“业主要求”中提供的基础资料，业主对其准确性负责的范围是“在合同中规定由业主负责的或不可变的部分、数据和资料；对工程或任何其他部门的预期目的的说明；竣工工程的试验和性能标准；除合同另有说明外，承包商不能核实的部分、数据和资料”。除明确提出业主负责外，业主不应对包括在原合同内“业主要求”中的任何错误、不准确或遗漏负责，且并不应被认为对给出的任何数据及资料给出了准确性和完整性的表示。这就等同于对业主提供的这些开展设计的基本资料，承包商需要负责承担这些数据资料的准确性、充分性和完整性审查并对其中错误负责，并且也要对基于这些资料开展的项目初步设计承担设计责任。这明显与一般的风险分配原则中应由过错方承担责任的原则不一致，有的学者称之为“业主过错无责任”原则。其背后的逻辑是，EPC 模式下业主希望合同价格与工期是固定的，“业主要求”是基于项目功能的，EPC 总承包商作为项目的全过程实施者，应对项目调查、设计、采购、施工、试运行负有全部责任，最终向业主交付一个达到功能要求的工程。业主向承包商提供基础资料是否准确、是否充分，承包商应自行判定，如果需要，承包商应进行必要的补充调查，并将相关风险和费用包含在投标报价中。本着风险与利润对应的原则，业主也允许承包商合理提高 EPC 项目的风险利润率。

传统工程合同条件下，承包商执行项目过程中遇到无法预见的不利外部条件时，大多数情况下可以向业主进行工期或费用的索赔，但这一原则在国际 EPC 工程项目中并不能普遍适用。FIDIC 银皮书 4. 12 款〔不可预见困难〕的规定为：“承包商应被认为取得可能对工程产生影响和作用的风险、意外事件和其他情况的全部资料；通过签署合同，承包商接受对实施工程中可能发生的困难和费用作出预见的责任；合同价格对任何未预见的困难和费用不应考虑调整。”这意味着 EPC 模式中一个有经验的承包商无法合理预见的风险已经转变为完全由承包商自身承担。

FIDIC 银皮书第 8. 4 款〔竣工时间的延长〕中关于异常不利气候条件和因流行性疾病或政府行为造成的无法预见的人员或物资的短缺的情形，也将这些事件所导致的风险分配给了承包商。另外，承包商也要承担经济风险，第 13. 8 款〔因成本改变的调整〕这一规定，因汇率与物价上涨原因导致的风险，是否能调整需要看专用条件中是否有相关调价方法的规定，而在实践中这类风险往往由承包商承担。有的学者将 EPC 模式中因“一个有经验的承包商不可预见且无法合理防范的自然力的作用”导致的风险规定为由承包商承担这一现象称为“EPC 承包商风险无限原则”。

FIDIC 银皮书中可能的风险分配条款归纳见表 3 – 1。通过认真审读和研究合同条款，可以对国际 EPC 工程项目中业主与承包商的风险分担情况有更深刻的理解。

表 3－1　　　FIDIC 银皮书责任条款及风险分担

序号	条款内容	风险承担者	
		业主	承包商
第 1.1.1 款　合同	1. 合同文件规定不严谨、措辞不当或者有歧义； 2. 合同文件中关于工程目标、范围、设计或其他标准规定； 3. 合同文件实质性内容与招标文件一致性。		√
第 1.1.4、4.11、14.1 款　合同价格	1. 承包商应被认为已确信合同价格的正确性和充分性； 2. 采用合同总价，合同价格不能随外界税费等因素而调整。		√
第 1.3 款　通信交流	通信不畅，承包商难以与业主、材料或设备供应商之间进行沟通。		√
第 1.4 款　法律和语言	1. 法律变更（虽然 EPC 合同条件第 13.7 款规定基准日期后规定法律变更造成的损失由业主承担，但在工程实际中法律变更造成承包商的各种消极影响经常难以得到完全补偿）； 2. 因语言差异造成承包商与业主之间误会、分歧及翻译人员缺乏专业合同知识产生的误述和曲解。		√
第 1.9 款　保密	承包商对合同条件保密不当，在未经业主同意情况下擅自披露或出版了工程的某些细节，侵犯了知识产权。		√
第 1.13 款　遵守法律 第 2.2 款　许可、执照或批准	1. 业主的国家政府办事效率低，政府官员腐败；		√
	2. 工程所在国对外国承包商实施各种歧视政策；		√
	3. 因业主未能完成下述工作而使承包商遭受损失：①为永久工程取得规划、区域划定或类似许可；②雇主要求中说明应取得的任何许可；	√	
	4. 承包商因未能缴纳各项税费、办理并领取所需的全部许可、执照、批准而带给业主损失；或业主在承包商申请各种许可、执照和批准时协助不力的风险。		√

续表

序号	条款内容	风险承担者	
		业主	承包商
第 1.14 款　共同及各自的责任	1. 合作伙伴资金周转困难； 2. 利润与损失分配的意见不一致； 3. 合作伙伴间不信任； 4. 合作伙伴的母公司对该联营体的政策变化或干涉行为； 5. 合作伙伴缺少管理能力和资源。		√
第 2.1 款　现场进入权	因承包商的任何错误或延误（如未按时提交履约担保），包括在任何承包商文件中错误或提交延误造成的业主不能按时提交现场。		√
第 2.4 款　业主资金安排	雇主应提出其已做并将维持资金安排的合理证明，在资金安排作出任何重要变更时，将变更详细情况通知承包商。业主资金来源可靠性、业主延期付款导致的相关风险。		√
第 3.1 款　业主代表	承包商对业主更换业主代表只有被通知权。		√
第 3.3 款　受托人员	除非受托人员在合同中另有说明：该行动不免除承包商根据合同应承担的任何职责，包括对错误、遗漏、偏差和未遵办的职责。		√
第 3.4 款　指示 第 3.5 款　决定	1. 因业主代表工作效率低、拖延签署各种指令、决定和支付； 2. 业主过于苛刻，有意拖延支付，或找各种借口减扣支付的工程款。		√
第 4.1 款　承包商的一般义务	承包商应对现场作业、所有施工方法和全部工程的完备性、稳定性和安全性负责。		√
第 4.2 款　履约担保	履约担保的有效期（确保履约担保直到其完成工程的施工、竣工和修补完任何缺陷前一直有效），业主只有在特定情况下才能索赔履约担保金额。但可能存在业主无理却对履约保函索赔的情况。		√

续表

序号	条款内容	风险承担者	
		业主	承包商
第 4.4 款　分包商 第 4.5 款　指定分包商	任何分包商、其代理人或雇员的行为违约如同承包商违约一样是承包商的责任。即可能有：1. 分包商违约风险；2. 分包商不能按时完成分包工程而使整个工程进展受到影响的风险；3. 对分包商协调、组织工作做得不好而影响全局。 合同中是否约定了业主指定分包商及对指定分包商违约风险的责任分担。		√
第 4.7 款　放线	承包商应负责对工程的所有部分正确定位，并纠正在工程的位置、标高、尺寸或定线中的任何差错。		√
第 4.10 款　现场数据	1. 对业主提供的现场地下和水文条件及环境方面的所有有关资料，承包商应负责核实和解释所有此类资料； 2. 除 5.1 款〔设计义务一般要求〕提出的情况外，雇主对这些资料的准确性、充分性和完整性不承担责任。		√
第 4.12 款　不可预见的困难	1. 承包商被认为已经取得对工程可能产生影响和作用的有关风险、意外事件和其他情况的全部情况资料； 2. 通过签署合同，承包商接收对预见到的为顺利完成工程的所有困难和全部职责； 3. 合同价格对任何未预见到的困难和费用不予调整。		√
第 4.13 款　道路及设施权	无法获得或以很大的代价才能获得道路及设施的使用权。		√
第 4.15 款　进场线路	业主提供的进场线路不适用或不可获得。		√
第 4.16 款　货物运输	承包商应负责工程所有货物和其他物品的包装、装卸、运输、接收、卸货、存储和保护。可能的风险有：1. 制裁与禁运；2. 海关清关手续复杂；3. 进出口管制和报复性关税；4. 供应链中断等。		√

续表

序号	条款内容	风险承担者	
		业主	承包商
第 4.17 款　承包商设备	承包商应负责所有承包商设备。可能面临设备维修条件不足，或备用件购置困难风险。		
第 4.18 款　环境保护	承包商施工或项目运行环境破坏了生态平衡或造成了污染，导致居民抗议、投诉以及政府的干预风险。		√
第 4.19 款　电水气	承包商无法或只能高价获得工程的电、水、气。		√
第 4.20 款　雇主设备和免费供应的材料	雇主对免费供应的材料自行承担风险和费用；承包商的检查、照管、监护和控制义务，不应解除雇主对目视检查难以发现的任何短少、缺陷或缺项所负的责任。	√	
第 5.1 款　设计义务的一般要求	1. 在合同中规定的由雇主负责的或不可变的部分、数据和资料；对工程或任何其他部分的预期目的说明；竣工工程的试验和性能标准；除合同说明外，承包商不能核实的部分、数据和资料；	√	
	2. 承包商对工程的设计和除上述以外的雇主要求（包括设计标准和计算）的正确性负责。		√
第 5.2 款　承包商文件及第 5.8 款　设计错误	1. 承包商文件存在的“错误、疏漏、含糊、不一致、不适当或其他缺陷”，应自费对缺陷及带来的工程问题改正。 2. 业主故意反复要求承包商修改承包商文件以致拖延或损失风险。		√
第 6.1 ~ 6.11 款　员工与劳务	承包商应按照合同和劳工法律雇佣当地员工，并制定合理的劳工条件、时间和保障。否则可能面临劳动法律、当地员工效率低下、薪资水平过高、工会员工冲突等风险。		√
第 7.4 款　试验 第 7.5 款　拒收	1. 经过试验的生产设备、材料或工艺不符合合同的要求，则由承包商承担相关费用； 2. 若“拒收”与“再检验”使业主发生了费用，业主可以提出费用索赔。		√

续表

序号	条款内容	风险承担者	
		业主	承包商
第 7.6 款　修补工作	承包商因未按照业主的指示完成工作，业主有权雇佣其他承包商完成此项工作并产生的费用归承包商承担。		√
第 8.4 款　竣工时间延长	1. 因合同变更导致工期延误；或因雇主、雇主人员或在现场的雇主的其他承包商造成或引起的任何延误、妨碍或阻碍；	√	
	2. 异常不利气候条件导致的工期延长； 3. 由于传染病或其他政府行为导致的人员或货物不可预见的短缺。		√
第 8.5 款　当局造成的延误	因当局造成的延误且符合以下条件：1. 承包商已努力遵守了工程所在国依法成立的有关公共当局所制定的程序；2. 这种延误是一个有经验的承包商在递交投标书时无法合理预见的。	√	
第 8.6 款　工程进度	承包商因修订的进度计划导致业主增加额外费用应自行承担。		√
第 8.8 款　暂时停工 第 8.9 款　暂停的后果	1. 承包商因执行业主规定发出的指示和因为复工而遭受延误或费用增加的风险；	√	
	2. 承包商的原因导致暂停并且承包商未能很好地完成保护、监管，保证该部分工程不产生任何变质、损失或损害的义务。		√
第 9.2 款　延误的试验	由于承包商的原因造成的检验的延误，则相应的试验风险和费用由承包商承担。		√
第 9.4 款　未通过竣工试验	工程或某一区段未通过 9.3 款中的“重复检验”，业主收回了为该工程所支付的所有费用及相应的融资费。		√
第 10.1 款　工程或分项工程的接收	由于承包商未能及时提交文件而延误业主对工程的接收。		√
第 11.2 款　修补缺陷的费用	在缺陷责任期内修补以下原因造成的缺陷，该执行过程中的风险和费用：1. 工程的设计；2. 生产设备、材料或工艺不符合合同要求；3. 由于承包商的原因造成的不正确操作或维修；4. 承包商未能遵守任何其他义务。		√

续表

序号	条款内容	风险承担者	
		业主	承包商
第 11.4 款　未能修补的缺陷	承包商未能在业主规定的合理期限内完成缺陷修补工作，应承担相应的费用，或确定合同价格相应的减少额。		√
第 13.7 款　因法律改变的调整	基准日期后，工程所在国的法律有改变（包括适用新的法律废除或修改现有法律），对此类法律的司法或政府解释有改变，且该改变对承包商履行合同规定的义务产生影响。	√	
第 13.8 款　因成本改变的调整	物价上涨或费率浮动导致承包商费用增加，能否调整要看专用条款是否有具体规定。		√
第 16.2 款　由承包商终止	业主未在规定时间内提交资金安排证明、未按时付款，实质上未根据合同履行义务，拖长的停工影响整个工程，业主破产或无力偿还等情况下承包商可以终止合同。		√
第 17.1 款　保障	因承包商的疏忽和失误造成业主的人员或财产损失。		√
第 17.2 款　承包商对工程的照管	1. 在承包商照管期间，由于“雇主的风险”以外的原因造成了工程的损失或损坏； 2. 在工程接收证书颁发后，由其采取的任何行动造成的任何损失或损害负责； 3. 工程接收证书颁发后，由承包商以前的事件引起的任何损失或损害负责。		√
第 17.3 款　雇主的风险 第 19.1 款　不可抗力	1. 战争、敌对行为（不论宣战与否）、入侵、外敌行动； 2. 工程所在国的叛乱、恐怖主义、革命、暴动、军事政变、篡夺政权或内战； 3. 承包商人员及承包商和分包商的其他雇员以外的人员在工程所在国内的骚动、喧闹或混乱； 4. 工程所在国内的战争军火、爆炸物资、电离辐射或放射性引起的污染，但可能由承包商使用此类军火、炸药、辐射或放射性引起的除外； 5. 由音速或超音速飞行的飞机装置所产生的压力波； 6. 自然灾害，如地震、飓风、台风或火山活动。	√	

续表

序号	条款内容	风险承担者	
		业主	承包商
第 17.5 款　知识产权和工业产权	承包商对工程的设计、制造和施工侵犯了知识产权或工业产权。		√
第 19 款　不可抗力	不可抗力妨碍承包商履行合同义务，使其遭受工期延误和费用增加。		√

第四节　国际 EPC 项目模式的衍变

EPC 模式中一般由业主负责提供资金，承包商负责具体设计、采购、施工和试运行等任务。近年来国际市场投资项目投资规模和复杂程度提高，一些业主希望总承包商能够提供更加全面的服务，以弥补业主在项目融资及运营等方面能力不足的问题。为应对国际市场和业主需求的新变化，一些国际 EPC 项目中总承包商的工作范围不断向前后延伸，在一般 EPC 模式基础上发展形成了更多的衍变模式。

一　EPC + O + M

该模式是在 EPC 原有基础上向后延伸，项目竣工后由 EPC 总承包商提供一段时间的运营管理和维护服务。对于某些工业项目或大型基础设施项目，工程完成后业主往往会再要求承包商运营和维护 3—5 年，其间，承包商需要对业主的运营团队进行培训，以便运营结束后移交给业主。这种模式一方面可以弥补业主前期自身运营能力不足的问题，为业主培养专业化的运营管理队伍，降低后期项目运营成本；另一方面，将设计、采购、施工和运营任务全部交给一个总承包商，可以将运营阶段需求前置到设计和施工阶段，解决设计和运营脱节、设计和施工脱节的问题，有效促进设计、施工和运营各个环节的有效衔接，充分提高全寿命周期管理的效率。对承包商来说，则可以通过 EPC + O + M 总承包方式提升企业自身的高端承包管理能力，同时也可带动本国的技术标准、设备制造、管理服务、运营模式、人才培养等产业链“走出去”，打造国际品牌，增强国际竞争优势。

二 PMC + EPC

“PMC + EPC”模式通常为业主在完成项目可行性研究之后，通过招标、邀请等方式选择实力强大、信誉良好、技术专业、管理经验丰富的项目管理公司，通过签订合同将项目前期策划、项目定义、融资方案及初步设计等相关工作委托给项目管理公司；项目管理公司初步设计完成后，选择 EPC 总承包商并负责后期设计、采购、施工、试运行全过程的管理协调、监督控制工作。其间，业主很少参与具体问题管理，仅负责重大关键问题决策。该模式下合同参与方众多，可以归纳为业主、PMC 承包商（项目管理公司）、政府相关部门、EPC 总承包商及其供应商和分包商。其中，PMC 承包商和业主之间为合同关系，受业主委托在合同范围内提供专业化管理服务，并通过成本加酬金的方式形成管理激励机制。EPC 总承包商和业主之间直接订立合同并对业主负责，PMC 承包商代表业主对其进行监督管理，是业主职能延伸，因此这两者之间是被监督和管理的关系。此外，政府相关部门在项目执行期间对各参与方的法律规范履行义务进行监督。总体来说，“PMC + EPC”模式非常适用于一体化程度高、业主管理能力低或管理成本过高、业主方包含主体较多、工期成本确定性要求高但地下工程数量不多的大型国际项目。

三 F + EPC

“F + EPC”（Finance - EPC）通常理解为“融资 + EPC”，是在原有 EPC 模式的基础上向前延伸增加融资环节，由承包商向业主提供融资或协助融资服务的一种新型项目建设模式。“F + EPC”模式突出特点在于协助业主解决融资相关事宜，不仅可以加速推进相关项目的落地实施，同时也能发挥大型 EPC 企业融资优势，增加国际市场承包竞争优势。与 PPP/BOT 等融资模式相比，F + EPC 模式下承包商不需要考虑运营期内的运营收益及偿还贷款等问题，从而降低了承包商的融资风险。

"F + EPC"模式中涉及的融资方式较为灵活，常用的有优惠出口买方信贷和出口卖方信贷。以中国对外工程承包为例，优惠出口买方信贷指为加强国家对外经济合作，经政府批准、中国进出口银行自行承办的、采用出口买方信贷的方式提供的具有一定优惠条件的特定贷款。申请优惠出口买方信贷要求项目使用中国的设备、原材料和承包商，项目需满足一定基本条件，由借款国政府指定借款人直接向中国进出口银行提交贷款申请和主权担保，中国进出口银行对贷款项目进行评估审查，满足买方信贷贷款协议后即获取相关贷款。最后项目建成后，当地政府按约定的贷款期限分年度归还贷款本金与利息。但出口买方信贷一般申请周期较长，当业主无力偿还巨额债务时，中国承包商也可能承担"隐性连带债务风险"。出口卖方信贷是指在国际工程业务中，为解决项目建设所需的资金周转问题，中国对外承包企业直接向相关银行申请贷款的一种信贷服务，其中中国进出口银行可以提供政策性优惠卖方信贷，商业银行只能提供商业性卖方信贷。卖方信贷中 EPC 承包商承担还本付息和项目贷款风险，这实际上是一种承包商带资承包行为，因此贷款金融机构对承包商经营、财务和资金实力要求较高并要求出具还款保函或其他担保。这种融资方式下承包商可能会面临资金流动风险，同时也可能受到货币贬值、利率等因素影响，降低资金使用效益。

四　BOT + EPC

BOT 是"建设—经营—转让"的英文缩写，BOT 项目模式的基本思路为：由项目所在国或所在地政府对项目的建设和经营提供一种特许权协议作为项目融资的基础，由民营公司作为项目的投资者和经营者负责项目的融资和建设，并在特许期限内经营项目以获取商业利润，最后根据协议将该项目转让给相应政府机构。由于采用 BOT 模式具有可以减轻政府直接财政负担，降低政府负债，有利于发展本地资本市场和吸引外资，提前满足社会和公众对基础设施的需求等优点，这种项目融资模式已广泛应用于大型公共设施等项目建设。

BOT + EPC 模式，是指 BOT 框架下的民营公司以投资人和 EPC 总承包商的双重角色，以投资 + 建设（设计—采购—施工）+ 经营一体化的模式开发特许经营项目。前提是投资人自身不仅具备投融资的能力，也具备 EPC 总承包的能力。

BOT + EPC 模式通过 BOT 与 EPC 融合，可减少招标环节和招标工作量，节约成本和时间，加快项目组织推进速度；由于投资人与总承包人在组织体系上往往同属一个主体，有利于投资人作为项目业主进行总体协调，提高管理效率；设计、施工单位以及投资人之间对各自的情况都比较熟悉，便于协调与合作；投资人与总承包人利益高度同向，有利于调动各方积极性，提高生产效率；项目建成后特许期内投资人将负责运营，因此对按时竣工和质量特别重视，有利于保证工期和质量控制，并从项目全生命周期角度考虑节约投资；采用快速轨道（Fast Track）方式，项目的设计和施工深度交叉，无缝衔接，加快项目推进速度；项目设计、施工相融合，设计工作参考施工经验，考虑施工因素，尽量为施工创造方便，既有利于加快施工进度，又有利于减少变更，节约投资。当然，作为共同出资人的各个企业是各自具有法人资格的单位，在强调团结协作的同时，还须通过合同协议规定好各自的权利、职责以及利益和风险分配。

第四章

国际工程风险管理基本理论

第一节 风险管理的基本概念

一 风险的定义

在早期，“风险”一词被用于指客观的危险，19 世纪随着保险业发展，“风险”多指与保险有关的事情。经过两百多年的发展，现代意义上的“风险”已经成为各个领域的一种普遍现象，来自保险学、经济学、统计学等不同的决策主体都对风险开展研究，由于理解角度和认识程度存在差异，逐渐形成了关于风险的多样化的定义。国内外文献中关于风险概念解释的角度很多，归纳起来有以下几种基本观点。

（一）“不确定性”学说

这种观点来源于保险学，将风险与偶然的不确定性联系起来，认为风险是一种不确定性，这种不确定性体现在风险是否会发生的不确定、发生时间的不确定、发生程度的不确定、变化形式的不确定、结果的不确定及影响的不确定。

（二）“风险损失”学说

这种观点从负面界定风险结果的性质，认为风险意味着损失或损害。风险都是以客观概率存在发生的可能性，风险发生会造成损失，造成的损失结果也具有不确定性。

（三）“结果差异”学说

该观点认为风险是可能的结果与预期结果之间的差异性。

（四）“可能性概率和后果”学说

该观点一方面认为风险在一定条件下存在发生的可能性；另一方面，指其造成后果和影响，理论上来讲，其结果既包括获利的不确定性又包括损失的不确定性，风险通常被描述为可能发生的概率与风险后果的组合。

（五）“风险因素”学说

该观点关注导致风险形成的原因、后果及其之间的复杂的逻辑影响关系。

根据 PMI（2017）定义，“风险是一种不确定的事件或情况，一旦发生，会对一个或多个目标产生积极和消极的影响”。从上述观点可以发现，风险是一种不确定性、损失和偏差。一方面，风险本身具有不确定性；另一方面，风险所带来的结果也是不确定的。因此风险定义可描述为：风险是一种不确定性，包括发生的不确定性和损失的不确定性，是由各种不确定性因素作用引起风险事件发生，而导致项目实际结果与预期结果之间的偏差。

二 风险的要素

风险的要素包括风险因素、风险事件和风险损失三个方面，三者之间存在因果关系，构成一个整体。

（一）风险因素

风险因素是指导致风险事件发生的机会、原因或条件。风险因素是风险事件发生的内在原因，也是造成风险损失的根本原因。

（二）风险事件

风险事件是指在一种或者多种风险因素同时作用下导致的可能造成生命财产损失的偶然事件。风险事件是风险因素和风险损失之间的媒介，只有风险事件发生才有可能产生风险损失，所以风险事件可被看作可能导致风险损失的直接原因。但风险事件的发生具有不确定性，存在风险因素未必一定会发生风险事件。

（三）风险损失

风险损失是指由于风险事件的发生而导致的非故意的、非预期的生命及财产的损害或损失。从概念来看，风险损失包括两个必要条件：其一是非故意和非预期事件；其二是该事件的发生造成了人身或财产的损害或损失。

风险因素、风险事件、风险损失三者之间的关系如图 4－1 所示。

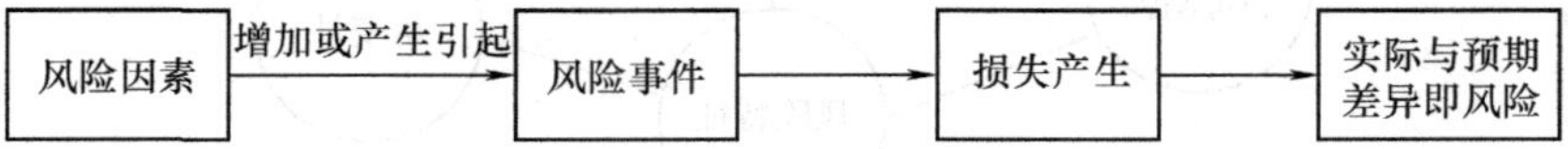

图 4－1　风险要素之间的关系

正因为风险因素是风险事件发生的内在原因，又是造成风险损失的根源，潜在的风险因素增加了风险事件发生的概率，风险事件的发生进一步可能导致风险损失，所以对于风险管理要从根源着手，管理好风险因素，尽量减少风险事件或损失的发生。

三　风险的特征

工程项目风险具有风险的普遍共性，也有其独有的特征。了解项目风险特征，熟悉项目风险发生的过程，对开展风险管理工作具有重要指导意义。一般来说，风险特征表现为客观性和普遍性、不确定性和一定的预测性、可变性、阶段发展和关联性及特别复杂性。如图 4－2 所示。

（一）客观性

风险的存在是不以人的意志为转移的，是由客观事物的客观规律决定而客观存在的。在整个项目的任何阶段、任何时间、任何位置都无时无刻普遍存在着潜在风险，在满足条件时风险就会显现出来。

（二）不确定性和一定的可预测性

风险是一种不确定性，表现在风险在何时何地发生、发生的程度多大等都不确定，这就决定了人们不可能完全准确地预测风险。但是风险在一定程度上又是可预测的，因为风险事件的发生是风险因素在一定条件下作用的结果，有些风险因素的直观外在表现可以为风险预测提供基础资料。对于风险发生的概率、可能造成的损失影响方面都有一定的预测方法和实践经验积累。风险的不确定性和一定的可预测性这两个特点

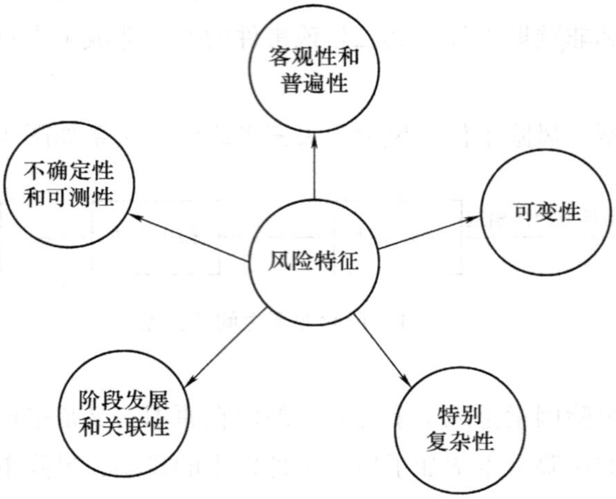

图 4－2 风险的特征

要求风险管理主体采取有效的方法，尽最大可能对风险进行测度，以便为风险管理战略和后期风险管理措施制定提供决策依据。

（三）可变性

在项目建设实施过程中，随项目进展，项目内部条件和外部环境会发生变化，进而导致风险发生的概率、性质、影响等都出现不同程度的变化。例如，随着风险预测技术的不断进步，一些先前不能控制的风险现在可以有效控制，从而风险损失随之降低；有些风险在一定条件下可以消除；有些新的风险可能出现等；这都体现出了风险的可变性。

（四）阶段发展和关联性

风险发生的过程可分为三个阶段：潜在阶段、发生阶段和产生后果阶段。风险发生的阶段性为更好地进行风险管理提供了可能性。风险发生的各个阶段并非独立而是存在一定的关联性，前一阶段的风险因素作用可能会在后续阶段爆发，如项目决策不准确可能造成交付目标失败，项目设计不合理导致施工阶段的施工性差或设计变更，风险关联传导性要求风险管理主体不能静态看待风险，而是以动态的、发展的、系统的思维开展风险管理工作。

（五）复杂性

工程项目实施作为资源约束下的一次性过程，其复杂性会随着项目类型和规模变化呈现非线性的增长。如国际工程总承包不仅具有一般国际承包项目所面临的多种风险，而且风险还更加复杂。如前所述，国际工程项目因为自身的特点而包含更大的风险，加上国际工程总承包商在总承包项目中，要比一般项目承担更多的风险和责任，导致国际工程总承包商风险特别具有复杂性，这种复杂性体现在潜在风险要素更多、风险关联更紧密、风险损失更大等方面。

四　风险的类型

为系统化认识和管理风险，研究人员通常会从不同角度或按照不同的标准对风险进行分类，通过文献分析可以看出，不同学者对国际工程项目风险分类，虽然分类形式表述不同，但涵盖的主要风险内容大致相同，大都集中在政治法律、社会、经济、施工、合同、设计、技术、财务、运维等风险与不可抗力等方面。风险分类有助于风险识别，对后期开展风险管理也有一定的帮助。常见的国际工程风险的划分方式包括：

按照风险分布情况，可分为国别（地区）风险、行业风险等；

按照风险可控程度，可分为可控风险和不可控风险；

按照风险承担的责任主体，可分为业主风险、投资方风险、总承包商风险、监理方风险、供应商风险、分包商的风险和政府风险等；

按照风险的性质，可分为政治风险、经济风险、社会风险、管理风险和自然风险等；

按照风险所处的阶段，总承包的风险可分为决策阶段风险、投标阶段风险、设计阶段风险、建造阶段风险以及运营和维护阶段风险等。

五　风险管理的概念

在项目管理知识体系（PMBOK）划分中，风险管理是项目管理十大内容之一，也是开展项目管理的重要环节。许多学者曾对风险管理的概念给出定义，其中代表性的有：C. A Williams 和 Richard M. Heins 在其出版的《风险管理和保险》中将风险管理定义为："风险管理是通过对风险的识别、测量和控制，以最低的成本使风险导致的各种损失降低到最低程度的科学管理方法”。Jerri S. Rosenbloom 在《风险管理案例研究》中认为：“风险管理是处理纯粹风险和决定最佳管理技术的一种方法”。美国项目管理协会给出了风险管理的三个定义：①风险管理是系统识别和评估风险因素的形式化过程；②风险管理是识别和控制能够引起不希望变化的潜在领域和事件的形式、系统的方法；③在项目中，风险管理是在项目期间识别、分析风险因素、采取必要对策的决策科学和决策艺术的结合。综合各种定义描述，风险管理共同强调的几个重点在于：最低成本、损失最小、最佳技术和方法、识别—分析—评估—应对等环节控制、实现目标等。

综上，我们认为风险管理是风险管理主体通过运用多种科学合理的方法、手段、技术或工具，对可能影响目标实现的潜在风险因素进行可靠的预测、识别、分析、评估，并制定必要的决策实现以最低的成本对潜在风险的有效控制的目标，并通过妥善处理使风险造成的损失降到最低的过程。鉴于本书是从国际 EPC 项目总承包商角度出发，因此风险管理即指总承包商项目执行期间运用各种科学的方法和技术对影响项目目标实现的各类风险因素进行识别、分析、评估和应对，从而提升项目目标实现和项目成功的可能性。

六 风险管理的目标

风险管理的主要目标就是防范、控制和处置风险，避免或将损失控制在承受范围内，并以最低的成本实现对工期、进度、成本主要目标的有效控制，使工程项目顺利进行。从过程管理角度看，可将风险管理细分为风险事前预防和风险事后控制两个阶段，并制定两个阶段的详细目标，也称作“损前目标和损后目标”。

在风险事件发生前，即风险潜伏阶段，一是尽早识别各种可以预见的风险因素，风险识别越早，对风险管理就越处于主动地位，掌握更多风险应对主动权；二是运用最合适、最经济的管理手段尽力避免风险事件的发生，并为那些不可避免的风险事件做好充分应对准备。尽可能以最低的管理成本获得最大的安全保障，风险管理者运用最合适、最经济的管理手段为可能发生的风险做好准备。首先，在风险发生前综合分析各种风险管理工具和安全计划，对拟采取的各种措施进行全面的财务分析，把控制风险的费用降到最低，同时达到最大的安全保证，取得最佳的风险管理效果。其次，风险给员工的精神和心理造成影响，这种忧虑和恐惧可能会影响劳动生产效率，风险管理的目标之一就是减少人们的这种焦虑心理，提供一种有安全感的劳动环境。另外，在此期间也要注意规范履行相关的法律政策和合同要求，积极承担社会责任。

有些风险的发生是不可避免的，只能在风险发生后被动采取应对措施以减少损失。因此风险发生后的首要目标就是采取有效措施尽量减少风险事件对项目实施目标造成的损失，最大限度地减少风险带来的危害性，争取继续履行合同，同时分析风险后果和责任分担，为索赔和避免合同争端做好准备。风险发生和处置以后应及时开展风险总结，形成风险管理档案，为后续风险管理积累经验。

七 风险管理的程序

结合美国项目管理学会（PMI）的项目管理知识体系的规定，建设工程项目总承包风险管理的过程如图 4－3 所示。

一般来说，项目的风险管理过程包括风险规划、风险识别、风险度量分析、风险应对及风险监控。

风险规划：规划和决定如何进行项目风险管理的各项活动；

风险识别：识别可能影响项目的风险因素，并初步分析其特点；

风险度量分析：对以上识别的风险因素进行定性和定量的详细分析；

风险应对：根据风险度量分析的结果制定风险应对措施；

风险监控：在整个项目生命周期中跟踪已经识别的风险，监测其变化。

上述过程在每个项目或项目的每个阶段都会出现。虽然这些过程被描述成相互独立的组成部分，但是在实际中，各个过程之间是相互叠加、互相作用的，在项目的风险管理中要把整个项目作为一个系统来考虑。

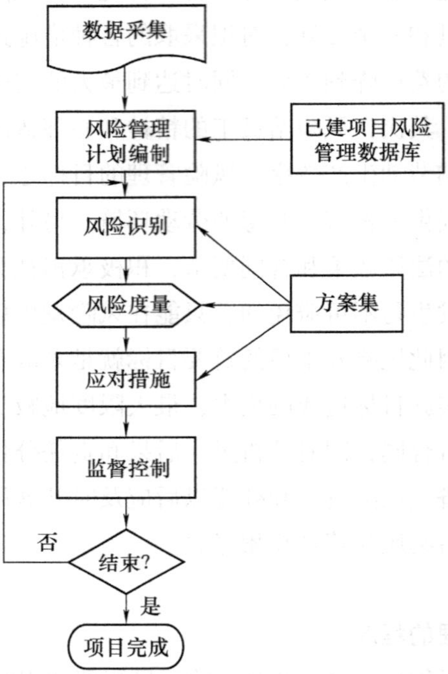

图 4-3　项目风险管理程序

第二节　风险规划

概括地讲，风险规划即风险管理规划，是指规划和决定风险管理各项活动的过程，是整个项目管理周期中如何进行风险识别、风险分析、风险应对以及如何组织人员和行动的总方针。风险规划可以为后期的风险管理提供基础和准备，对于风险管理全过程具有重要意义。

一　风险规划的依据

（一）项目范围说明书

项目范围说明书包括项目规划中所包含或涉及的有关内容，对于不同的国际工程总承包模式，总承包商对于设计、建造、采购、运营、维护等所要完成的阶段不一样，也就是涉及的范围不同，所以要进行有效的风险管理必须首先明确项目的范围，进而依据项目的范围确定风险管理规划。通常项目范围都会在招标文件中作出详细规定。

（二）成本计划

成本计划中确定了核定和报告与风险相关预算的程序以及进行风险管理、制定风险应对措施的预算金额，还包括紧急情况下的应急储备资金，只有相应的资金及时到位，风险管理才能有效进行，所以制定风险规划必须考虑成本管理计划中与风险管理直接有关的内容。除此之外，整个项目的成本管理计划会对项目的风险发生与管理产生影响，虽然并不是计划的投入越高风险越小或者投入越小风险越大，但是要注意风险计划与成本计划的统一考虑。

（三）进度计划

项目的进度计划确定了工程的整体进度，什么阶段完成什么工作已经基本安排好，风险管理是为实现项目的最终目标服务的，所以风险管理必须满足工程项目的进度要求，风险规划要与项目进度计划相对应。在风险管理过程中，风险管理计划应该比实际进度计划提前一步，做到事前控制。

（四）沟通计划

规划风险管理各项活动离不开项目关系人之间的有效沟通，因此，风险计划也要考虑沟通计划。

（五）环境因素

管理组织的意愿和对风险的承受程度在很大程度上影响着风险管理过程和风险管理的效果，项目周围的社会民众的态度也会对项目产生较大影响。因此，项目风险规划必须考虑项目利益相关者对项目风险的敏感程度及可承受能力，包括项目系统内部不同参与方组织内部对项目的意愿以及项目系统外部民众对项目的态度。

（六）组织过程资产

组织过程资产（Organizational Process Assets）指一个组织在项目操作过程中所积累的无形资产。可能影响风险规划的组织过程资产包括：风险分类、相关术语的通用定义、标准模板、可获取的数据及管理系统、风险管理的经验教训等。

二 风险规划的工具

风险管理规划的工具包括会议、专家判断、分析技术等，考虑国际工程管理的实际情况，目前进行项目风险规划比较有效的工具是举行风险规划会议，通过风险管理规划会议制定风险管理活动的基本计划，确定风险费用因素和所需的进度计划活动，对风险职责进行分配，并根据具体项目情况对风险类别、风险水平、风险概率和影响以及影响矩阵等文件进行调整。风险管理规划会议的参与者包括项目经理、项目各团队成员、负责进行项目风险管理规划并实施风险管理活动的人员以及项目的其他相关方。

三 风险规划的结果

风险规划的结果是制定风险管理计划。风险管理计划是关于如何安排与实施项目风险管理活动的计划，是项目风险管理的行动纲领。风险管理计划的内容包括风险管理方法、风险管理人员的角色与职责、风险管理所需的预算、风险管理时间安排、风险的类别、风险的概率和影响以及影响程度，用什么方法表示风险发生的概率和后果，可能性高低如何分级、后果严重程度如何分级等。

第三节 风险识别

做好风险规划之后，下一步的风险识别是项目风险管理团队或相关负责人，在收集资料和调查研究的基础上，运用适当的方法，对项目风险进行全面的识别，全面、系统、准确地找出可能影响项目执行的风险，最终形成项目风险清单的过程。风险识别是开展风险管理实施的首要环节，风险识别的质量对后续风险管理工作的效果具有决定性影响。鉴于风险的特点，风险识别应注意遵循系统性、独立性、完整性和动态性原则。对具体项目的风险识别应基于相关文献和同类工程统计数据，结合本项目具体情况分析风险来源、风险诱因以及可能的结果，系统、全面地确定项目各个方面可能存在的风险因素。

一　风险识别的依据

（一）项目风险管理计划

工程项目风险管理计划是风险规划的成果，它明确了风险识别的范围、信息获取的渠道和方式、项目组成员在项目风险识别中的分工和责任分配、项目组在识别风险过程中可以应用的方法及规范、风险识别结果的形式、信息通报和处理程序等。

（二）项目文件

项目文件为更好地识别项目风险提供了重要的信息来源，这些文件包括项目建议书、可行性研究报告、环境评价报告、项目的进度、成本、质量、安全等规划文件、设计规划文件及设计标准等。项目文件实际上构成了项目实施的约束和假设条件，如项目建设资金、人员组织、工期、质量、可交付成果等。在实际建设过程中，会存在实际条件和假设不一致或项目限制因素苛刻的情况，给项目实施造成影响。

（三）历史资料

项目过去的历史资料数据是风险管理经验的代表，是获取风险因素最直接、可靠的依据。历史资料包括类似项目或该区域项目档案记录、历史评价报告、工程总结、竣工验收资料、安全事故处理文件、工程变更资料和工程索赔资料等或企业自身的风险管理成果。通过对工程项目历史资料的梳理，能够在风险管理经验的基础上获得新的认识。

（四）工程项目外部环境

由于项目所处的国家或地区位置不同，项目所在国的信用风险评级、自然及社会环境、国际金融市场行情发展、全球局势稳定程度等因素都会随时间和地区不同而差别很大。因此，国际工程风险识别要依据项目所在国的实际情况和国际形势有针对性地分析。对中国承包商来说，具体可参照国内有关研究机构每年发表的《中国海外投资国家风险评级报告》《国家风险分析报告》等。

（五）项目建设内部资料

项目建设内部资料是风险识别的一个重要来源，如项目规划、项目目标、项目工作分解结构、项目进度、成本及质量计划、项目资源和物资采购计划、项目组织管理设计等。通过进行阶段性的项目计划审查，找出项目进行的偏差，确定风险因素。

（六）常见的项目风险分类

许多学者在风险管理研究中积累了多样的风险分类方法及相关风险识别清单，这些分类方法可为项目风险识别提供框架指引和重要参考。

二　风险识别的技术工具与方法

项目管理者在长期实践中逐渐积累了一些成熟的技术方法和工具，这些方法有助于提高风险识别的全面性和准确性，提高风险识别的工作效率。

（一）文档审查

对项目的各种计划、假设条件、先前的文档等文件进行系统全面的审查，项目各种计划本身的质量、不同计划之间的一致性及其与项目的需求匹配程度都能反映出项目可能存在的风险。

（二）风险核对表法

风险核对表法是根据以往类似项目风险记录或风险经验积累，编制风险识别常见风险清单。在开展当前新项目的风险识别工作时，风险识别主体可以将核对表列出的风险作为参考，并结合项目的实际情况，从中发现潜在的风险因素。

（三）文献分析法

通过查阅与风险研究相关的文献资料，从这些文献中归纳整理风险识别的有用信息。这种方法具有操作性强、效率高且客观性强的特点，应用范围非常广泛。

（四）头脑风暴法

以专家的创造性思维来获取未来信息的一种直观预测和识别方法。该方法是由项目团队主持，邀请不同学科的专家来实施此项技术，在主持人的推动下，会议参与者就项目可能存在的风险集思广益，最后达到全面识别风险的目的。

（五）德尔菲法

又称专家意见集中法，通过多轮反复的调查使意见逐步集中，最后在某种程度上达成一致。该方法中，专家以匿名的形式参加活动，调查者通过问卷的形式向各位专家们征集意见，初步统计问卷结果后，让这些意见在专家之间传阅再发表意见，通过若干个轮回之后，最终可以得出一个一致的意见。该方法有助于减少数据偏差，防止任何个人对识别结果产生的不良影响。

（六）访谈法

通过访问有经验的项目参与者或者某领域的专家识别风险。有过类似项目管理经历的项目管理人员或相关领域的专家都很了解项目的运作过程，都比较清楚项目潜在的风险因素，可以通过多种渠道邀请专家指出项目可能存在的风险，但需要注意不同专家的偏好。

（七）报表分析

因风险管理产生的费用和风险造成的部分损失都会在财务报表上反映出来，基于这一点，风险管理者可以从项目的财务报表中发现与风险相关的问题，针对问题顺藤摸瓜，找到项目可能存在的风险。

（八）SWOT 分析

从项目各方面的优势、劣势、机会和威胁方面考察项目，在项目内部发现优势和劣势，从项目外部发现存在的机会和威胁，把项目内外可能对项目产生影响的因素都包括在内，扩大风险考虑范围，由此发现风险。

（九）故障树分析

以发生过的风险事件为顶事件，然后依次向下寻找导致风险事件发生的要素，通过图解的形式将引起风险事件发生的各相关事件、原因清晰地展现出来，这样就得到一张树形逻辑图，进而找出真正有影响力的风险因素，因果分析法同本方法应用逻辑类似。这个方法通常与专家调查法组合使用，要求风险管理主体有较强的分析和推理能力。

（十）流程图分析

识别项目所面临的风险的动态分析方法，显示系统要素相互联系及相互传导中可能存在的风险。将项目实施过程或某一结构操作流程按照顺序或步骤划分为若干个连续的模块组成流程图，标出每一模块的风险因素及关联影响，为决策者提供清晰的逻辑思路。

（十一）情景分析

情景分析法又称前景描述法，是在假定某种现象或某种趋势将持续到未来的前提下，对预测对象可能出现的情况或引起的后果作出预测的方法。在风险管理中，首先假定可能发生变化的关键风险因素，进而构造出多种情景，提出多种可能演化的结果，并针对各种可能出现的结果制定相应的对策。这种模拟分析结果的精确性与分析人员的经验和能力密切相关。

（十二）因子分析

因子分析方法是把多个因素指标化为少数几个互不相关的综合因素指标的一种多元统计分析方法。利用因子分析法来进行变量的解释，不仅可以消除影响指标体系中变量间的信息重叠，即变量间存在的包含关系或因果关系引起的对解释变量解释效力的交叉和重复，还可以在把握主要信息的基础上实现降维，即提取关键因子、建立新的指标体系，这种新的指标体系消除了原变量中的相关性影响，将由多因素构成的问题表示为少数几个公共因子的线性函数和特殊因子之和。但是需要指出，因子分析法对样本需求量较大，样本过少可能造成结果不太准确。

三 风险识别结果

风险识别结果包括以下几个方面：

（一）已识别出的项目风险清单

包括项目所有可能面临的风险，风险可能的后果与影响范围，风险可能发生的时间范围，风险可能带来的损失或机会等。

（二）初步风险应对措施

在风险识别过程中，有时可以针对识别出的风险性质和风险特点提出初步有针对性的应对措施，这些措施可以作为后期制定其他风险应对措施的依据。

（三）风险的根本原因

在识别风险时及时分析并尽早确定风险发生的根本原因。

（四）风险类别更新

对识别过程中出现的新风险要及时纳入，不断完善风险识别结构。

第四节　风险分析

一　风险分析内容和程序

风险分析又可称为风险估算与风险评价等，是在风险识别的基础上，结合已经识别的风险及特点，通过事先收集的大量资料，利用一些定性或定量的分析工具，分析风险因素或风险事件发生的概率以及造成的损失，从而确定风险因素对项目目标实现的影响度，明确风险因素的主次逻辑。

对于风险的分析有两种途径：一种是依据大量的试验或能够获取的大量历史资料，采取某些分析技术开展分析，该方法的优点是所获得的结果比较客观。但现实中大量的试验或者历史数据收集存在非常大的困难，有时甚至是不可能的，所以在很多情况下较难实现，只能部分采用。另一种途径是风险管理者基于有限的资料，通过适当方式获取相关领域专家对风险的判断，再借助一定的技术工具或方法进行处理，这种方法操作易行，但主观性较强。在实际中通常的做法是主客观结合进行分析。

（一）风险分析的主要内容

一是风险发生的时间分析；

二是风险可能造成的结果和损失分析；

三是风险因素及风险事件间的关联影响关系分析，风险相互转化的可能分析；

四是风险发生的可能性分析；

五是各类风险的级别和项目整体风险级别分析。

（二）风险分析的一般程序

一是对项目的初始风险进行评价，分别确定风险因素发生的概率和可能的损失值；

二是分析各风险因素的影响程度，确定主要风险因素对项目成本、质量、进度、安全等主要关键目标的影响；

三是根据分析结果制定相应的管理预案或实施改进措施。

二 风险分析方法

在长期的风险管理实践中演化出多种风险分析方法，但各种方法都存在一定局限性。下面简单介绍几种分析方法。

（一）专家评分法

专家评分法是邀请各领域的专家对项目运行过程中辨识出的风险的发生概率或损失程度按照划分的特定标准进行评分，以便进行后续分析。这种方法可作为层次分析、模糊理论、灰色理论、贝叶斯网络、风险矩阵等多种方法的评价基础。

（二）蒙特卡罗模拟技术

也称统计试验法，通过对有确定概率分布或大量样本的风险事件的概率进行预测分析，本质是数学方法在计算机程序中模拟实际概率的发生过程，再加以统计处理。

（三）模糊数学法

应用经典数学难以描述具有不确定性和模糊性的风险，结合该特点，可以采用模糊数学理论去描述风险对于系统整体的影响程度，建立评价模型并得出精确解释，目前该方法在风险管理中应用广泛。

（四）灰色理论

灰色理论中，已知的信息可以看作白色数据，未知的信息作为黑色数据，部分信息已知时可作为灰色数据。风险因为其不确定性和一定的可预测性具有灰色性质，因此可以将灰色理论用于评价分析风险。灰色理论和模糊理论可以作为互补理论综合分析风险。

（五）敏感性分析

考察某一变量变化时对其他变量产生的影响，找出哪些风险更容易影响项目目标的实现，即找出项目目标对哪些因素更敏感，对敏感因素重点控制。

（六）风险评审技术

同时考虑事件的时间、费用、效果三个参数，把网络中各个事件的关系用数学关系式反映出来，分析完成计划的程度、显示各种指标的范围、性能与费用，确定成功的可能性和失败的风险度。

（七）神经网络模型

神经网络作为一种学习算法，可以通过对大量风险管理历史数据的学习掌握其中的变化规律，进而应用这些规律对未来风险进行预测。

三 风险分析结果

风险分析的输出结果可包括以下方面：

（一）项目风险的粗略排序或优先级清单

根据风险的重要程度，确定风险管理者可以参考的优先级清单，对重大风险建立单项紧急处理预案。风险的优先级还可以按照质量、进度、成本等不同的项目目标分别列出。该结果可以通过定性分析获得，对于重点风险可以再进行定量分析。

（二）需要采取紧急措施的风险清单

分别列出近期内需要采取紧急措施的风险和在以后一段时间内处理的风险。对于复杂风险的进一步应对，应制定详细的流程和计划。

（三）定性风险分析结果的趋势

在进行多次风险分析之后，某些风险分析结果可能呈现特定的趋势，趋势分析有助于对风险的深层次分析和后期采取恰当的应对措施。

（四）量化的风险优先级清单

列出可能给项目带来极大威胁或极大机会的风险、需要分配较高应急储备资金的风险和很可能影响关键路径的风险。

（五）项目目标完成的概率分析

依据当前的计划和目前对风险的了解，用定量分析方法估算实现项目进度、成本等目标的概率和可信度水平，必要时需要通过应急储备金把超出既定项目目标的风险降低到可以接受的水平。

第五节 风险应对

风险应对是在风险规划、识别和分析的基础上，根据对已识别风险因素的具体种类、特点，按照事先制定的风险管理计划，考虑风险分析的结果，综合制定出风险处理办法，决定采取何种策略和具体措施处置风险，以使风险损失降到最低。风险的应对措施必须符合风险的重要性水平，并且尽可能经济、有效和可行。

一 风险应对的基本原则

（一）经济性原则

开展风险管理必然会耗费相应的人力、物力和财力，风险管理者要综合衡量开展风险应对措施的成本，若为应对一项风险的投入超过了其能造成的损失范围，那么再开展风险应对措施将是不经济的。

（二）风险收益对等原则

如果实施风险应对措施确实能够降低风险造成的整体损失，则需要进一步考虑实施这项措施能否达到各方面的预期，即应对这项风险的投入能够产生值得的实际效果。

（三）风险适配原则

即风险的应对要和其重要性相适应。风险管理主体要根据具体项目中的风险成因、风险影响程度和自身的实力选择不同的风险应对策略，如对于工期非常紧张的项目，延误将是项目风险的重要来源，则在整个项目中应采取积极的进度风险预防策略。

二 风险应对策略

常用的风险应对策略包括风险回避、风险转移、风险降低和风险自留等。

风险回避就是以一定的方式中断风险源，使其不发生或不再发展，从而避免可能潜在的风险损失。采用风险回避策略，在避免风险损失的同时通常也会失去某些机会或需要作出一些牺牲。

风险转移是设法将风险的结果连同对风险应对的权利转移给第三方。转移风险并不能消除风险，仅是风险责任从一个承担主体转移到另一个承担主体。风险转移主要分为合同转移和保险转移两种。合同转移是通过签订合同将工程某些风险从合同一方当事人转移给另一方当事人。保险转移作为一种有效的风险转移方式在国际工程中得到普遍使用，但并非所有的风险都可以投保，法律规定有些风险存在不可保性，还有些风险则不宜投保。关于国际工程保险，本书将在第十一章做详细介绍。

风险降低是减少或消除风险发生的概率，降低损失的严重性或遏制损失的进一步扩大，是一种积极、主动应对风险的策略。风险降低要以定量的风险评价结果和风险清单为依据，才能确定损失控制措施的针对性和有效性。

风险接受表示风险管理主体决定以不变的计划去应对某一风险，或找不到其他更合适的风险应对策略。风险自留应建立在风险识别和分析的基础上，此类风险应在承包商能够承受的范围内。

第六节　风险监控

一　风险监控的含义

风险监控是指监测已经识别出的风险是否已经或将要按照制定的应对措施进行处理，并且监督处理的实时情况和剩余风险的变化情况，还要监控执行过程中各种条件的变化后，是否有新的风险出现，以便于出现之后及时采取措施。风险监控的目的是核查风险策略和措施的执行结果及产生的作用是否与预期一致，获得反馈信息，以便为决策提供可靠依据。从风险管理过程角度来看，风险监控是面向风险管理全过程的连续活动，既是一个风险控制流程的结束同时又开启一轮新的风险控制流程，类似 PDCA 原理，不断循环提升直至项目最终结束。风险监控作为一个反馈机制存在，为风险管理主体应对不断变化的风险提供了必要的指导和支持，因此是风险管理必不可少的环节。

二 风险监控技术

风险监控通常是借鉴风险管理前述几个阶段所涉及的技术和方法进行监测和控制。按照项目目标风险划分的监控技术可以归纳为以下几类，见表4－1。

表4－1 **风险监控技术分类及方法**

分类	方法
项目进度风险监控技术	因果分析法、关键路径法、横道图法、前锋线、风险图表示法等
项目成本风险监控技术	偏差分析法、横道图法、帕累托图法等
项目质量风险监控技术	因果图法、直方图法、控制图法、帕累托图法等
项目全过程风险监控技术	审核检查方法、风险里程碑图、风险预警系统、应急计划、监视单、风险分析报告等

第五章

国际 EPC 工程项目风险识别

风险因素识别需要借助一定的识别方法，本书第四章第三节中相关内容给出了多种风险识别方法，原则上都可用于国际 EPC 工程项目风险识别。考虑国际 EPC 工程项目风险识别的复杂性，本着便利性和可靠性相结合的原则，本章选择案例调查和文献分析法来进行国际 EPC 工程项目风险的一般性识别。这两种方法资料获取渠道广泛，可执行性强。通过案例分析识别的因素可靠度高，有较强的实践指导性，而文献识别的因素来源于此前学者的研究成果，具有理论专业性和科学性，两种方法互为补充有助于提高风险识别的质量。在针对具体项目时，可在一般性识别的基础上，结合特定项目的具体情况，通过项目调研、专家研讨等方式，对风险因素进行进一步筛选或补充。

第一节　通过案例调查识别

国际工程市场上各类大大小小的 EPC 项目，通常会涉及一些常见的共性风险因素。鉴于大型的 EPC 项目在影响范围、复杂程度、政府社会关注度、管理难度、资源投入等方面都超过一般的项目，从这个角度而言，以大型国际 EPC 工程项目为基准开展风险因素识别更有利于提高风险识别的全面性。

通过国际 EPC 工程项目案例调查识别风险因素，首先要确定对哪些案例进行调查分析。案例搜集的主要途径包括项目调研、项目档案、知网及百度学术文献库、行业报告、媒体报道、项目案例库、专家访谈等，案例选取的标准是项目符合国际 EPC 工程项目特征且具有比较充足的资料内容。通过筛选，本节选出 10 个国际 EPC 工程项目典型案例作为案例调查对象，见表 5－1。

表 5－1 国际 EPC 工程项目案例调查目录

序号	案例	序号	案例
1	中东某铁路项目，27.5 亿美元，工期 24 个月	6	中亚某水电站项目，15.01 亿美元，工期 60 个月
2	中东某综合港务设施项目，30 亿美元，工期 36 个月	7	东欧某高速公路项目，4.72 亿美元，工期 30 个月
3	北美某大桥项目，15.2 亿美元，工期 60 个月	8	东南亚某高铁项目，47.01 亿美元，工期 36 个月
4	西亚某钢铁生产综合体项目，11.7 亿美元，工期 42 个月	9	中亚某石油化工一体化（IPCI）项目，18.65 亿美元，工期 42 个月
5	非洲某原油管道项目，32.9 亿美元，工期 32 个月	10	西亚某地铁项目，5.17 亿美元，工期 1620 天

为保证从相关案例资料中科学全面地识别风险因素，本节借鉴扎根理论的思想，通过科学的逻辑对案例资料反复整理分析，以求尽可能全面地识别风险因素。鉴于目前关于国际 EPC 工程项目风险因素的研究较少，风险因素体系构建尚不成熟，利用该方法可以实现对原始资料的深度挖掘，使研究结果更符合实际。

（1）第一步是开放性编码，通过将原始资料打散、提取有效概念语句用于编码。以表 5－1 目录中案例 1 为例进行分析，开放性编码分析过程见表 5－2。

表5-2 **开放性编码示例**

<table>
<tr><th>原始资料概念语句提取</th><th>标签概念化</th><th>范畴化</th></tr>
<tr><td>该项目采用EPC+O&M总承包模式，项目签约时只有概念设计（1），由于业主提出新的功能需求及工程量的增加（2），该项目在实施过程中，合同预计总成本逐步增加（3）。</td><td>Aaa1 概念设计范围模糊
Aaa2 业主功能需求增加
Aaa3 成本增加</td><td rowspan="7">Aa1 项目范围不明确（Aaa1）
Aa2 业主需求变更（Aaa2/Aaa9/Aaa7/Aaa21）
Aa3 政治影响及政府关注度高（Aaa4、Aaa5）
Aa4 业主工作效率低（Aaa8/Aaa12）
Aa5 业主过度干预（Aaa11/Aaa12/Aaa33）
Aa6 政策法律及合同理解不充分（Aaa13/Aaa14/Aaa15/Aaa44）
Aa7 施工分包商履约可靠性（Aaa16/Aaa17）
Aa8 供应商履约可靠性（Aaa16/Aaa17）
Aa9 市场物资供应能力及价格（Aaa18/aaa25）
Aa10 技术要求高（Aaa19/Aaa20）
Aa11 标准体系复杂（Aaa22/Aaa23aaa37/aaa38）
Aa12 法律制度体系及理念差异（Aaa24/Aaa28/aaa29）</td></tr>
<tr><td>是一条服务于当地宗教朝觐者的铁路专线，是中国铁路“走出去”的标志性工程。该项目社会影响重大且受两国政府高度关注（4）。由于此项目的特殊意义，所以只能在亏损的情况下继续执行合同（5）。</td><td>Aaa4 政府关注度高
Aaa5 政治工程</td></tr>
<tr><td>2010年下半年，项目全面进入大规模施工阶段，实际工程数量比签约时预计工程数量大幅度增加（6），再加上业主对该项目的2010年运能需求较合同规定大幅提升（7）。</td><td>Aaa6 实际工程量大幅增加
Aaa7 运能需求大幅超出合同约定</td></tr>
<tr><td>业主负责的地下管网和地下拆迁严重滞后严重影响进度（8）。</td><td>Aaa8 业主拆迁滞后</td></tr>
<tr><td>业主为增加新的功能大量指令性变更（9）使部分已完工工程重新调整等因素影响（10）。</td><td>Aaa9 业主变更
Aaa10 已完工程重新调整</td></tr>
<tr><td>无论是设计、材料还是施工过程，每一步都要报送业主验收，项目实施中，连房间墙壁的颜色等都需要业主代表亲自选择才能决定（11），导致大量本应通过正常流程决定的事情，需要经过若干次反复才能最后批复，审批进展滞后（12）。</td><td>Aaa11 业主管理内容细
Aaa12 多次审批反复</td></tr>
</table>

续表

原始资料概念语句提取	标签概念化	范畴化
中方承包商之前对于项目所在地区的情况不了解（13），而且也没有仔细阅读项目的合同文件（14），因为对于材料和分包的指定，都是会明明白白写到合同文件的（15）。	Aaa13 不了解项目环境 Aaa14 合同阅读不仔细 Aaa15 业主指定分包商	Aa13 恶劣气候条件（Aaa30/Aaa36） Aa14 复杂地质条件（Aaa35） Aa15 对技术标准规范不熟悉（Aaa39） Aa16 签约合同价过低（Aaa40） Aa17 宗教文化背景差异（Aaa41） Aa18 风险分配不合理（Aaa43） Aa19 组织计划不科学（Aaa10/Aaa32/Aaa33/Aaa42） Aa20 技术工人数量及工资水平（Aaa27）
当地的一些合作方信用意识不强，不能按合同履约，不能按时完成任务（16）。分包商、供应商的延误非常普遍（17）。	Aaa16 合作方信誉问题 Aaa17 分包商、供应商延误	
项目所在地区近几年处于大规模的建设当中，供应商和专业分包商都是供不应求（18），是典型的供方市场，因此，在与分包的关系中，总包方经常处于不利的地位。	Aaa18 分包商供不应求	
是一桩世界上单位时间设计运能最大（19）、运营模式最复杂的轻轨铁路项目（20）。	Aaa19 设计运能大 Aaa20 运营模式最复杂	
业主后来要求九个站在 2010 年 11 月就全部开通，这直接导致了工期的紧张（21）。	Aaa21 业主变更工期	
然而在实际执行过程中，尤其在工程分包过程中，设计是由国外公司负责的（22）。由国外设计的话，意味着标准、订货就有一些问题，会由设计公司自己指定（23）。项目所在国的管理制度跟中国不一样（24），好多东西都是指定的，指定由哪家公司提供设备。这个项目虽然由中方企业总承包，但是很多控制系统是由西方公司提供的，价格要比国内设备高很多（25）。	Aaa22 外国公司负责设计 Aaa23 设计单位制定设计标准 Aaa24 管理制度差异 Aaa25 项目设备价格高	

续表

原始资料概念语句提取	标签概念化	范畴化
在项目施工过程中，当中非承包商已经意识到业主后期不断提出的变更要求与最初的建筑方案有很大偏差时，没有第一时间向上级反映、寻求解决方案，把握主动权并利用法律武器来保护自己，而是加大投资来满足业主的要求，直到最后发生重大亏损才不得不向上级报告，可见中方承包商对该工程项目内部控制及风险管理意识的薄弱（26）。	Aaa26 内控及风险管理意识薄弱	
当地分包效率低下（27）。当地的分包实行比较严格的 8 小时工作制，不能像国内的分包那样一天 24 小时三班倒（28）。施工范围主要集中在宗教文化影响深厚的地区，制约因素多，而项目所在国情况更特殊，其宗教限制更加严格（29）。	Aaa27 当地工人工作效率低 Aaa28 工作制度严格 Aaa29 宗教制度严格	
当地的气候条件很恶劣，中午地表温度高达 50℃—70℃（30）。	Aaa30 气候条件恶劣	
以空调设计的变更为例，在律师看来，由于当地中午地表温度高达 50℃—70℃，对空调方面要求增加功率并没有体现出业主进行了实质变更，这一点可能很难构成索赔（31）。	Aaa31 索赔困难	
赶工期造成成本的增加（32）。项目从设计、采购、施工到开通运营，合同工期为 22 个月，扣除斋月、朝觐等宗教习俗和作息习惯的影响，实际工期仅为 16 个月，此外业主不断提增加功能的要求（33）。项目工期非常紧，时间提前了，所有的成本都要增加（34）。	Aaa32 项目赶工 Aaa33 实际工期缩短 Aaa34 赶工导致成本增加	

续表

原始资料概念语句提取	标签概念化	范畴化
项目所在国的地理环境，大部处于沙漠区、干旱区和无人区，遍地沙丘，狂风一吹，沙土遮天蔽日，这就使得修建铁路时地基不容易稳固（35）。自然环境十分恶劣（36），施工区域地处高温和特大风沙区，夏季地表的最高温度可达到 50℃左右；除严重高温外，还严重缺水。	Aa35 地基不稳固 Aaa36 自然环境恶劣	
该项目土建采用美国标准，系统采用欧洲标准，还有当地的强制性规定，如消防、安全、环保等（37）。欧洲标准和美国标准与中国标准差异较大，并在很多方面比中国标准更为严格（38）。我方总承包商包括其设计院及施工企业与其他中国承包商一样，一般并不是十分熟悉欧洲标准和当地标准（39）。	Aaa37 标准种类多样 Aaa38 标准差异大 Aaa39 承包商对标准不熟悉	
本项目投标报价时，当地建筑承包商报价约 200 亿元，而承包商报价只有 120 亿元。同样的工程，同样的施工内容，同样的施工环境，具有本土优势的企业报价比中国承包商高出近 80 亿元（40）。	Aaa40 项目报价低	
总承包商对工程所在国的文化、制度、管理等风险估计存在偏差（41），在人员调配、环境转换等方面，准备工作显然不够充分（42）。	Aaa41 不了解当地文化 Aaa42 项目准备工作不足	
业主为减少风险，将大部分 FIDIC 合同赋予承包单位的一些权利，在合同中去除（43）。	Aaa43 业主修改合同	
由于时间仓促，加上语言差异，合同文本理解上存在不一致（44）。	Aaa44 合同理解存在差异	
… …	… …	… …

表 5－2 中列出了通过对案例 1 进行分析得到的 44 条概念语句。为

避免重复，对概念语句中重复或类似概念合并，例如，将概念“Aaa37 标准种类多样”“Aaa38 标准差异大”归纳为“标准体系复杂”，如此归纳合并后得到20个初始范畴语句。

按照同样的分析过程对剩余的其他案例开展风险因素识别，经整理后，10个案例共得到39个初始范畴语句，具体见表5－3。

表5－3　**风险因素识别初始范畴语句**

序号	风险因素	序号	风险因素
1	项目范围不明确	21	工作范围大
2	业主需求变更	22	投资规模大
3	政治影响及政府关注度高	23	政策及法律稳定性
4	业主工作效率低	24	融资可得性与融资成本
5	业主过度干预	25	建设周期长
6	政策法律及合同理解不充分	26	设计分包商履约可靠性
7	施工分包商履约可靠性	27	政府工作作风与效率
8	供应商履约可靠性	28	公众对项目的态度
9	市场物资供应能力及价格	29	业主图纸审批不及时
10	技术要求高	30	缺乏相关技术实施经验
11	标准体系复杂	31	业主延误支付
12	法律制度体系及理念差异	32	社会治安稳定性
13	恶劣气候条件	33	国际形势变化影响
14	复杂地质条件	34	组织结构设计不合理
15	对技术标准规范不熟悉	35	交叉界面多
16	签约合同价过低	36	政府对项目的态度
17	宗教文化背景差异	37	合同条件不清晰
18	风险分配不合理	38	对项目目标的控制能力
19	组织计划不科学	39	外汇市场波动
20	技术工人数量及工资水平		

（2）第二步是主轴编码，找出上一步编码获得的独立分散范畴的共同点及逻辑关联性，提炼与研究目标相关的主范畴，如“工作范围大”“建设周期长”“投资规模大”“政治影响及政府关注度高”均是

与项目特点相关的描述，“技术要求高”“标准体系复杂”“交叉界面多”是技术相关的因素。通过整理将39个初始范畴概括为11个副范畴，即规模因素、技术管理因素、合同管理因素、技术能力、组织管理能力、自然环境、社会环境、政法环境、经济与市场环境及来自分包商、业主方的因素。进一步分析副范畴间关联特性，如项目规模因素、技术管理因素、合同管理因素均属于项目层面，而技术能力和组织管理能力属于承包商层面，自然、政法、社会、经济及市场环境因素属于外部环境层面，业主、分包商的因素属于项目参与者层面，最终得到4个主范畴，编码结果见表5－4。

表5－4 **主轴编码结果**

主范畴	副范畴	初始范畴	解释
项目层面	规模因素	Aa1 工作范围大	指此类项目建筑体规模、范围方面的特征
		Aa14 建设周期长	指此类项目持续时间长，项目期间会面临很多不确定性因素影响
		Aa2 投资规模大	指此类项目资金需求大，资金管理及融资管理难度高
		Aa19 政治影响及政府关注度高	指项目建设对当地政治经济的影响及对项目的关注程度
	技术因素	Aa3 技术要求高	指此类项目设计技术标准要求高，多涉及新技术、新材料及设备的应用
		Aa4 标准体系复杂	指此类项目会涉及众多不同专业、行业及国家的技术标准体系
		Aa31 交叉界面多	EPC 作为总承包一体化项目实施模式，项目执行中存在很多设计施工并行交叉界面，使总承包商管理协调难度增大
	合同因素	Aa28 任务范围不明确	指合同对项目范围的界定不明确导致双方理解偏差
		Aa37 风险分配不合理	指合同条款中双方责任、权力和利益不对等
		Aa33 签约合同价过低	指前期投标阶段决策失误导致的签约价格偏低
		Aa36 合同条件不清晰	指合同条件对双方权利、义务、责任和风险分配等界定不清晰或模糊容易产生歧义

续表

主范畴	副范畴	初始范畴	解释
承包商层面	技术能力	Aa35 对技术标准规范不熟悉	指总承包商对项目相关技术标准及设计规范体系不熟悉
		Aa22 缺乏相关技术实施经验	指承包商所掌握的技术水平和经验无法满足项目高难施工要求
	管理能力	Aa30 组织结构设计不合理	指总承包商海外项目的机构设置、权责界定、人员配置等方面的问题而导致项目管理低效
		Aa38 对项目目标的控制能力	指因总承包商对项目的合同、进度、成本、质量目标控制能力弱而对项目整体的影响
		Aa10 项目组织计划不科学	指总承包商对项目的管理能力经验和风控意识不足导致项目组织模式和进度计划等不符合实际
		Aa13 政策法律及合同理解不充分	指总承包商前期调研不充分，对相关政策法律及合同内容了解不足而给项目实施中承包商行为的合规性带来的风险
环境层面	自然环境	Aa5 复杂地质条件	指项目施工现场处于不良地质构造的环境
		Aa6 恶劣气候条件	指项目所在地区固有气候特点、不可预见的恶劣气候及自然灾害
	政法环境	Aa11 法律体系及理念差异	指不同制度下法律体系认识、对法律重视程度及执行理念差异给承包商实施项目带来的困难
		Aa17 政府工作作风与效率	指政府行为及工作效率，如权力腐败、行政审批流程慢、行政监管缺失等
		Aa7 政策及法律稳定性	指政府的执政理念和政策法规的连贯性是否会因政府换届或政党交替而变化
		Aa32 政府对项目的态度	指政府对项目的支持度及关注度，包括是否提供优惠政策、提供担保等
		Aa25 国际形势变化影响	指项目所在国是否因国际关系恶化，存在其他国家封锁禁运、打压制裁的情况，或其他国际承包商的不当竞争行为

续表

主范畴	副范畴	初始范畴	解释
环境层面	社会环境	Aa26 宗教文化背景差异	指因不了解不同国家宗教禁忌和文化而产生冲突
		Aa24 社会治安稳定性	指项目实施所处社会环境是否安定、治安情况是否良好
		Aa27 社会风俗及习惯差异	指对不同背景下劳工的价值理念、工作习惯、假期安排、行为方式差异对承包商劳务雇佣和进度计划的影响
		Aa20 公众对项目的态度	指社会公众对项目支持或反对的态度及对承包商是否友好可能会对项目实施产生影响
	经济与市场环境	Aa8 市场物资供应能力及价格	指当地市场对项目所需资源供应是否充足，市场价格水平及其稳定性
		Aa9 技术工人数量及工资水平	指市场上项目所需技术劳工数量是否充足及相应的工资水平
		Aa12 融资可得性与融资成本	指项目所需资金来源是否充足，在资本市场融资难易程度及融资机构信誉状况
		Aa39 外汇市场波动	指国际汇率变动对项目支出和收入的影响
项目利益人层面	业主	Aa29 业主需求变更	指对于业主在项目执行期间提出的要求是否为实质性变更，双方可能存在争议
		Aa34 业主过度干预	指项目执行期间业主过多干预承包商项目执行的行为
		Aa23 业主延误付款	指业主因财务状况或资金不充足而无法按照付款计划表按时支付工程款
		Aa21 业主工作效率低	指业主工作效率低，审批流程慢，多次反复审批等
	分包商	Aa16 设计分包商履约可靠性	指因设计单位能力经验不足、规范及功能要求理解不充分，无法按进度提交合格图纸，或存在设计质量缺陷等风险
		Aa15 供应商履约可靠性	指供应商因业绩及信誉等因素无法保质保量及时交货的风险
		Aa18 施工分包商履约可靠性	指施工分包商因资质信誉、技术经验、资金等问题无法按合同规定及时交付的风险

（3）第三步是选择性编码，即确定一个核心范畴把其他范畴联系起来，并形成总体框架。根据研究目的将国际 EPC 工程项目风险因素确定为核心范畴，包括项目层面因素、承包商层面因素、环境层面因素和利益人层面因素。其中，承包商作为项目主要管理者，其管理能力对于项目目标预控水平有决定性影响，环境层面因素和利益人层面因素是外部因素，对项目目标的影响程度会因承包商管理能力水平不同而不同；同理，项目层面因素也受承包商管理能力的影响。

第二节　通过文献分析识别

文献分析是获得专业资料的高效方法，为弥补单一识别方法识别不足，借助文献分析法在已搭建的风险因素识别框架上进一步完善。通过文献识别的风险因素见表 5 – 5。

表 5 – 5　　　　相关文献风险因素识别内容

序号	文献	风险因素
1	Gamil	规划与可研不足；财务估算不当；沟通障碍；缺乏技术；政府机构干扰；利益相关者之间协调沟通不当；缺乏熟练劳动力；项目管理技能和经验不足；重新设计和返工；项目中断暂停
2	Olugbenga Jide Olaniran	项目属性；项目组织结构与领导能力；项目技术需求；人员资本缺乏；管理复杂；现场条件恶劣；沟通机制不足；合同管理；成本超支
3	Sandra Mišić	大型项目管理经验缺乏；文化差异；腐败；前期规划与范围不清晰；外部监控；技术创新不确定性；信息沟通渠道不畅通；项目参与者间有效伙伴关系
4	Werner Rothengatte	政治支持或反对；乐观评估；初期规划不准确；无严格控制；无稳固财务框架；采购和治理失败；利益相关者是否整合；信息不足；交付系统不完善；没有严格管控；没有风险管理
5	He Qinghua	政府和公众的支持度；技术经验累积和应用；管理制度是否创新；组织方式和结构合理性

续表

序号	文献	风险因素
6	Fhumulani Tshidavhu	承包商和客户之间缺乏沟通；现场管理不善；监控不力；决策迟缓；缺乏熟练技术工人；缺乏经验；不稳固的管理结构；变更；设计不充分；返工；不可预见的现场条件；严峻天气条件；项目复杂性；项目持续时间；设备材料短缺；价格上涨；延误支付；财务规划糟糕
7	Carlos Caldas	新的未经论证的技术；物流挑战；有资质技术人员缺乏；糟糕的组织结构；关键人员流动；项目团队和利益相关者之间的有效沟通；项目范围定义不充分；设备和材料交付延误；角色和责任界定不清；管理团队的技能和经验不足；合作伙伴内部不协调；文化差异；合同范围不明确；乐观偏见；风险评估不足；项目控制薄弱；承包商/分包商能力或表现不佳；无效地变更管理
8	许鹏	成本管理意识缺乏；成本管理制度缺乏；管理人员经验不足；原材料采购成本高；技术工人数量缺少；设计不达标
9	Ninan Johan	成本估算不足；低效合同；政治干预；评估不佳；协调问题
10	Juliano Denicol	乐观低估项目成本和复杂性；忽视风险和不确定性；组织角色和责任定义模糊；技术创新的不确定性；项目复杂；资金、资源及法律约束限制；项目团队文化和目标定义不恰当；项目团队能力和稳定性；政府治理环境；利益相关者协调困难；公众透明度低；前期设计规划不明确；信息沟通与传递效率低
11	Lavagnon Ika	范围变更；项目复杂性和不确定性；政治行为；合同纠纷
12	Dinesh Shenoy	国家层面项目可接受性；前期规划足够性；管理团队能力水平；项目管理能力不足；财务能力和评估问题；政府行为；不准确计划和监测；风险应对能力不足；项目目标愿景不清晰；利益相关者目标不一致；领导的连续性；项目资金批复及时性；项目经理或组织的管理能力；财务资源可获得性；技术资源可用性低；生产资源可获得性低
13	Mujahid Akhtar	投标不准确和估算错误；进度计划不合理；项目复杂；项目接口管理效率低；设计输入数据信息错误；设计许可审批延误；项目规划管理不善；项目核心团队建设困难；项目管理团队能力差；缺乏经验总结；设计错误和变更；项目资源不足（劳动力、设备、机械）；长周期设备采购交付延误；现金流不佳；发生严重 HSE 事件；施工阶段范围变更；项目监控不力；不良沟通；不良风险管理
14	Goodier CI	征地效率低；设计变更；合同管理能力薄弱；采购计划不当；采购物流效率低；核心技术人员缺乏；现场监理经验不足；施工任务规划不当；技术标准管理不力；进度款支付不力
15	Brookes Naomi J	早期规划不当；缺乏严格过程决策和监管；利益相关者影响；项目内部治理结构不当

将上述因素合并整理，如“规划与可研不足”“项目前期规划与范围清晰度”“初期规划不准确”“项目范围定义不充分”“前期设计规划不明确”“合同范围不明确”等归纳为“项目规划与范围不明确”；将“缺乏熟练技术工人”“有资质技术人员缺乏”“技术工人数量缺少”“核心技术人员缺乏”等归纳为“技术工人短缺”；“项目资源不足”“设备和材料交付延误”“技术资源可用性低”“生产资源可获得性低”等归纳到“市场物资供应短缺”。按此思路，风险因素文献识别结果见表5－6。

表5－6　　　　风险因素文献识别结果

序号	风险因素	序号	风险因素
1	项目规划与范围不明确	18	合同范围不明确
2	成本估算不合理	19	文化差异
3	与相关方沟通协调的能力弱	20	利益相关者协调难度大
4	技术创新不确定性	21	持续周期长
5	缺乏新技术实施经验	22	物价上涨
6	交叉界面接口管理不当	23	业主资金及付款能力
7	政府干预及腐败行为	24	不利交通运输条件
8	政府对项目支持力度	25	投标报价低
9	政府行政效率低	26	进度计划不合理
10	技术工人短缺	27	前期数据资料错误
11	市场物资供应短缺	28	业主审批效率低
12	管理经验和能力不足	29	设备材料交付延误
13	项目规模性和复杂性	30	突发公共事件
14	项目组织结构不稳定	31	设计错误及设计不充分
15	不利现场条件	32	风险管控意识和能力不足
16	严峻天气条件	33	组织角色定义不清晰
17	合同管理效率低	34	采购及施工规划不当

第三节 国际 EPC 工程项目风险因素识别结果

通过案例与文献两种方法，对影响国际 EPC 工程项目目标实现的风险因素分别进行了识别，两种方法识别结果中有一定的重复及表述意义相近的因素，需进行进一步整理。如“成本估算不合理”“投标报价估算错误”“签约合同价过低”均是表达报价不合理的意思，可归纳为“合同报价不合理”；“政府干预及腐败行为”“政府行政效率低”可归纳为“政府工作作风与效率”；“组织结构不稳定”“组织角色定义不清晰”可归为“组织结构设计不合理”等，最后从总承包商实施项目的视角归纳出 43 个风险因素，形成国际 EPC 工程项目风险因素体系，见表 5－7。

表 5－7 国际 EPC 工程项目风险因素体系

维度	一级指标	二级指标
项目层面	规模因素	S1 工作范围大
		S2 建设周期长
		S3 投资规模大
		S4 政治影响及关注度高
	技术因素	S5 技术含量高
		S6 技术标准体系复杂
		S7 交叉界面多
	合同因素	S8 任务范围是否明确
		S9 风险分配是否合理
		S10 合同报价是否合理
		S11 合同条件是否清晰
承包商层面	技术能力	S12 对技术标准规范是否熟悉
		S13 是否具有相关技术实施经验

续表

维度	一级指标	二级指标
承包商层面	管理能力	S14 组织结构设计是否合理
		S15 与利益相关方沟通协作的能力
		S16 目标控制能力的高低
		S17 项目组织计划是否科学
		S18 政策法律及合同理解是否充分
环境层面	自然环境	S19 交通运输条件状况
		S20 地质条件状况
		S21 气候条件状况
	政法环境	S22 法律体系及理念差异
		S23 政府工作作风与效率
		S24 政策及法律稳定性
		S25 政府对项目的态度
		S26 国际形势变化影响
	社会环境	S27 宗教文化背景差异
		S28 社会治安稳定性
		S29 社会风俗及习惯差异
	经济与市场环境	S30 公众对项目的态度
		S31 突发公共事件
		S32 市场物资供应能力及价格
		S33 技术工人数量及工资水平
		S34 融资可得性与融资成本
		S35 外汇市场波动
参与人层面	业主	S36 业主需求变更
		S37 业主过度干预
		S38 业主延误付款
		S39 业主图纸审批不及时
		S40 业主提供资料错误
	分包商/供应商	S41 设计分包商履约可靠性
		S42 供应商履约可靠性
		S43 施工分包商履约可靠性

第四节 饱和性检验

饱和性检验就是检查验证通过风险识别过程得出的风险因素体系是否全面，是否还存在其他尚未被识别出来的风险因素。为此可通过适当增加案例和文献的数量，按照上述过程进行重复分析，当分析发现不再有新增加的风险因素时，则说明当前风险因素识别的结果已经基本达到饱和。

在针对具体项目进行风险识别时，可在一般性风险识别的基础上，结合特定项目的具体情况，通过项目现场调研、专家论证会等方式，对国际 EPC 工程项目的风险因素进行进一步筛选或补充，如有必要，还可借助相关工具软件，如 SPSS，对分析过程中所收集的问卷调查等数据进行信度和效度检验，以确保项目风险识别的全面性、准确性和可靠性。

第六章

国际 EPC 工程项目风险因素作用路径分析

通过上一章分析得到国际 EPC 工程项目风险因素体系，根据传导理论，并非所有因素会直接作用于项目目标，也可能是作用于中间因素。因此有必要对各种风险因素间的作用关系及其层级关系进行分析，探索各种风险因素对项目目标实现的影响路径。本章将解释结构模型（ISM）引入国际 EPC 工程项目风险因素的作用路径研究，实现对风险因素间的关系梳理和层级划分，揭示风险因素的传导路径。

第一节　风险因素 ISM 模型构建

一　建立邻接矩阵

ISM 模型首先需要确定因素间的直接二元关系以建立邻接矩阵。为得到较为客观的结果，一方面分析国际市场 EPC 工程项目目标交付失败的案例；另一方面，参考国内外研究中与国际 EPC 工程项目目标失败原因分析的相关文献，以此得到因素间的直接影响关系。为方便表示，用第五章第三节表 5－7 中 S1—S43 表示各因素，用 A 表示管理事件、B 表示经济事件、C 表示社会事件、D 表示政治事件、E 表示行为主体事件。用 a 表示进度延误，b 表示成本增加，c 表示质量缺陷，d 表示合同终止。

邻接矩阵是只用 0 和 1 来表述因素间影响关系的矩阵，其中 $a_{ij}=1$

表示因素从 i 到 j 有直接影响，$a_{ij}=0$ 表示从 i 到 j 无直接影响关系。根据现有资料分析整理各种影响关系，得到表 6－1 所示的邻接矩阵 A。

表 6－1　　　　**国际 EPC 工程项目风险因素邻接矩阵**

A	*S*1	*S*2	*S*3	*S*4	*S*5	*S*6	*S*7	*S*8	*S*9	*S*10	…	*S*43	A	B	…	E	a	b	c	d
*S*1	0	0	0	0	0	0	1	0	0	0	…	0	0	0	…	0	0	0	0	0
*S*2	0	0	0	1	0	0	0	0	0	0	…	0	0	0	…	0	0	0	0	0
*S*3	0	0	0	1	0	0	0	0	0	0	…	0	0	0	…	0	0	0	0	0
*S*4	0	0	0	0	0	0	0	0	0	0	…	1	0	0	…	0	0	0	0	0
*S*5	0	0	0	0	0	0	0	0	0	0	…	0	0	0	…	0	0	0	0	0
*S*6	0	0	0	0	0	0	0	0	0	0	…	0	0	0	…	0	0	0	0	0
*S*7	0	0	0	0	1	1	0	0	0	0	…	0	0	0	…	0	0	0	0	0
*S*8	0	0	0	0	0	0	0	0	0	0	…	0	0	0	…	0	0	0	0	0
*S*9	0	0	0	0	0	0	0	0	0	0	…	0	1	0	…	0	0	0	0	0
*S*10	0	0	0	0	0	0	0	0	1	0	…	0	1	0	…	0	0	0	0	0
⋮	⋮	⋮	⋮	⋮	⋮	⋮	⋮	⋮	⋮	⋮	⋮	⋮	⋮	⋮	…	⋮	⋮	⋮	⋮	⋮
*S*43	0	0	0	0	0	0	0	0	0	0	…	0	1	0	…	0	0	0	0	0
A	0	0	0	0	0	0	0	0	0	0	…	0	0	0		0	1	1	1	1
B	0	0	0	0	0	0	0	0	0	0	…	0	0	0		0	1	1	0	1
	⋮	⋮	⋮	⋮	⋮	⋮	⋮	⋮	⋮	⋮	…	⋮	⋮	⋮		⋮	⋮	⋮	⋮	⋮
D	0	0	0	0	0	0	0	0	0	0	…	0	0	0	…	0	1	1	0	1
E	0	0	0	0	0	0	0	0	0	0	…	0	0	0	…	0	1	1	1	0
a	0	0	0	0	0	0	0	0	0	0	…	0	0	0	…	0	0	0	0	0
b	0	0	0	0	0	0	0	0	0	0	…	0	0	0	…	0	0	0	0	0
c	0	0	0	0	0	0	0	0	0	0	…	0	0	0	…	0	0	0	0	0
d	0	0	0	0	0	0	0	0	0	0	…	0	0	0	…	0	0	0	0	0

二　计算可达矩阵

可达矩阵 M 是用于表示因素之间的可达性，即因素 i 通过一定长度后是否可与因素 j 连通的矩阵，由邻接矩阵运算得到可达矩阵。在可达矩阵中元素 $m_{ij}=1$ 表示因素 i 到 j 之间存在通路，0 表示两者之间无通路。计算公式为：

$$A_i = (A + I)^i, (1 \leqslant i \leqslant n)$$

直至满足

$$A_1 \neq A_2 \neq \cdots \neq A_r = A_{r+1}, r \leqslant n$$

$$M = A^r = (A + I)^r$$

其中 n 为矩阵阶数，r 为到达可达矩阵的路径长度。因矩阵较大故用 python 编程计算得到可达矩阵。鉴于矩阵元素多，所以采用分块的形式表示可达矩阵，见表 6－2。

$$M = \begin{pmatrix} M_1 & M_2 \\ M_3 & M_4 \end{pmatrix}$$

三　确定层级结构

确定层级结构需要在可达矩阵的基础上进行层级划分，根据分解次序构建层级。第一步，根据计算得到的可达矩阵，确定风险因素的可达集 $R(S_i)$ 和先行集 $A(S_i)$ ，其中可达集指风险因素 S_i 及其可到达的所有因素的集合，先行集指因素 S_i 及可以到达该因素的所有因素的集合；第二步，计算可达集 $R(S_i)$ 和先行 $A(S_i)$ 的 ∩ 交集且当满足 $R(S_i) \cap A(S_i) = R(S_i)$ 时，即可对这些因素进行抽取，抽取的因素则作为结构模型层级划分的第一层。依次剔除抽取的因素，按照上述计算规则继续计算后续层级，直到将所有因素完成层级划分。根据可达矩阵得到风险因素的初始可达集和先行集见表 6－3，根据上述计算程序得到 L（1）＝{a，b，c，d}。

去掉第一层元素，按照相同逻辑计算第二层级。鉴于因素较多，借助编程计算得到各层级的风险因素划分情况：

$L(1) = \{a, b, c, d\}$；

$L(2) = \{A, B, C, D, E\}$；

$L(3) = \{S_9, S_{13}, S_{16}, S_{23}, S_{24}, S_{31}, S_{32}, S_{34}, S_{36}, S_{38}, S_{39}, S_{41}, S_{42}, S_{43}\}$；

$L(4) = \{S_8, S_{10}, S_{12}, S_{15}, S_{17}, S_{25}, S_{28}, S_{35}, S_{37}, S_{40}\}$；

$L(5) = \{S_5, S_6, S_{14}, S_{18}, S_{19}, S_{20}, S_{21}, S_{26}, S_{30}, S_{33}\}$；

$L(6) = \{S_4, S_7, S_{11}, S_{22}, S_{29}\}$；

表 6 - 2　　可达矩阵

M_1	S1	S2	S3	S4	S5	S6	S7	S8	S9	S10	S11	S12	S13	S14	S15	S16	S17	S18	S19	S20	S21	S22	S23	S24	S25	S26
S1	1	0	0	0	1	1	1	0	0	0	0	1	1	0	0	0	0	0	1	1	1	0	0	0	0	0
S2	0	1	0	1	0	0	0	0	0	0	0	0	0	0	0	0	0	0	0	0	0	0	1	1	1	0
S3	0	0	1	1	0	0	0	0	0	0	0	0	0	0	0	0	0	0	0	0	0	0	1	1	1	0
S4	0	0	0	1	0	0	0	0	0	0	0	0	0	0	0	0	0	0	0	0	0	0	1	1	1	0
S5	0	0	0	0	1	0	0	0	0	0	0	1	0	0	0	0	0	0	0	0	0	0	0	0	0	0
S6	0	0	0	0	0	1	0	0	0	0	0	1	0	0	0	0	0	0	0	0	0	0	0	0	0	0
S7	0	0	0	0	1	1	1	0	0	0	0	1	0	0	0	0	0	0	0	0	0	0	0	0	0	0
S8	0	0	0	0	0	0	0	1	0	0	0	0	0	0	0	0	0	0	0	0	0	0	0	0	0	0
S9	0	0	0	0	0	0	0	0	1	0	0	0	0	0	0	0	0	0	0	0	0	0	0	0	0	0
S10	0	0	0	0	0	0	0	0	1	1	0	0	0	0	0	0	0	0	0	0	0	0	0	0	0	0
S11	0	0	0	0	0	0	0	1	1	1	1	0	0	0	1	1	1	1	0	0	0	0	0	0	0	0
S12	0	0	0	0	0	0	0	0	0	0	0	1	0	0	0	0	0	0	0	0	0	0	0	0	0	0
S13	0	0	0	0	0	0	0	0	0	0	0	0	1	0	0	0	0	0	0	0	0	0	0	0	0	0
S14	0	0	0	0	0	0	0	0	0	0	0	0	0	1	1	1	1	0	0	0	0	0	0	0	0	0
S15	0	0	0	0	0	0	0	0	0	0	0	0	0	0	1	1	1	0	0	0	0	0	0	0	0	0
S16	0	0	0	0	0	0	0	0	0	0	0	0	0	0	0	1	0	0	0	0	0	0	0	0	0	0
S17	0	0	0	0	0	0	0	0	0	0	0	0	0	0	1	1	1	0	0	0	0	0	0	0	0	0
S18	0	0	0	0	0	0	0	0	1	1	0	0	0	0	1	1	1	1	0	0	0	0	0	0	0	0

续表

M_1	S1	S2	S3	S4	S5	S6	S7	S8	S9	S10	S11	S12	S13	S14	S15	S16	S17	S18	S19	S20	S21	S22	S23	S24	S25	S26
S19	0	0	0	0	0	0	0	0	0	0	0	0	1	0	0	0	0	0	1	0	0	0	0	0	0	0
S20	0	0	0	0	0	0	0	0	0	0	0	0	1	0	0	0	0	0	0	1	0	0	0	0	0	0
S21	0	0	0	0	0	0	0	0	0	0	0	0	1	0	0	0	0	0	0	0	1	0	0	0	0	0
S22	0	0	0	0	0	0	0	0	1	1	0	0	0	0	1	1	1	1	0	0	0	1	0	0	0	0
S23	0	0	0	0	0	0	0	0	0	0	0	0	0	0	0	0	0	0	0	0	0	0	1	0	0	0
S24	0	0	0	0	0	0	0	0	0	0	0	0	0	0	0	0	0	0	0	0	0	0	0	1	0	0
S25	0	0	0	0	0	0	0	0	0	0	0	0	0	0	0	0	0	0	0	0	0	0	1	1	1	0
S26	0	0	0	0	0	0	0	0	0	0	0	0	0	0	0	0	0	0	0	0	0	0	0	0	0	1
M_2	S27	S28	S29	S30	S31	S32	S33	S34	S35	S36	S37	S38	S39	S40	S41	S42	S43	A	B	C	D	E	a	b	c	d
S1	0	0	0	0	0	0	0	0	0	0	0	0	0	1	1	1	1	1	0	0	0	1	1	1	1	1
S2	0	1	0	1	1	0	0	1	0	0	0	0	0	0	0	0	0	1	1	1	1	0	1	1	1	1
S3	0	1	0	1	1	0	0	1	0	0	0	0	0	0	0	0	0	1	1	1	1	0	1	1	1	1
S4	0	1	0	1	1	0	0	1	0	0	0	0	0	0	0	0	0	1	1	1	1	0	1	1	1	1
S5	0	0	0	0	0	0	0	0	0	0	0	0	0	0	1	1	1	1	0	0	0	1	1	1	1	1
S6	0	0	0	0	0	0	0	0	0	0	0	0	0	0	1	1	1	1	0	0	0	1	1	1	1	1
S7	0	0	0	0	0	0	0	0	0	0	0	0	0	0	1	1	1	1	0	0	0	1	1	1	1	1
S8	0	0	0	0	0	0	0	0	0	1	0	0	0	0	0	0	0	1	0	0	0	0	1	1	1	1
S9	0	0	0	0	0	0	0	0	0	0	0	0	0	0	0	0	0	1	0	0	0	0	1	1	1	1

续表

M_2	S27	S28	S29	S30	S31	S32	S33	S34	S35	S36	S37	S38	S39	S40	S41	S42	S43	A	B	C	D	E	a	b	c	d
S10	0	0	0	0	0	0	0	0	0	0	0	0	0	0	0	0	0	1	0	0	0	0	1	1	1	1
S11	0	0	0	0	1	0	0	0	0	1	1	1	1	0	1	1	1	1	0	1	0	1	1	1	1	1
S12	0	0	0	0	0	0	0	0	0	0	0	0	0	0	1	1	1	1	0	0	0	1	1	1	1	1
S13	0	0	0	0	0	0	0	0	0	0	0	0	0	0	0	0	0	1	0	0	0	0	1	1	1	1
S14	0	0	0	0	1	0	0	0	0	0	1	1	1	0	1	1	1	1	0	1	0	1	1	1	1	1
S15	0	0	0	0	1	0	0	0	0	0	1	1	1	0	1	1	1	1	0	1	0	1	1	1	1	1
S16	0	0	0	0	0	0	0	0	0	0	0	0	0	0	0	0	0	1	0	0	0	0	1	1	1	1
S17	0	0	0	0	1	0	0	0	0	0	1	1	1	0	1	1	1	1	0	1	0	1	1	1	1	1
S18	0	0	0	0	1	0	0	0	0	0	1	1	1	0	1	1	1	1	0	1	0	1	1	1	1	1
S19	0	0	0	0	0	0	0	0	0	0	0	0	0	1	0	0	0	1	0	0	0	0	1	1	1	1
S20	0	0	0	0	0	0	0	0	0	0	0	0	0	1	0	0	0	1	0	0	0	0	1	1	1	1
S21	0	0	0	0	0	0	0	0	0	0	0	0	0	1	0	0	0	1	0	0	0	0	1	1	1	1
S22	0	0	0	0	1	0	0	0	0	0	1	1	1	0	1	1	1	1	0	1	0	1	1	1	1	1
S23	0	0	0	0	0	0	0	0	0	0	0	0	0	0	0	0	0	0	0	0	1	0	1	1	0	1
S24	0	0	0	0	0	0	0	0	0	0	0	0	0	0	0	0	0	0	0	0	1	0	1	1	0	1
S25	0	0	0	0	0	0	0	1	0	0	0	0	0	0	0	0	0	0	1	0	1	0	1	1	0	1
S26	0	1	0	0	1	1	0	0	1	0	0	0	0	0	0	0	0	1	1	1	0	0	1	1	1	1

续表

M_3	S1	S2	S3	S4	S5	S6	S7	S8	S9	S10	S11	S12	S13	S14	S15	S16	S17	S18	S19	S20	S21	S22	S23	S24	S25	S26
S27	0	0	0	0	0	0	0	0	0	0	0	0	0	0	1	1	1	0	0	0	0	0	0	0	0	0
S28	0	0	0	0	0	0	0	0	0	0	0	0	0	0	0	0	0	0	0	0	0	0	0	0	0	0
S29	0	0	0	0	0	0	0	0	0	0	0	0	0	0	1	1	1	0	0	0	0	0	0	0	0	0
S30	0	0	0	0	0	0	0	0	0	0	0	0	0	0	0	0	0	0	0	0	0	0	0	0	0	0
S31	0	0	0	0	0	0	0	0	0	0	0	0	0	0	0	0	0	0	0	0	0	0	0	0	0	0
S32	0	0	0	0	0	0	0	0	0	0	0	0	0	0	0	0	0	0	0	0	0	0	0	0	0	0
S33	0	0	0	0	0	0	0	0	0	0	0	0	0	0	1	1	1	0	0	0	0	0	0	0	0	0
S34	0	0	0	0	0	0	0	0	0	0	0	0	0	0	0	0	0	0	0	0	0	0	0	0	0	0
S35	0	0	0	0	0	0	0	0	0	0	0	0	0	0	0	0	0	0	0	0	0	0	0	0	0	0
S36	0	0	0	0	0	0	0	0	0	0	0	0	0	0	0	0	0	0	0	0	0	0	0	0	0	0
S37	0	0	0	0	0	0	0	0	0	0	0	0	0	0	1	1	1	0	0	0	0	0	0	0	0	0
S38	0	0	0	0	0	0	0	0	0	0	0	0	0	0	0	0	0	0	0	0	0	0	0	0	0	0
S39	0	0	0	0	0	0	0	0	0	0	0	0	0	0	0	0	0	0	0	0	0	0	0	0	0	0
S40	0	0	0	0	0	0	0	0	0	0	0	0	1	0	0	0	0	0	0	0	0	0	0	0	0	0
S41	0	0	0	0	0	0	0	0	0	0	0	0	0	0	0	0	0	0	0	0	0	0	0	0	0	0
S42	0	0	0	0	0	0	0	0	0	0	0	0	0	0	0	0	0	0	0	0	0	0	0	0	0	0
S43	0	0	0	0	0	0	0	0	0	0	0	0	0	0	0	0	0	0	0	0	0	0	0	0	0	0
A	0	0	0	0	0	0	0	0	0	0	0	0	0	0	0	0	0	0	0	0	0	0	0	0	0	0

续表

M_3	S1	S2	S3	S4	S5	S6	S7	S8	S9	S10	S11	S12	S13	S14	S15	S16	S17	S18	S19	S20	S21	S22	S23	S24	S25	S26
B	0	0	0	0	0	0	0	0	0	0	0	0	0	0	0	0	0	0	0	0	0	0	0	0	0	0
C	0	0	0	0	0	0	0	0	0	0	0	0	0	0	0	0	0	0	0	0	0	0	0	0	0	0
D	0	0	0	0	0	0	0	0	0	0	0	0	0	0	0	0	0	0	0	0	0	0	0	0	0	0
E	0	0	0	0	0	0	0	0	0	0	0	0	0	0	0	0	0	0	0	0	0	0	0	0	0	0
a	0	0	0	0	0	0	0	0	0	0	0	0	0	0	0	0	0	0	0	0	0	0	0	0	0	0
b	0	0	0	0	0	0	0	0	0	0	0	0	0	0	0	0	0	0	0	0	0	0	0	0	0	0
c	0	0	0	0	0	0	0	0	0	0	0	0	0	0	0	0	0	0	0	0	0	0	0	0	0	0
d	0	0	0	0	0	0	0	0	0	0	0	0	0	0	0	0	0	0	0	0	0	0	0	0	0	0
M_4	S27	S28	S29	S30	S31	S32	S33	S34	S35	S36	S37	S38	S39	S40	S41	S42	S43	A	B	C	D	E	a	b	c	d
S27	1	0	1	0	1	0	1	0	0	0	1	1	1	0	1	1	1	1	0	1	0	1	1	1	1	1
S28	0	1	0	0	1	0	0	0	0	0	0	0	0	0	0	0	0	1	0	1	0	0	1	1	1	1
S29	0	0	1	0	1	0	1	0	0	0	1	1	1	0	1	1	1	1	0	1	0	1	1	1	1	1
S30	0	1	0	1	1	0	0	1	0	0	0	0	0	0	0	0	0	1	1	1	0	0	1	1	1	1
S31	0	0	0	0	1	0	0	0	0	0	0	0	0	0	0	0	0	1	0	1	0	0	1	1	1	1
S32	0	0	0	0	0	1	0	0	0	0	0	0	0	0	0	0	0	0	1	0	0	0	1	1	0	1
S33	0	0	0	0	1	0	1	0	0	0	1	1	1	0	1	1	1	1	0	1	0	1	1	1	1	1
S34	0	0	0	0	0	0	0	1	0	0	0	0	0	0	0	0	0	0	1	0	0	0	1	1	0	1
S35	0	0	0	0	0	1	0	0	1	0	0	0	0	0	0	0	0	0	1	0	0	0	1	1	0	1

续表

M_4	S27	S28	S29	S30	S31	S32	S33	S34	S35	S36	S37	S38	S39	S40	S41	S42	S43	A	B	C	D	E	a	b	c	d
S36	0	0	0	0	0	0	0	0	0	1	0	0	0	0	0	0	0	1	0	0	0	0	1	1	1	1
S37	0	0	0	0	1	0	0	0	0	0	1	1	1	0	1	1	1	1	0	1	0	1	1	1	1	1
S38	0	0	0	0	0	0	0	0	0	0	0	1	0	0	0	0	0	0	0	0	0	1	1	1	1	0
S39	0	0	0	0	0	0	0	0	0	0	0	0	1	0	0	0	0	0	0	0	0	1	1	1	1	0
S40	0	0	0	0	0	0	0	0	0	0	0	0	0	1	0	0	0	1	0	0	0	0	1	1	1	1
S41	0	0	0	0	0	0	0	0	0	0	0	0	0	0	1	0	0	1	0	0	0	1	1	1	1	1
S42	0	0	0	0	0	0	0	0	0	0	0	0	0	0	0	1	0	1	0	0	0	1	1	1	1	1
S43	0	0	0	0	0	0	0	0	0	0	0	0	0	0	0	0	1	1	0	0	0	1	1	1	1	1
A	0	0	0	0	0	0	0	0	0	0	0	0	0	0	0	0	0	1	0	0	0	0	1	1	1	1
B	0	0	0	0	0	0	0	0	0	0	0	0	0	0	0	0	0	0	1	0	0	0	1	1	0	1
C	0	0	0	0	0	0	0	0	0	0	0	0	0	0	0	0	0	0	0	1	0	0	1	1	0	1
D	0	0	0	0	0	0	0	0	0	0	0	0	0	0	0	0	0	0	0	0	1	0	1	1	0	1
E	0	0	0	0	0	0	0	0	0	0	0	0	0	0	0	0	0	0	0	0	0	1	1	1	1	0
a	0	0	0	0	0	0	0	0	0	0	0	0	0	0	0	0	0	0	0	0	0	0	1	0	0	0
b	0	0	0	0	0	0	0	0	0	0	0	0	0	0	0	0	0	0	0	0	0	0	0	1	0	0
c	0	0	0	0	0	0	0	0	0	0	0	0	0	0	0	0	0	0	0	0	0	0	0	0	1	0
d	0	0	0	0	0	0	0	0	0	0	0	0	0	0	0	0	0	0	0	0	0	0	0	0	0	1

表6－3 风险因素初始可达集和先行集

S_i	$R(S_i)$	$A(S_i)$	$R(S_i)\cap A(S_i)$
S_1	1，5，6，7，12，13，19，20，21，40，41，42，43，A，E，a，b，c，d	1	1
S_2	2，4，23，24，25，26，28，30，31，34，AD，a，b，c，d	2	2
S_3	3，4，23，24，25，28，30，31，34，A－D，a，b，c，d	3	3
S_4	4，23，24，25，28，30，31，34，A－D，a，b，c，d	2，3，4	4
S_5	5，12，41，42，43，A，E，a，b，c，d	1，5，7	5
S_6	6，12，41，A，E，a，b，c，d	1，6，7	6
S_7	5，6，7，12，41，42，43，A，E，a，b，c，d	1，7	7
S_8	8，36，A，a，b，c，d	8，11	8
S_9	9，A，a，b，c，d	9，10，11，18，22	9
S_{10}	9，10，A，a，b，c，d	10，11，18，22	10
S_{11}	8，9，10，11，15，16，17，18，31，26，37，38，39，41，42，43，A，C，E，a，b，c，d	11	11
S_{12}	12，41，42，43，A，E，a，b，c，d	1，5，6，7，12	12
S_{13}	13，A，a，b，c，d	1，13，19，20，21，40	13
S_{14}	14，15，16，17，31，37，38，39，41，42，43，A，C，E，a，b，c，d	14	14
S_{15}	15，16，17，31，37，38，39，41，42，43，A，C，E，a，b，c，d	11，14，15，17，18，22，27，29，33，37	15，17
S_{16}	16，A，a，b，c，d	11，14，15，16，17，18，22，27，29，37	16
S_{17}	15，16，17，31，37，38，39，41，42，43，A，C，E，a，b，c，d	11，14，15，17，18，22，27，29，33，37	17，15

续表

S_i	$R(S_i)$	$A(S_i)$	$R(S_i) \cap A(S_i)$
S_{18}	9，10，15，16，17，18，31，37，38，39，41，42，43，A，C，E，a，b，c，d	11，18，22	18
S_{19}	13，19，40，A，a，b，c，d	1，19	19
S_{20}	13，20，40，A，a，b，c，d	1，20	20
S_{21}	23，21，40，A，a，b，c，d	1，21	21
S_{22}	9，10，15，16，17，18，22，31，37，38，39，41，42，43，A，C，E，a，b，c，d	22	22
S_{23}	23，D，a，b，d	2，3，4，23，25，30	23
S_{24}	24，D，a，b，d	2，3，4，24，25	24
S_{25}	23，24，25，34，38，B，D，a，b，d	2，3，4，25	25
S_{26}	26，28，31，32，35，38，A，B，C，a，b，c，d	26	26
S_{27}	15，16，17，27，29，31，33，37，38，39，41，42，43，A，C，a，b，c，d	27	27
S_{28}	28，30，31，34，A，C，a，b，c，d	2，3，4，26，28，30	28
S_{29}	15，16，17，29，31，33，37，38，39，41，32，43，A，C，E，a，b，c，d	27，29	29
S_{30}	17，23，24，30，32，33，34，38，A，B，C，a，b，c，d	2，3，4，30	30
S_{31}	31，A，C，a，b，c，d	2，3，4，11，14，15，17，18，22，26，27，28，29，30，31，33，37	31
S_{32}	32，B，a，b，d	26，32，35	32

续表

S_i	$R(S_i)$	$A(S_i)$	$R(S_i) \cap A(S_i)$
S_{33}	15，16，17，31，33，37，38，39，41，42，43，A，C，E，a，b，c，d	27，29，33	33
S_{34}	34，B，a，b，d	2，3，4，25，30，34	34
S_{35}	32，35，B，a，b，d	26，35	35
S_{36}	36，A，a，b，c，d	8，11，36	36
S_{37}	15，16，17，31，37，38，39，41，42，43，A，C，E，a，b，c，d	11，14，15，17，18，22，27，29，33，37	37，15，17
S_{38}	38，E，a，b，c	11，14，15，17，18，22，27，29，33，37，38	38
S_{39}	39，E，a，b，c	11，14，15，17，18，22，27，29，33，37，39	39
S_{40}	13，40，A，a，b，c，d	1，19，20，21，40	40
S_{41}	41，A，E，a－d	1，5，6，7，11，12，14，15，17，18，22，27，29，33，37，41	41
S_{42}	42，A，E，a－d	1，5，6，7，11，12，14，15，17，18，22，27，29，33，37，42	42
S_{43}	43，A，E，a－d	1，5，6，7，11，12，14，15，17，18，22，27，29，33，37，43	43
A	A，a，b，c，d	122，2631，33，36，37，40，41，42，43，A	A

续表

S_i	$R(S_i)$	$A(S_i)$	$R(S_i) \cap A(S_i)$
B	B，a，b，d	2，3，4，25，26，30，32，34，35，B	B
C	C，a，b，d	2，3，4，11，14，15，17，18，22，26，27，28，29，30，31，33，37，C	C
D	D，a，b，d	2，3，4，23，24，25，D	D
E	E，a，b，c	1，5，6，7，11，12，14，15，17，18，22，27，29，33，37，38，39，41，42，43，E	E
a	a	1－43，A－E，a	a
b	b	1－43，A－E，b	b
c	c	1－22，26－31，33，36－43，A，E，c	c
d	d	1－37，41－43，A－D	d

$L(7)=\{S_1, S_2, S_3, S_{27}\}$。

根据层级划分结果和邻接矩阵中因素间的影响关系情况，可得到风险因素作用的解释结构模型，如图 6－1 所示。为直观展示，借用第五章第一节中说明的编码序号代替图中各风险因素、事件及后果。

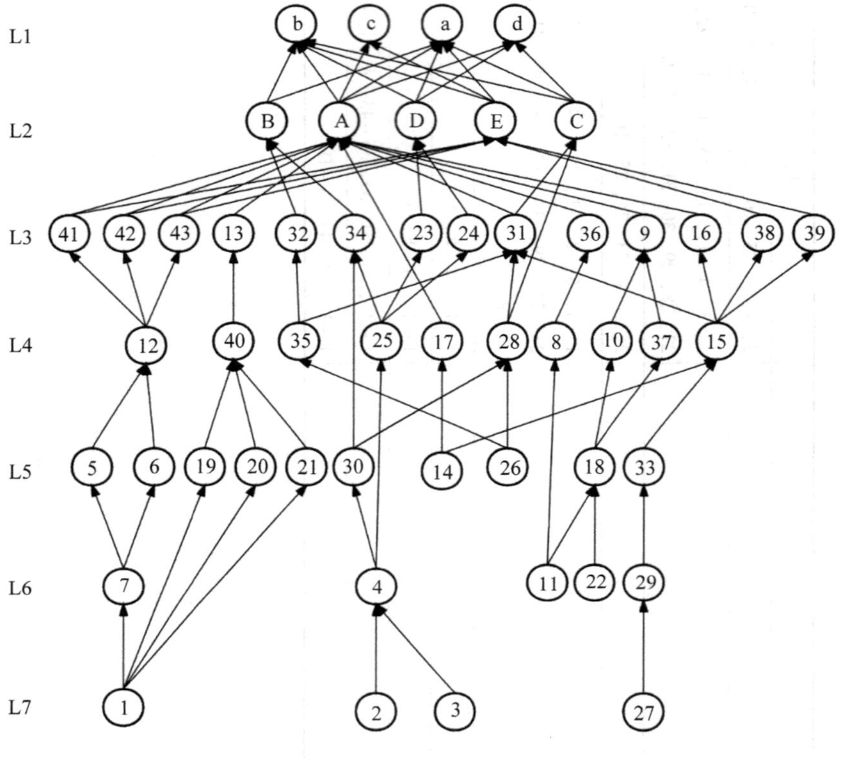

图 6－1　风险因素作用路径解释结构模型

第二节　对 ISM 结果的解释

利用解释结构模型得出国际 EPC 工程项目中各种风险因素的传导关系。根据模型结果，整个传导过程按照风险因素→事件→损失后果的逻辑共分为 7 个层级，以下从两个角度对模型结果进行分析解释。

一　按照风险因素层级划分解释

（1）L7 层是底层因素，包含的风险因素有工作范围大、建设周期长、投资规模大、宗教文化背景差异。与一般项目相比，大型国际 EPC 工程项目物资设备需求量更大，分包商数量更多，整体复杂程度和管理难度都远远增加，这对 EPC 承包商的项目管理能力有更高的要求，如果 EPC 承包商缺乏与管理此类项目适应的组织管理能力和技术经验，在项目执行后期将会遇到很多困难。

（2）L6 层包含的风险因素有政治经济影响及社会关注度高、设计施工交叉界面多、合同条件不清晰、法律体系及理念差异、社会风俗及习惯差异。重大项目往往是对一个国家或地方政府有重要意义的标志，是体现政绩或释放某种政治信号的标签，因此政府都非常重视，如埃及“迁都”计划。国际 EPC 工程项目需要大规模的社会资源投入，会触动多方的社会利益，发挥重要的经济和社会价值，因此也会被社会所重视。

EPC 模式特点和大型项目规模决定了项目存在众多的交叉界面，而大多数的矛盾、争执和损失都易发生在界面管理处，若承包商不能有效协调界面管理处的管理工作，可能导致项目出现相互推诿、延误等不利事件。

合同管理贯穿项目的全过程，国际 EPC 合同数量多且内容复杂，在国际工程买方市场，业主可能以其优势地位通过各种条款将己方的风险转嫁给承包商，EPC 承包商因对合同条款理解不到位，对项目实施环境了解不全面，或对 EPC 模式不熟悉，缺乏合同维权意识，在信息不对称条件下与业主签订不平等合同，会导致双方权利义务与风险分配不合理，为后期项目执行埋下风险隐患。

总承包在进入国际市场时，不得不面临不同国家间法律、宗教及风俗习惯等差异，因此需要仔细研究项目当地法律体系的完整性及与国际工程实施相关的法律内容，了解当地的宗教文化禁忌。

（3）L5 层包含的风险因素有技术含量高、技术标准体系复杂、组织结构设计不合理、政策法律及合同理解不充分、不利交通运输条件、复杂地质水文条件、恶劣气候及自然灾害、国际形势变化影响、公众对项目的态度、技术工人数量及工资水平。国际 EPC 工程项目技术难度一方面源于自身较高的技术要求和大量的技术创新；另一方面，不可预见的恶劣地质和施工条件也会增加实施难度。EPC 承包商当前可能缺乏类似的技术经验，在项目执行期间往往要开展大量的试验攻关和技术创新，因此新技术应用的不确定性使项目技术管理难度大幅提升。大型国际 EPC 项目质量标准要求会高于一般项目，在实施过程中可能会涉及不同国家的多种标准体系，应用各种新工艺、材料和技术，所以整体技术含量非常高。

组织结构的科学性和稳定性直接关系到项目管理的效率，EPC 总承包商应建立与大型项目相匹配的组织结构，而组织结构不健全、权责不清晰、人员流动性大、管理人员数量或能力不足、组织成员配置混乱等都会导致 EPC 承包商项目管理效率低。

EPC 承包商对项目所在国政策、法律、社会习惯、宗教习俗认识不充分也会增加项目执行风险，技术劳工短缺是国际 EPC 工程项目经常面临的问题，大型项目建设期间需要大量熟练的技术工人，若承包商对相关签证政策、用工政策、当地工人素质、市场工资水平等情况调查不全面，施工期间可能面临技术工人短缺或人力成本大幅增加的问题。

国际 EPC 工程项目与社会公众利益也密切相关，所以承包商在项目执行过程中应注重与公众关系的调节，及时做好项目解释、宣传工作，提高社会公众对项目建设的认可和支持度。

（4）L4 风险因素有任务范围不明确、签约合同价过低、对技术标准规范不熟悉、项目组织计划不科学、与利益相关方沟通协作的能力、政府对项目的态度、社会治安稳定性、外汇市场波动、业主过度干预、业主提供资料错误。EPC 合同中业主仅提出功能要求或技术标准，承包商承担前期设计及施工全部任务，但前期阶段通常时间紧迫，缺乏足够的时间和资源投入，导致合同中前期规划和范围界定可能是一个非常模糊、不确定的概念。

国际 EPC 合同特点之一是价格基本固定，承包商报价时不仅要保证以有竞争力的价格成功中标，也要包含必要的风险费用、成本及利润。由于项目范围更广、持续时间更长，项目当地政策环境、经济形势、市场规模、人力资源等各种因素都会影响报价，若总承包商对相关市场调研不充分或合同理解不到位，对当地市场规模和物价波动趋势把握不准，对市场信息变化掌握不到位，都可能会造成投标报价失误。

沟通管理是项目管理的重要内容，国际 EPC 工程项目对承包商的沟通效率要求更高，若 EPC 承包商的沟通协调能力不足，会使项目信息无法及时传递，与项目各方的潜在问题矛盾无法及时得到解决，无形中增加项目管理成本。

项目组织计划是对国际 EPC 工程项目执行作出的总体规划指导，组织计划制定需要综合考虑各种风险因素，组织计划科学与否直接关系到项目能否有序按计划开展。

由于国际 EPC 工程项目建设时间长，其间可能会面临政府换届、政策变更及国际形势变化等导致金融市场波动的各种不利因素，国际工程项目通常选择其他的外币币种进行结算支付，因而国际汇率的浮动对外币资本市场影响较大，进而对项目的损益也有较大影响。

业主作为重要的利益相关方，业主干预是 EPC 项目中的常见问题。EPC 模式中业主应只负责整体性、原则性的管理，对具体内容不作过多干涉，但出于对项目的重视，业主可能会过多介入项目执行过程。若承包商对 EPC 模式理解不深刻，或不能及时与业主之间建立良好的沟通机制，会丧失管理主动权，进而影响项目正常进度甚至引发亏损。

（5）L3 层包含的风险因素有风险分配不合理、缺乏相关的技术实施经验、对分包商的控制能力、政府工作作风与效率、政策及法律稳定性、突发公共事件、市场物资供应能力及价格、融资可得性与融资成本、业主需求变更、业主图纸审批不及时、分包商履约可靠性。EPC 模式中承包商本身就承担较多风险，而合同条件不合理可能导致承包商承担义务过多，而不利于双方合同的履行。

随着 EPC 项目范围和规模扩大，分包商种类和数量越来越多，协调难度越来越大，EPC 总承包商对分包协调管控能力不足，会降低对项目质量、成本和进度的控制能力，不利于对项目目标的有效管控。突发公共事件是指突然发生的、会造成损失的、需要承包商进行紧急处置的事件。

国际 EPC 工程项目建设持续时间长，若当地的经济状况不稳定，承包商可能面临通货膨胀、货币贬值、物价飞涨等不利因素，使工程项目建设所需的人力、物资、机具等各项资源投入的费用大幅增加，给项目的成本控制带来极大的压力，甚至造成整个项目亏损。

国际 EPC 工程项目资金需求量大，仅靠业主及 EPC 承包商的能力可能很难提供足够的资金，因此融资渠道可靠性和融资难易程度都会影响项目资金的来源和充足性。业主工作效率也会影响项目整体进展状况，如业主延误支付、延误审批、不能按时提交现场等行为，易导致项目进度延误。

（6）L2 层为各种不利事件，包括管理事件、经济事件、政治事件、社会事件及行为主体事件。

（7）L1 层为各种因素导致的目标无法实现的后果，包括进度延误、成本增加、质量缺陷及合同终止。

二　按照风险因素作用路径解释

结合 ISM 模型结构图，风险因素对国际 EPC 工程项目目标的主要作用路径可以归纳为以下几类。

1. 工作范围对项目目标影响

通过 ISM 模型得到“工作范围大”对目标的作用路径为：作用路径一：工作范围大→交叉界面多→标准体系复杂→相关主体可能对标准规范不够熟悉→分包商存在违约可能性→管理事件→进度延误/成本增加/质量缺陷；作用路径二：项目范围大→复杂地质及气候条件→业主提供资料有误（而承包商未能及时发现）→缺乏相关技术实施经验→管理事件→进度延误/成本增加/质量缺陷。

由上述路径可知，项目工作范围大对目标影响主要体现在两个方面。国际 EPC 工程项目范围大，会涉及多样复杂甚至是非标准的技术体系，EPC 承包商、分包商可能存在对相关标准体系不熟悉的情况，导致项目执行期间出现诸如设计错误、规范不符、施工质量不合格等问题，打乱项目正常建设进度。由于项目规模范围大，项目执行期间面临不利地质的概率也相应增加，这要求承包商在前期阶段应仔细勘察并对业主提供资料详细核对。EPC 标准合同格式中通常规定业主对提供的前期资料的准确性不负责任，若总承包商因勘察不全面而未及时发现并纠正业主资料中存在的错误，不仅会影响设计准确性，施工期间遇到不可预见的恶劣地质时，会增加项目实施难度，可能面临工程量大幅增加的情况，严重影响项目进度和成本目标。

2. 组织结构对项目目标影响

通过 ISM 模型得到“组织结构设计不合理”对项目目标的作用路径为：作用路径一：组织结构设计不合理→项目组织计划不科学→与相关方沟通协作能力不足→对分包商的控制能力弱→管理事件→进度延误/成本增加/质量缺陷/合同终止；作用路径二：组织结构设计不合理→与相关方沟通协作能力弱→业主过度干预或图纸审批不及时及分包商违约→行为主体事件→进度延误/成本增加/质量缺陷。

国际 EPC 工程项目对总承包商的组织管理能力要求更高，项目组织结构设计原则是以实现项目目标和完成项目任务为目的，同时又能保证组织结构的适应性和稳定性，且岗位职责明确，有利于实现项目间的协作。EPC 承包商作为大型国际项目核心管理者，组织结构不合理可能导致管理人员分工和责任权限界定不清晰，出现项目组织计划制定不科学的情况。管理组织对外协调沟通能力弱，会降低承包商对项目的跨专业和跨领域管理能力，以及同项目各方谈判的能力，导致整个项目执行过程中管理效率低下，不利于项目目标实现。

3. 项目特征对项目目标影响

通过 ISM 模型得到“项目特征”对项目目标的作用路径：作用路径一：建设周期长/投资规模大→政治经济影响及社会关注度高→政府及公众对项目的态度→融资可得性与融资成本风险→经济事件→进度延误/成本增加；作用路径二：建设周期长/投资规模大→政治经济影响及社会关注度高→政府对项目的态度→政府信用与政策法律稳定性→政治事件→进度延误/成本增加/合同终止；作用路径三：建设周期长/投资规模大→政治经济影响及社会关注度高→公众对项目的态度→突发公共事件或社会治安事件→社会事件→进度延误/成本增加/合同终止。

国际 EPC 工程项目建设会花费大量的资金，消耗大量的资源，建设期间政府和社会各方都会密切关注项目能为社会、组织或者个人提供的价值大小，因此项目当地政府和社会公众对项目建设的态度会对项目产生重要影响，符合政策导向和民众利益的项目更容易获得广泛支持。如果项目的需求程度高，受到当地政府和社会公众的一致支持，会给承包商营造一种积极的项目建设环境，有利于总承包商从政府、社会以及国际金融机构等多方获取融资渠道，降低项目建设资金风险。反之，政府和社会对项目建设持有反对或质疑的态度，会大大增加 EPC 承包商的执行难度。

政府对项目的态度直接影响政府的信用、行为及政策稳定性，政府行为如政府腐败、行政办事效率低、行政监管不严格、恶意没收征用、干预等。大规模的投资容易滋生腐败行为，腐败行为会降低项目建设活动的效率，导致项目停工、成本严重超支，甚至是单方面合同终止。政府行政效率低或不作为也可能导致项目各种文件审批迟缓，延误工期增加管理成本。东道国地方保护主义及限制或歧视性政策也会妨碍大型国际 EPC 项目的顺利开展。

政策法律稳定性指东道国政策及法律在政府换届或政党交替时的连续性和有效性。由于建设周期很长，建设期间政府换届及政权更替常会对项目执行造成重大影响，新政府对项目的态度或对华态度转变，会使以往的投资环境和已达成共识不可延续，因此政权更迭时可能存在项目中断甚至取消的情况。如 2015 年南亚某国反对党候选人当选总统，改变对华外交政策并撤销上百亿元中国投资项目。另外，由于大型国际 EPC 项目受国家政策导向影响大，与项目执行相关的劳工签证、外汇、税务等政策法律发生不利变更时，都会影响项目建设进度和成本。

项目所在地社会民众对项目态度也至关重要，由于国际 EPC 工程项目实施不可避免地涉及征地拆迁、居民安置、生态环境等关系民众利益的敏感问题，若承包商在这些问题上处理不当，极易造成负面的社会舆论，引发社会群体的法律纠纷、抗议游行、罢工甚至冲突性事件，导致社会治安环境不稳，对项目正常建设进度造成影响。

4. 合同条件不清晰对项目目标影响

通过ISM模型得到“合同条件不清晰”对项目目标的作用路径为：作用路径一：合同条件不清晰→任务范围不确定→业主变更界定不明确→管理事件→进度延误/成本增加；作用路径二：合同条件不清晰→政策法律及合同理解不充分→签约合同价过低→风险分配不合理→管理事件→成本增加/进度延误/合同终止；作用路径三：合同条件不清晰→政策法律及合同理解不充分→业主过度干预→项目组织计划不科学→管理事件→进度延误/成本增加/合同终止。

合同作为双方间的法律文件，明确了双方的权利义务。国际EPC工程项目规模范围大，若总承包商对合同内容理解不深刻，可能会对业主提出的变更要求，无法明确界定是属于合同实质性变更还是属于合同外变更，而对合同外变更要求执行会增加项目成本，影响正常进度计划安排。

国际EPC工程项目合同内容多而复杂，且合同语言一般为外语，但当前中国许多国际EPC承包商合同管理意识较差，在合同管理方面缺乏足够的重视，特别是前期投标阶段缺乏对合同内容的仔细研读。在合同签订时，由于没有及时发现合同中的不平等或表意模糊的关键条款，执行过程中可能面临风险和义务增加的情况，而在合同条件极不平等的情境下不得不终止合同。另外，中国大型国际承包商对EPC模式应用的认识和理解不到位，在项目执行过程中不太习惯以合同内容为根据，利用合同手段维护自身的合法权益，当业主干预过多时通常选择一味满足业主要求，导致项目执行难度增加，出现进度延误及成本增加的情况。

5. 法律体系及理念差异对项目目标影响

通过ISM模型得到“法律体系及理念差异”对项目目标的作用路径为：法律体系及理念差异→政策法律及合同理解存在偏差→权利义务理解不充分→签约合同价过低→管理事件→进度延误/成本增加/质量缺陷。

项目投标报价建立在对市场充分调研的基础上，而对东道国法律体系理解不彻底可能会在报价中缺少相应的风险费用，导致项目报价偏低。由于不同国家法律各异，不仅东道国与中国法律方面差异较大，而且项目也可能涵盖多个国家、涉及多种制度和法律体系，国际工程承包本身涉及投融资、劳动、保险、税务、环保、合同等多方面法律内容，若 EPC 承包商未充分调研东道国相关的法律体系构成，不了解各国对法律重视程度和执行力度，按照以往法律要求和思维执行会造成损失。如在东欧市场许多国家，因总承包商不了解东道国环保法律重要性及其严格程度，在施工中遇到强制停工、增加环保措施、罚款等不利事件，使项目面临进度延误和不可预料的成本增加。

6. 国际形势变化对项目目标影响

通过 ISM 模型得到“国际形势变化”对项目目标的作用路径为：作用路径一：国际形势变化→社会治安复杂性增加→突发事件→社会事件→进度延误/成本增加/合同终止；作用路径二：国际形势变化→外汇市场波动→市场物资供应能力及价格→经济事件→进度延误/成本增加；作用路径三：国际形势变化→外汇市场波动→融资可得性与融资成本→经济事件→进度延误/成本增加/合同终止；作用路径四：国际形势变化→不能有效应对各种变化→管理事件→进度延误/成本增加/合同终止。

国际形势变化一方面指第三方国家、国际组织等国际势力对东道国的不当干预，包括对东道国实行经济制裁、禁运、武力威胁及发动战争等手段，增加东道国国内政治、社会及经济形势的不确定性，对项目物资采购、资金来源都产生很大影响；另一方面指其他既得利益集团对 EPC 总承包商企业的不当干预和竞争行为，挤压中资企业在东道国的发展空间和利益。大型国际工程承包市场竞争激烈，一些国家可能通过编造散布中国建造质量问题、人权问题等负面舆论抹黑中资企业，损害中国 EPC 总承包商在当地的声誉，引发当地公众的排外抵制心理，易引起公众抗议、暴力冲突、阻挠施工等不利社会事件，造成社会治安稳定性差及项目目标实施环境差。

汇率波动是对项目成本和收益影响较大的因素。国际外汇市场变化与国际形势变化密切关联，当前全球安全形势不确定性高，受各种国际不利因素影响，全球经济、金融市场和汇率市场很不稳定。首先，汇率市场动荡会直接影响东道国国内的经济状况，如出现货币不稳定、较高的通货膨胀率、高失业率等现象，而通货膨胀及市场物价上升会使人工材料及设备市场价格上涨，导致项目采购成本上升。其次，东道国市场经济发展不稳定也会加大融资难度，在进行国际金融机构贷款或融资时，信用等级评定和贷款偿还能力评估结果也会相对削弱，不利于项目获得充分的资金来源。综上，总承包商若不能对国际形势引发的各种变化情况，合理预见并采取有效的对策，不利于项目目标的实现。

7. 宗教文化背景差异对项目目标影响

通过 ISM 模型得到“宗教文化背景差异”对项目目标的作用路径为：作用路径一：宗教文化背景差异→社会风俗及习惯不了解→技术工人数量短缺或工资水平高→项目组织协调不力→劳资纠纷→管理事件→进度延误/成本增加/质量缺陷；作用路径二：宗教文化背景差异→社会风俗及习惯差异→文化冲突引发群体冲突→社会事件→进度延误/成本增加。

跨文化管理往往是开展国际工程容易忽视的内容。国际工程项目人员背景复杂，既有承包商本国外派人员，也有当地员工、分包商及其他国家人员，涉及宗教、文化、语言等多种差异。总承包商对项目当地文化了解不深入，因语言差异在交流过程中可能造成沟通上的误会，或存在不恰当的行为方式对当地人表现出不尊重时，往往会成为文化冲突的导火索。

若承包商对项目所在国劳工市场情况调查不全面，项目实施期间可能会出现技术工人数量或能力不足的情况。承包商对项目所在国关于劳动雇佣的工资标准及权益保障了解不全面，忽视员工权益保护时，容易引起当地工会及相关组织不满而引发劳资纠纷。另外，许多当地员工不愿意超时工作或节假日加班，若 EPC 承包商在编制施工组织计划时没有充分考虑相关的因素，在项目执行过程中无法及时协调解决可能引起工期延误。

第七章

国际 EPC 工程项目风险评价

国际 EPC 工程项目风险评价需要针对某个具体的项目进行。本章结合中国承包商在 R 国实施的大型国际 EPC 工程 RG 项目，说明风险评价的方法和步骤。

第一节　项目介绍

一　项目概况

中国某大型企业以 EPC 总承包方式承建 R 国 RG 能源建设项目，项目主要任务内容为大型乙烯一体化化工综合体的建设。项目计划建成年产乙烯 280 万吨、聚乙烯 288 万吨及其他化工产品的石化联合装置，计划工期 56 个月，合同金额约 135 亿欧元。RG 项目是中国企业在“一带一路”倡议下签订的规模最大的工程项目之一，项目作为“一带一路”倡议重大项目，对增进中国与 R 国政治经济交流与互利合作具有重大意义。

RG 项目是 R 国业主全产业链战略中的重要一环，对 R 国来说具有重大的政治经济意义及社会影响。项目建设期间可为当地提供六千余个就业岗位，给当地政府带来超 20 亿欧元的税收。建成后可将 R 国液化天然气以及液化石油气的出口量提高 30%—40%，并可为当地提供三千余个长期稳定的就业岗位和长期稳定的税收，对于促进当地经济社会发展和增进民生福祉具有重要作用。

二　项目工作内容分析

按合同要求，RG 项目分三个阶段实施。在第一阶段，完成项目场外设施基本技术解决方案、工艺装置基础设计和总体设计文件编制等工作内容；第二阶段的主要工作内容包括长周期设备采购及现场临时设施、公用设施和场坪等的设计、采购、施工等；第三阶段主要为长周期永久设备的安装施工。

（一）项目设计工作分析

RG 项目设计工作划分为 4 大板块，即总体设计（GD 文件）、工艺装置（ECU、PE/LAO）、公用工程（UI&O）和外部基础设施设计。总体设计是初步设计的输入文件，对于 RG 这种大规模的化工综合项目，通常需要多个设计单位参与。总体设计是非常重要的设计环节，不仅要搭建起整个项目的框架，做好物料平衡和水、电、气、汽、风等公用工程的平衡，同时也为下一阶段的初步设计、详细设计统一要求、规范、做法等，以保证整个项目的整体性和一致性。RG 项目生产核心装置分别为乙烷裂解单元（ECU）、聚乙烯（PE）和 LAO 装置单元等，是在前端设计阶段决定的，总体设计与装置基础前端设计往往交叉开展，共同为后续的详细设计做好基础。因此总体设计和前端设计质量是整个设计工作的关键，直接决定项目的质量、进度和成本管理，能否对设计成果质量、设计进度及概算实施有效控制，对承包商综合设计管理能力提出挑战。

RG 项目合同要求采用最先进的工艺技术，项目设计方案拟采用的生产技术及设备的先进性和适用性是设计阶段潜在风险之一。一方面，RG 项目生产都是在高温高压环境下，对技术和设备的性能有很高的要求，承包商是否熟悉合同规定的标准规范及技术本身复杂性可能会给项目后续执行带来潜在风险；另一方面，承包商的分包商是否具备拟定技术或设备的实施能力或经验，也是必须考虑的问题。设计分包商是项目设计执行主体，RG 项目前端设计分包商包括美国、韩国和中国的三家设计院。大型化建类项目涉及大量成套设备，技术流程复杂、管线密集，设计机构资质、设计团队素质、经验及对标准熟悉程度等对设计方案质量有很大影响，并直接影响后续设备制造和施工。项目前端设计是由来自不同国家、不同背景、不同设计习惯的设计单位承担，这要求总承包商作为管理核心要依据总体设计文件对设计分包工作开展有效协调管控，以保证设计各方面任务的顺利开展。因为语言文化差异、地域差异、设计标准熟悉程度等影响，设计机构各方可能缺乏必要充分的交流，在设计范围和设计接口等方面产生设计矛盾。因此，承包商在管控中需要考虑来自设计分包商行为、技术和设备、设计协调管理控制等多方面的风险因素。

（二）项目采购工作分析

RG 项目采购阶段规模巨大，包含 146 台大型设备的制造采购任务，其中乙烷裂解（ECU84 台）和乙烯聚合（PE62 台）大型核心装置及配套设备的具体采购信息见表 7－1。

表 7－1　　**设备采购信息表**

装置	数量	地点	计划交货日期
急冷塔	2	意大利	2022－7－16
乙烯分馏塔	2	意大利	2022－7－16
裂解炉	14（成套）	荷兰	2023－1－23（第一条线） 2023－12－23（第二条线）
冷箱包装		美国	2023－1－20（第一条线） 2023－12－22（第二条线）
增压气体压缩机组	2	日本	2022－12－9（第一条线） 2023－4－10（第二条线）
丙烯压缩机机组	2	日本	2022－12－9
BR 压缩机机组	2	日本	2022－12－9（第一条线） 2023－4－10（第二条线）
氢气 PSA 装置	1	德国	2023－1－30
乙烷/丙烷进料饱和器	2	韩国	2022－11－23
BFW 泵组	8	德国	2022－12－15
碱/水洗塔	2	韩国	2022－11－23
脱乙烷塔	2	韩国	2022－11－23（第一条线） 2023－2－23（第二条线）

续表

装置	数量	地点	计划交货日期
脱甲烷器	2	韩国	2022－11－23
脱丁烷剂	1	韩国	2022－11－23
C5＋尾塔	1	韩国	2022－11－23
除焦空气压缩机	2	意大利	2022－12－19（第一条线） 2023－3－21（第二条线）
氢气压缩机机组	1	日本	2022－12－9
蒸发气体压缩机	1	瑞士	2023－1－3
急冷水泵组件	6	德国	2022－12－19（第一条线） 2023－3－21（第二条线）
乙炔转换器	6	韩国	2023－1－3（第一条线） 2023－5－5（第二条线）
工艺水处理包	2	阿联酋	2022－12－15（第一条线） 2023－5－17（第二条线）
急冷水过滤包	2	捷克	2022－12－15（第一条线） 2023－5－17（第二条线）
湿式火炬分液罐	2	韩国	2022－11－30
干火炬分液罐	2	韩国	2022－11－30
二级转油线换热器	14	韩国	2022－12－31（第一条线） 2023－3－2（第二条线）
废碱液处理装置	1	荷兰	2023－4－26
反应器	6	意大利	2022－12－26
产品净化仓	6	韩国	2022－11－30
循环气体冷却器	12	韩国	2022－11－30
循环压缩机 2 级	2		2023－3－10
尾气回收压缩机	6	瑞士	2022－10－31
循环气体压缩机	6	德国	2022－12－30 2023－3－17
造粒系统	6	日本	2023－3－2 2023－7－2
中间仓	6	荷兰	2022－12－14 2023－2－13

续表

装置	数量	地点	计划交货日期
装袋和码垛系统（仅适用于第一阶段）		德国	2023－1－30
产品净化仓过滤器	6	意大利	2022－8－15

RG 项目设备采购选择邀请招标形式。从设备采购信息表中可以看出，RG 项目大型化工设备采购类型多、规格复杂、数量多样，设备采购来源有日本、韩国、德国、意大利、荷兰、美国、瑞士、捷克、阿联酋等国家，供应商数量多，地域分布广，从采购合同签订到设备计划交货持续时间至少在 1 年或以上。

大型化工设备采购中有较多的压力设备和容器，如压缩机、反应器、储存罐、冷却塔等都是在高温高压生产条件下进行，中间产物可能具有易燃易爆、有毒有害、高腐蚀性特点，因此对设备质量性能要求极高。首先，设备制造过程中，供应商资质、制造技术水平、制造经验、原材料选择等都是设备质量风险控制关键点，承包商对设计标准理解是否精准、供应商制造能力是否充分、是否具备相关大型设备制造经验以及供应商是否存在违法转包分包、偷工减料行为等都是会严重影响设备采购质量的风险因素。其次，设备的检验体系也是质量风险源，单纯的认证式的检验不能完全控制整体质量，承包商必须制定详细的过程检验程序保障质量。由于设备均为国外制造且分布于众多国家，疫情影响下承包商可能难以派专人对设备制造过程进行详细的质量、进度监督，可能存在供应商违约的潜在风险。RG 项目约定设备现场交货，一定程度上降低了承包商的运输风险，但如果供应商对设备运输包装措施不到位可能会导致设备损坏，也会影响设备质量。另外，大型设备安装运行及故障调试专业技能要求高，过程控制严格，需要供应商提供专业详细的现场指导和技术培训服务。

由于 R 国业主希望项目早日建成投产，RG 项目计划建设周期比较紧张，而大型设备制造周期长，部分大型设备正好处在建设关键路径上，这些长周期设备能否按时交付关系施工阶段能否按进度计划顺利实施，如果供应商不能及时交货，将对项目施工造成进度延误。由于设备制造周期长，制造期间可能面临原材料、运输价格上涨风险，因此采购合同条款是否严谨、定价机制是否科学、权利责任是否明确等也是潜在风险因素。

三　项目施工工作分析

RG 项目施工内容复杂，既包括公用外部基础设施土建施工，也包括大型设备装置桩基和安装工程。土建等基础设施施工对于大型承包商来说技术比较成熟，做好施工组织设计工作、加强现场安全管控，可以有效降低土建工程施工风险。

大型化工设备安装是一个复杂系统，施工安装综合性强，界面深度交叉，安装控制节点众多，任何关键安装节点的施工效果都关系整个化工生产的可靠性和安全性，整体施工风险高。以乙烯制备工艺流程为例，其生产装置流程如图 7－1 所示。

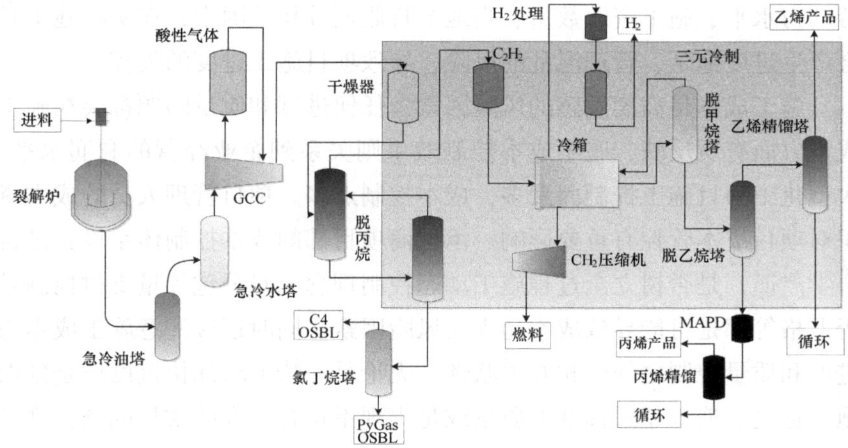

图 7－1　乙烯制备流程

从图 7－1 可以看出，乙烯生产是一个前后有序、关联紧密的复杂系统，大型设备安装类型数量多。首先，化工项目安装不同于传统土建施工，大型化工设备往往具有超大、超重、超高特点，通常采用吊装和焊接方式组装和连接，施工现场多为立体交叉、露天高空作业，施工操作难度大，且工作面狭窄，易受到恶劣环境影响，加之高峰期施工现场人员众多，若没有全面的安全教育普及安全防护措施，施工过程非常容易发生安全事故，这要求承包商必须提前做好施工现场规划和施工组织设计工作。其次，设备施工过程控制管理也不容忽视，因人员操作特别是焊接、塔吊等技术人员操作不规范、控制点检查不严格等小的疏忽也会产生重大的施工风险。化学设备施工会涉及较多的管道安装与焊接，焊接的角度、方向、操作规范性等都会影响整个管道焊接质量；阀门安装的方向、精度会影响化工系统的运行。化工产物的酸碱性和外界恶劣气候会对管道性能产生影响，管道防腐工作不到位可能造成管道腐蚀和泄漏，对整个项目和环境造成重污染。综上，化工设备安装具备工艺标准高，规模大，造价高，技术要求苛刻等特点，任何细微节点的控制疏忽都可能造成后果严重的联动风险。

RG 项目施工规模巨大，精细化程度高，施工进度方案的科学合理性是进行施工进度控制的重要条件，如果施工进度计划未结合现场实际劳动力水平、施工资源数量、当地节日假期等相关因素，在实际施工时会产生进度拖延、管理混乱的风险，导致项目施工进度的失控。

施工成本是高度敏感的风险因素，任何进度和质量问题都会在施工成本方面有所反映，施工成本控制效果则关系到企业经营的利润水平。大型化工项目施工控制因素多，成本控制点多。项目管理人员的成本意识对项目成本管控有重要影响。承包商项目部的成本控制体系设置是否科学严谨，是否树立全过程施工动态控制理念，对分包计量支付控制是否严格等都是可能导致成本超支的风险因素。同时还应注意施工成本与进度和质量控制之间的相互关联性，无论是一味追求加快进度还是延误施工进度、追求超过标准的质量或是出现不符合标准的质量问题，都是导致成本增加的风险。

第二节　构建风险评价指标体系

国际 EPC 工程项目风险评价首先要在一般性风险识别的基础上，

结合特定项目的具体情况，通过项目现场调研、专家论证会等方式，对国际 EPC 工程项目的风险因素进行进一步筛选或补充，构建该项目的风险评价指标体系。在本书表 5 – 7 国际 EPC 工程项目风险因素体系的基础上，通过对 R 国外部环境，RG 项目整体开展情况、EPC 设计、采购和施工内容分析及项目实施面临问题的介绍和分析，在参考大量文献和类似项目案例风险清单的基础上经过总结分析，并与 RG 项目管理人员及国际工程专家进行探讨，得到更加细化的 RG 项目风险评价指标体系，见表 7 – 2。

表 7 – 2　　**RG 项目风险指标体系**

R 国 RG 项目风险指标体系	外部环境风险	政治风险	政府行为风险
			政策变动风险
			国际关系风险
		社会风险	社会治安风险
			文化冲突风险
			疫情突发风险
			恐怖活动风险
		经济风险	汇率变化风险
			通货膨胀风险
			资源短缺风险
			财税制度风险
		法律风险	法律体系风险
			法律改变风险
			法律执行风险
		自然风险	交通条件风险
			气候条件风险
			不良地质风险
	参与人风险	业主行为风险	资金能力风险
			支付信誉风险
			过度干预风险
			交付现场风险
			图纸审批风险

续表

R 国 RG 项目风险指标体系	参与人风险	设计分包商行为风险	设计能力风险
			设计经验风险
			设计标准风险
			设计执行风险
			环境勘察风险
		供应商行为风险	供应能力风险
			及时交付风险
			运输损害风险
			现场服务风险
		施工分包商行为风险	履约信誉风险
			施工能力风险
			技术经验风险
			施工方案风险
	项目层面风险	技术管理风险	标准规范风险
			技术复杂性风险
			技术成熟度风险
			分包划分风险
		合同管理风险	合同模式风险
			合同审读风险
			递交延误风险
			保函办理风险
			合同索赔风险
			争端处理风险
		资金管理风险	资金计划风险
			项目融资风险
			计量支付风险
	承包商层面风险	人员管理风险	承包商人员能力风险
			组织管理风险
		设计控制风险	设计协调风险
			设计质量风险
			设计进度风险
			设计概算控制风险

续表

R 国 RG 项目风险指标体系	承包商层面风险	采购控制风险	采购计划风险
			采购合同风险
			采购设备监造风险
		施工控制风险	施工组织风险
			施工质量风险
			施工进度风险
			施工成本风险
			施工安全风险

第三节　风险评价模型构建

一　风险指标权重计算方法

（一）常用赋权方法简介

指标权重是在整个评价体系中对指标重要程度的量化表示，权重计算结果对评价的可靠性有直接影响。确定权重的方法有很多，大致可分为主观赋权法和客观赋权法，以及将二者相结合的组合赋权法。

主观赋权法认为权重的实质是评价指标对于评价目标相对重要程度的量化体现，主要依据决策者和专家的知识经验或偏好，将各指标按重要程度进行比较、分配权值或计算得出其权重，此类方法的主观随意性比较强。目前比较常用的主观赋权方法包括专家评分法、层次分析法、二项系数法、环比评分法等。

客观赋权法是依赖一定的数学理论，完全基于对指标实际数据的定量分析而确定指标权重的方法，判断结果对人的主观依赖性小，对样本数据有较高的要求。但客观赋权法忽略了决策者的知识与经验水平等主观信息，有可能会出现权重分配结果与实际情况不符的现象。目前主要的客观赋权法有变异系数法、主成分分析法、灰色关联度法、熵值法、CRITIC 法、粗糙集法等。

组合赋权法是通过一定的数学运算将主观赋权法和客观赋权法相结合来确定指标权重，以达到优势互补的效果。目前依据不同原理的组合赋权法有多种，但大致可归为基于加法或乘法合成归一化的综合集成赋权法、基于离差平方和的综合集成赋权法、基于博弈论的综合集成赋权法、基于目标最优化的综合集成赋权法。

每种赋权方法考虑问题的侧重点都有所不同，在权重计算上都具有一定的优势与缺陷，相应的适用范围也存在较大的差异。在进行多要素评价指标赋权方法的选择时，要理性认识和把握各方法的优缺点，并且要具体问题具体分析，根据评价对象和问题的实际特点，如是否具有数据样本、样本是否具有代表性、指标间是否存在相关关系等选择合适的赋权方法。

（二）专家打分－CRITIC 组合赋权法

专家评分法是主观赋权法的一种，该方法是通过专家依据其自身经验进行评分来判断相关指标的重要程度，应用简单，在工程实践中广泛使用，但本身受专家个人主观意向影响较大。CRITIC 赋权法是客观赋权法的一种，通过相关系数、标准差分别衡量指标间的相关性和指标内的差异性。通常情况下，相关系数越小，指标间相关性越弱，信息的重复性就越低，指标权重也就越大；差异性系数越大，指标内的差异就越大，指标权重也就越大。本案例采用基于博弈论的专家打分－CRITIC 组合赋权法确定指标综合权重，将主观赋权法和客观赋权法组合使用，以实现优势互补。

1. 专家评分法

专家评分法的基本思路是，首先选择一批对该领域有深入了解的专家，向他们发放问卷，问卷中包含各个指标及其对应的权重赋值分数范围。专家根据自己的知识和经验，对各个指标进行权重打分。然后，对回收的问卷进行统计和分析，通过一定的统计方法计算出每个指标的得分值，并进行归一化处理后得出各指标的权重。专家评分法的步骤如下：

（1）选择专家。选择对评价领域有深入了解的专家，确保他们的意见能够充分反映该领域的实际情况。选择的专家要与该专业领域相关，知识面广泛，经验丰富，思路开阔，富有创造性和洞察力。

（2）制定问卷。根据研究目的和对象的特点，制定问卷，包括各个指标及其对应的权重赋值分数范围。问卷没有统一的格式，但基本要求所提问题应明确，回答方式应简单，便于对评价结果进行汇总和整理。

（3）发放问卷。将问卷发放给选定的专家，并确保问卷的完整性和准确性。同时，应该向专家说明该研究的目的和意义，以及他们的意见对最终结果的影响。一般调查要经过 2—3 轮，第一轮将评价指标和相应打分范围发给专家，给专家较大的评分空间。第二轮将经过统计和修正的第一轮评分结果发给专家，并让专家在上下四分位点范围内，再一次较为集中地进行风险评价、判断，提出进一步的意见。经工作组整理统计后，形成初步风险评价意见。如有必要可再依据第二轮的评价结果制定调查评分表，进行第三轮评分。

（4）汇总处理评价结果。将评分结果汇总，进行进一步的统计分析和数据处理。一般计算专家评分值的平均值、加权平均值、中位数或众数作为指标的最终得分。有关研究表明，专家评分的概率分布一般接近或符合正态分布，这是对专家意见进行数理统计处理的理论基础。

（5）计算权重。以每个指标的最终得分值除以所有指标的得分值总和，进行归一化处理后，得到每个指标的权重。

2. CRITIC 赋权法

CRITIC 法是一种比熵权法和标准离差法更好的客观赋权法。CRITIC 客观权重确定以指标对比强度和冲突性两个概念为基础，其中对比强度指同一指标不同样本值的差距的大小，以标准差的形式体现；指标冲突性则以指标的相关性为基础，即指标的相关性越高则冲突性越低，通过基于评价指标的对比强度和冲突性来综合衡量指标的客观权重，考虑指标变异性大小的同时兼顾指标之间的相关性。CRITIC 赋权的步骤如下：

（1）假设有 n 个评价对象，p 个评价指标，建立初始指标数据矩阵：

$$X = \begin{pmatrix} x_{11} & \cdots & x_{1p} \\ \vdots & \ddots & \vdots \\ x_{n1} & \cdots & x_{np} \end{pmatrix} \tag{1}$$

（2）指标同趋化处理，得到标准矩阵。当 X 中指标为正指标时，此时指标越大越好，则：

$$y_{ij} = \frac{x_{ij} - min\, x_{ij}}{\max x_{ij} - min\, x_{ij}}(i = 1,2,\cdots,n,j = 1,2,\cdots,p) \tag{2}$$

当 X 中指标为逆向指标时，此时指标越小越好，则：

$$y_{ij} = \frac{\max x_{ij} - x_{ij}}{\max x_{ij} - min\, x_{ij}}(i = 1,2,\cdots,n,j = 1,2,\cdots,p) \tag{3}$$

完成处理后得到标准矩阵 Y。

（3）计算指标标准差，$\bar{x}_j$ 为指标 j 在 n 个样本中的均值。

$$\sigma_j = \sqrt{\frac{1}{n-1}\sum_{i=1}^{n}(x_{ij} - \bar{x}_j)^2}\ (j = 1,2,\cdots,p) \tag{4}$$

（4）计算相关系数和冲突性量化指标值。相关系数为变量之间相关密切程度的量，而数据指标之间的冲突性关系与相关系数的概念大致相同，因此在衡量指标之间的冲突性时普遍使用相关系数 r_{ij} 来解决。第 i 个指标和第 j 个指标之间的相关系数为 r_{ij}。

$$r_{ij} = \frac{\sum (x_i - \bar{x}_i)(x_j - \bar{x}_j)}{\sqrt{\sum (x_i - \bar{x}_i)^2 \sum (x_j - \bar{x}_j)^2}} \tag{5}$$

指标 j 和其他指标的冲突性 R_j 可表示为：

$$R_j = \sum_{i=1}^{p}(1 - r_{ij}) \tag{6}$$

（5）计算指标的信息量。设第 j 个指标包含的信息量为 C_j，指标 j 包含的信息越多越大，该指标的权重也就越大。则 C_j 可表示为：

$$C_j = \sigma_j \sum_{i=1}^{p}(1 - r_{ij}) = \sigma_j R_j \tag{7}$$

（6）计算指标的客观权重。

$$W_j = \frac{C_j}{\sum_{i=1}^{p} C_j}(j = 1,2,\cdots,p) \tag{8}$$

3. 指标综合权重—博弈论组合赋权

风险评价是一个多属性决策问题，在风险评价过程中指标权重大小对评价结果产生重要影响，仅采用单一的定性或定量的赋权方法会由于方法本身的一些属性特征使赋权结果存在一定的偏差。为了实现多属性评价过程中指标赋权的科学性和合理性，在选择主客观赋权基础上，选择基于博弈论的组合赋权法，通过运用博弈论的思想寻找各种赋权方法下的纳什均衡点，通过对多个赋权向量集按照某种方式进行交叉、联系与集结等方式组合优化，寻找各权重之间的一致妥协，使处理后得到的综合权重与各权重之间的离差最小。在本书中选择专家调查法和 CRITIC 法分别作为主观和客观赋权法，具体建立过程如下：

（1）假设有 L 种赋权方法，运用每种方法对指标赋权得到指标权重集 $W = \{w_1, w_2, \cdots, w_k\}, k = 1,2,\cdots,l$。设 $\alpha = \{\alpha_1, \alpha_2, \cdots, \alpha_l\}$ 为线性组合系数，W_o 为权重集中一种可能组合的权重，则 L 个权重集的线性组合可表示为：

$$W_o = \sum_{k=1}^{L} \alpha_k w_k^T (\alpha_k > 0, k = 1,2,\cdots,l) \tag{9}$$

（2）根据博弈论赋权思想，要实现组合最优权重与各权重的离差平方和最小，即可转化为对各种赋权方法所得权重集线性组合系数的优化，优化模型可表达为：

$$Min \left\| \sum_{j=1}^{L} \alpha_j w_j^T - w_i^T \right\|_2, i = 1,2,\cdots,l \tag{10}$$

根据矩阵微分的性质，得出最优化的一阶导数条件为 $\sum_{j=1}^{L} \alpha_j w_i w_j^T = w_i w_i^T$。对应线性方程组为：

$$\begin{bmatrix} w_1 w_1^T & w_1 w_2^T & \cdots & w_1 w_l^T \\ w_2 w_1^T & w_2 w_2^T & \cdots & w_2 w_l^T \\ \vdots & \vdots & \ddots & \vdots \\ w_l w_1^T & w_l w_2^T & \cdots & w_l w_l^T \end{bmatrix} ? \begin{bmatrix} \alpha_1 \\ \alpha_2 \\ \vdots \\ \alpha_l \end{bmatrix} = \begin{bmatrix} w_1 w_1^T \\ w_2 w_2^T \\ \vdots \\ w_l w_l^T \end{bmatrix}$$

（3）求解方程组得到优化系数（$\alpha_1, \alpha_2, \cdots, \alpha_l$）计算所得的优化系数进行归一化处理得到归一化组合系数 α_k^*，最后得到组合最优权重 w^*。

$$\alpha_k^* = \frac{\alpha_k}{\sum_{k=1}^{l} \alpha_k} \tag{11}$$

$$w^{*} = \sum_{k=1}^{l} \alpha_{k}^{*} \cdot w_{k}^{T} \qquad (12)$$

二　RG 项目评价模型

（一）风险评价方法确定

1. 几种常见的风险评价方法

风险评价方法有多种，如专家调查、灰色评价、蒙特卡罗模拟法、神经网络、物元可拓评价等，几种评价方法的特点及适用情况见表 7－3。

表 7－3　　评价方法特点及适用情况

名称	优点	缺点	适用情况
模糊综合评价	对不完全信息、不易定量的因素转换为模糊隶属度时，能够考虑多因素对整体项目的影响	不能对指标进行排序处理，评价指标数量多时难以处理	适用于模糊难以量化、非确定性问题
灰色评价	评价结果较准确描述评价对象对各灰类的隶属度	白化权函数较难确定	评判等级所属灰类的问题
蒙特卡罗模拟	具有比较好的准确性和可靠性，能够给决策者提供更好的分析	对数据要求严格，缺少一个数据会极大降低准确性	复杂且不确定问题
神经网络	有较强的自组织和自适应能力，对非线性和非局域性的大型系统有较好的处理功能	要求严格，需要大量的样本数据进行模拟，获取难度大，精度不高	复杂的网络结构项目
物元可拓评价	能系统地研究评价对象，能够将矛盾问题进行量化	需要考虑如何设置合理的待评物元经典域和节域	复杂且目标多的项目系统

2. 灰色模糊理论的适用性分析

任何概念都有外延和内涵，内涵是该概念反映的事物本质属性的集合，外延指的是概念所指的对象的范围。现实中由于主观因素存在，对事物认识边界不清晰，具有一定的模糊性。因此模糊理论应用于内涵明确但外延具有模糊性的情形。模糊理论是借助模糊数学，将一些模糊现象、难以划分边界、不易定量的影响因素进行定量化，确定其隶属等级来综合评价待评价对象。其特点在于将现实生活中的各种不确定因素用数学的方式建立模型，从而加以处理和分析。

灰色系统理论是研究信息不完全掌握、不确定的系统理论，灰色理论的研究对象是贫信息的不确定系统，它是一种通过对灰色系统方法和模型的应用，由系统少量已知信息推断研究对象发展的理论方法。灰色系统理论着重研究模糊数学所难以解决的“小样本”“贫信息”不确定性问题，与模糊数学不同的是，灰色系统理论着重研究“外延明确，内涵不明确”。

大型国际 EPC 工程项目风险众多，风险因素大小难以定量化准确表达，因此存在模糊性特征。在风险指标体系形成和量化判断过程中存在不确定性和灰色性，因此借助灰色模糊理论，建立灰色聚类模糊评价模型，利用三角白化权函数实现风险因素透明化与量化，结合模糊评价进行风险等级综合评价。综上，灰色模糊综合评价模型适用于国际工程项目 EPC 风险评价问题。

（二）灰色模糊评价模型构建

1. 确定评价灰类

评价灰类划分的合理性关系风险评价结果的正确性。根据大型国际 EPC 项目风险评价的需要对风险指标进行灰类和评分区间划分。风险灰类的分值区间划分可以借助风险矩阵工具。风险矩阵法是一种具有较高科学性和操作性的方法，依据对风险发生的概率判断和风险对目标的影响程度两个角度，对潜在风险因素量化评估并确定风险等级。通过对项目实际调研，认为大型国际 EPC 项目风险可以划分为极低、低、中、高、极高 5 个等级，每个风险等级下风险发生概率评估标准调查见表 7－4。

表 7－4　**风险发生概率及对应量化分值**

风险等级	发生概率	解释说明	量化分值
极高	(90%，100%]	极有可能发生	5
高	(70%，90%]	很可能会发生	4
中等	(30%，70%]	可能会发生	3
低	(10%，30%]	很可能不会发生	2
极低	(0，10%]	基本不会发生	1

风险对项目整体影响程度可以从风险造成损失大小和总承包商对风险控制能力两个角度权衡，一般分为 5 个等级，风险影响程度等级标准调查见表 7－5。

表 7－5　**风险损失严重程度及量化分值**

风险等级	影响程度	解释说明	量化分值
极高	极度严重	风险发生导致项目完全不可控，项目失败	5
高	严重	风险损失很大，基本不可控	4
中等	一般	风险发生导致项目损失较大，基本能够可控，利润损失	3
低	较小	风险损失较小，完全可以控制	2
极低	可忽略	风险对项目基本不产生影响	1

基于上述调查结果，以风险概率 RP 和影响程度 RI 为自变量，建立风险等级程度函数：

$$RR = F(RI, RP) = RI * RP$$

由此可得出风险等级对照表（表 7－6）。

表 7－6　**风险等级矩阵**

风险等级 RI / RP	1（可忽略）	2（较小）	3（一般）	4（严重）	5（极度严重）
1（极小）	1 极低	2 极低	3 低	4 低	5 中等
2（较小）	2 极低	4 低	6 中等	8 中等	10 高
3（中等）	3 低	6 中等	9 中等	12 高	15 高
4（较大）	4 中等	8 中等	12 高	16 高	20 极高
5（极大）	5 中等	10 高	15 高	20 极高	25 极高

将大型国际 EPC 项目风险等级划分为 5 个灰类，相应的灰类分值区间可以按表 7－7 划分。

表7－7 风险等级灰类区间

灰类等级	分值区间
极低	(0, 2]
低	(2, 4]
中等	(4, 9]
高	(9, 16]
极高	(16, 25]

2. 构建白化权函数

白化权函数是用来描述一个灰数对其取值范围不同数值的“偏爱”程度，即定量描述某个指标隶属于某个灰类的程度，各灰类白化权函数的构建是灰色聚类的关键环节之一。

白化权函数确定可以根据实际问题或聚类对象确定。首先，灰类的划分是确定白化权函数的前提，在上节中将风险等级划分为5个灰类。其次，是确定构建的白化权函数的形式，传统的白化权函数的基本形式为上限测度白化权函数、下限测度白化权函数和三角白化权函数，后有学者提出端点三角白化权函数和中点三角白化权函数。因为基于端点的三角白化权函数存在两个灰类以上多重交叉现象，因此选择基于中心点三角白化权函数形式，为避免将第1个和第s个灰类取值范围向左右延伸的困扰，对三角中心点三角白化权系数进行改进，即将原中心点三角白化权函数中对应于灰类1和灰类s的三角白化权函数分别取为下限测度白化权函数和上限测度白化权函数。

白化权函数建立的步骤如下：

（1）设某个风险指标j，设其评分区间为$[a_j, b_j]$，按照评估划分的灰类，分别确定灰类1转折点λ_j^1，灰类s的转折点λ_j^s，灰类k中心点λ_j^k（$k=2,3,\cdots,s-1$）。

（2）对灰类1，构造相应的下限测度白化权函数$f_j^1[-,-,\lambda_j^1,\lambda_j^2]$；对灰类$s$，构造上限测度白化权函数$f_j^s[\lambda_j^s,\lambda_j^{s-1},-,-]$。设指标$j$的一个评价值为$x$，当$x\in[a_j,\lambda_j^2]$时，灰类1的下限测度白化权函数$f_j^1(x)$

为：

$$f_j^1(x)=\begin{cases}0, & x\notin[a_j,\lambda_j^2]\\ 1, & x\in[a_j,\lambda_j^1]\\ \dfrac{\lambda_j^2-x}{\lambda_j^2-\lambda_j^1}, & x\in[\lambda_j^1,\lambda_j^2]\end{cases}\tag{13}$$

灰类 s 的上限测度白化权函数 $f_j^s(x)$ 为：

$$f_j^s(x)=\begin{cases}0, & x\notin[\lambda_j^{s-1},b_j]\\ \dfrac{x-\lambda_j^{s-1}}{\lambda_j^s-\lambda_j^{s-1}}, & x\in[\lambda_j^{s-1},\lambda_j^s]\\ 1, & x\in[\lambda_j^s,b_j]\end{cases}\tag{14}$$

（3）对于灰类 $k(k=2,3,\cdots,S-1)$，同时连接点（λ_j^k，1）与灰类 $k-1$ 的中线点（λ_j^{k-1}，0）[或灰类 1 的转折点（λ_j^1，0）] 和灰类 $k+1$ 的中心点（λ_j^{k+1}，0）[或灰类 s 的转折点（λ_j^s，0）]，可以得到指标 j 关于 k 灰类的白化权函数 $f_j^k(x)$ 为：

$$f_j^s(x)=\begin{cases}0, & x\notin[\lambda_j^{k-1},\lambda_j^{k+1}]\\ \dfrac{x-\lambda_j^{k-1}}{\lambda_j^k-\lambda_j^{k-1}}, & x\in[\lambda_j^{k-1},\lambda_j^k]\\ \dfrac{\lambda_j^{k+1}-x}{\lambda_j^{k+1}-\lambda_j^k}, & x\in[\lambda_j^k,\lambda_j^{k+1}]\end{cases}\tag{15}$$

综上，各灰类指标隶属度函数图像如图 7－2 所示。

3. 计算灰色评价权矩阵

（1）设邀请 t 位专家按照风险评估标准对风险指标进行打分，形成专家评价样本矩阵。

（2）计算各灰类的灰色评价系数。首先将各专家对每个指标的评价值代入白化权函数，计算每个分值对灰类 k 的隶属度大小。然后在此基础上计算每个指标关于各灰类的灰色评价系数和总系数。

$$y_{ijk}=\sum_{u=1}^{t}f(x_{iju})\tag{16}$$

$$y_{ij}=\sum_{k=1}^{5}y_{ijk}\tag{17}$$

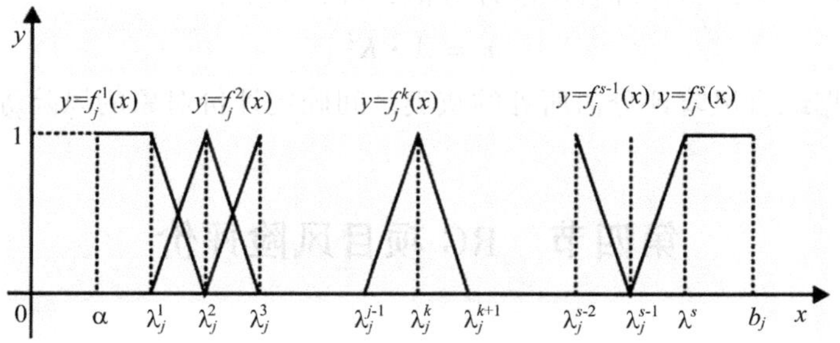

图 7－2　灰色白化权函数

（3）计算每个灰类的灰色评价权，并形成灰色评价权向量，进而得到灰色评价权矩阵。将 s 个灰类的评价权综合，得到灰色评价权向量 $D_{ij} = (d_{ij1}, d_{ij2}, \cdots, d_{ijs})$，进而得到灰色评价权矩阵 D_i。

$$d_{ijk} = \frac{y_{ijk}}{y_{ij}} \tag{18}$$

$$D_i = \begin{bmatrix} d_{i11} & d_{i12} & \cdots & d_{i1s} \\ d_{i21} & d_{i22} & \cdots & d_{i2s} \\ d_{i31} & d_{i32} & \cdots & d_{i3s} \\ \vdots & \vdots & \ddots & \vdots \\ d_{ij1} & d_{ij2} & \cdots & d_{ijs} \end{bmatrix}$$

4. 综合评价

（1）进行模糊综合评价。首先对二级指标进行综合评价，根据综合赋权得到二级指标的权重集为 $A_i = (A_{i1}, A_{12,} \cdots A_{1p}), i = 1, 2, \cdots, m$，将求得的灰色评价权矩阵作为模糊矩阵，将得到的灰色评价权矩阵和指标权重，按照公式

$$B_i = A_i \cdot D_i \tag{19}$$

对各二级指标进行综合评价，得到一级指标层的灰色评价权矩阵 B_i，进而继续对一级指标综合评价得到结果 A。

（2）确定各灰类区间的阈值向量，在本书中选择各灰类区间中点作为阈值，即 $K = (1, 3, 6.5, 12.5, 20.5)$，可以取各灰类阈值的加权和

作为评价对象的整体综合风险评分值，计算如下：

$$r = A \cdot K^T \tag{20}$$

最后根据综合风险评分值所处的灰类区间确定评价对象的风险等级。

第四节 RG 项目风险评价

一 指标权重计算过程

（一）专家评分法确定权重

根据确立的 RG 项目风险指标体系，按照 0—10 打分原则对指标重要性程度进行判断，其中 0 表示该指标在项目风险衡量评价中不重要，10 表示该指标在项目风险衡量评价中非常重要，风险重要程度随分值递增。通过发放调查表的形式邀请 10 位国际 EPC 研究领域专业人员及项目内部人员对指标的重要程度进行确定。

根据二级指标打分情况计算每个一级指标的均值为：

$\bar{X}_i = (2.85, 2.75, 3.7, 1.7, 1.6, 3.2, 3.35, 2.65, 2.9, 2.4, 2.8, 1.95, 3.15, 3.65, 2.65, 3.8)$

根据上一节中专家评分法确定权重的步骤，经计算得一级指标的权重：$W_i = (0.0632, 0.0610, 0.0820, 0.0337, 0.0355, 0.0710, 0.0743, 0.0588, 0.0643, 0.0532, 0.0621, 0.0432, 0.0698, 0.0809, 0.0588, 0.0843)$。

根据二级指标打分情况，计算二级指标的权重如下：

$U_1 = (u_{11}, u_{12}, u_{13}) = (0.2775, 0.2832, 0.4393)$

$U_2 = (u_{21}, u_{22}, u_{23}, u_{24}) = (0.1830, 0.1250, 0.4866, 0.2054)$

$U_3 = (u_{31}, u_{32}, u_{33}, u_{34}) = (0.2933, 0.3110, 0.2297, 0.1661)$

$U_4 = (u_{41}, u_{42}, u_{43}) = (0.3545, 0.3000, 0.3455)$

$U_5 = (u_{51}, u_{52}, u_{53}) = (0.3592, 0.3786, 0.2621)$

$U_6 = (u_{61}, u_{62}, u_{63}, u_{64}, u_{65}) = (0.1780, 0.1553, 0.2427, 0.2104, 0.2136)$

$U_7 = (u_{71}, u_{72}, u_{73}, u_{74}, u_{75}) = (0.2152, 0.1835, 0.2057, 0.2310, 0.1646)$

$U_8 = (u_{81}, u_{82}, u_{83}, u_{84}) = (0.2271, 0.3913, 0.2126, 0.1691)$

$U_9 = (u_{91}, u_{92}, u_{93}, u_{94}) = (0.2070, 0.2907, 0.2247, 0.2775)$

$U_{10} = (u_{101}, u_{102}, u_{103}, u_{104}) = (0.2200, 0.2500, 0.2350, 0.2950)$

$U_{11} = (u_{111}, u_{112}, u_{113}, u_{114}, u_{115}, u_{116}) = (0.1498, 0.1498, 0.1988, 0.1743, 0.1896, 0.1376)$

$U_{12} = (u_{121}, u_{122}, u_{123}) = (0.3583, 0.3417, 0.3000)$

$U_{13} = (u_{131}, u_{132}) = (0.4706, 0.5294)$

$U_{14} = (u_{141}, u_{142}, u_{143}, u_{144}) = (0.1840, 0.2292, 0.2569, 0.3299)$

$U_{15} = (u_{151}, u_{152}, u_{153}) = (0.3168, 0.3416, 0.3416)$

$U_{16} = (u_{161}, u_{162}, u_{163}, u_{164}, u_{165}) = (0.1653, 0.1737, 0.2409, 0.2129, 0.2073)$

（二）Critic 法确定权重

选择 CRITIC 赋权法计算指标权重，由于指标评分为同类属性且均为正向指标，即评分越高风险重要性程度越大，因此省略同趋化与标准化处理步骤。根据前面“风险指标权重计算方法”部分的公式（5）—（8），运用 Excel 分别计算指标标准差 σ_j、冲突量 R_j、信息量 C_j 等关键数据，最终得出一级指标的权重计算结果，见表 7－8。

表 7－8　　　　**一级指标 CRITIC 客观权重计算结果**

一级指标	σ_j	R_j	C_j	W_j
政治风险 U_1	1.0012	10.7929	10.8064	0.0637
社会风险 U_2	0.6801	9.7324	6.6187	0.0390
经济风险 U_3	0.8718	12.6071	10.9906	0.0648
法律风险 U_4	0.6403	8.6092	5.5126	0.0325
自然风险 U_5	0.5385	11.6157	6.2553	0.0369
业主行为风险 U_6	0.9539	9.4264	8.9922	0.0530
设计分包商行为风险 U_7	1.0259	15.2746	15.6704	0.0924
供应商行为风险 U_8	0.8675	10.7960	9.3651	0.0552

续表

一级指标	σ_j	R_j	C_j	W_j
施工分包商行为风险 U_9	1.1136	9.8503	10.9688	0.0647
技术管理风险 U_{10}	0.8000	9.7560	7.8048	0.0460
合同管理风险 U_{11}	1.2884	8.9896	11.5823	0.0683
资金管理风险 U_{12}	0.5679	12.5148	7.1070	0.0419
人员管理风险 U_{13}	1.0735	19.6809	21.1284	0.1246
设计控制风险 U_{14}	1.3611	10.0671	13.7019	0.0808
采购控制风险 U_{15}	1.0012	8.6018	8.6125	0.0508
施工控制风险 U_{16}	1.418	10.198	14.458	0.0853

同理可以得出各二级指标权重计算结果：

$U_1 = (u_{11}, u_{12}, u_{13}) = (0.2874, 0.2872, 0.4254)$

$U_2 = (u_{21}, u_{22}, u_{23}, u_{24}) = (0.1558, 0.2068, 0.4281, 0.2094)$

$U_3 = (u_{31}, u_{32}, u_{33}, u_{34}) = (0.2465, 0.3037, 0.0888, 0.3610)$

$U_4 = (u_{41}, u_{42}, u_{43}) = (0.2709, 0.3037, 0.4255)$

$U_5 = (u_{51}, u_{52}, u_{53}) = (0.3928, 0.3700, 0.2373)$

$U_6 = (u_{61}, u_{62}, u_{63}, u_{64}, u_{65}) = (0.1682, 0.1739, 0.2881, 0.1675, 0.2022)$

$U_7 = (u_{71}, u_{72}, u_{73}, u_{74}) = (0.2406, 0.2261, 0.1823, 0.1532, 0.1978)$

$U_8 = (u_{81}, u_{82}, u_{83}, u_{84}) = (0.2301, 0.4194, 0.1893, 0.1612)$

$U_9 = (u_{91}, u_{92}, u_{93}, u_{94}) = (0.2802, 0.2176, 0.1882, 0.3139)$

$U_{10} = (u_{101}, u_{102}, u_{103}) = (0.1823, 0.2565, 0.2861, 0.2752)$

$U_{11} = (u_{111}, u_{112}, u_{113}, u_{114}, u_{115}, u_{116}) = (0.1287, 0.1443, 0.3455, 0.1443, 0.1549, 0.0824)$

$U_{12} = (u_{121}, u_{122}) = (0.5588, 0.2301, 0.2111)$

$U_{13} = (u_{131}, u_{132}) = (0.4964, 0.5036)$

$U_{14} = (u_{141}, u_{142}, u_{143}, u_{144}) = (0.1612, 0.1539, 0.2079, 0.4770)$

$U_{15} = (u_{151}, u_{152}, u_{153}, u_{154}) = (0.4529, 0.1885, 0.3586)$

表7－9 **指标综合权重计算结果**

指标	专家评分	Critic法	一致性检验	原系数	归一化	综合权重
政府行为风险 U_{11}	0.2775	0.2874	0.1316<1	$\alpha_1=7.5064$ $\alpha_2=-6.5480$	$\alpha_1^*=0.5341$ $\alpha_2^*=0.4659$	0.2821
政策变动风险 U_{12}	0.2832	0.2872				0.2851
国际关系风险 U_{13}	0.4393	0.4254				0.4328
社会治安风险 U_{21}	0.1830	0.1558	0.0734<1	$\alpha_1=2.1499$ $\alpha_2=-1.2342$	$\alpha_1^*=0.6353$ $\alpha_2^*=0.3647$	0.1731
文化冲突风险 U_{22}	0.1250	0.2068				0.1548
疫情突发风险 U_{23}	0.4866	0.4281				0.4653
恐怖活动风险 U_{24}	0.2054	0.2094				0.2069
汇率变化风险 U_{31}	0.2933	0.2465	0.1735<1	$\alpha_1=0.2994$ $\alpha_2=0.7460$	$\alpha_1^*=0.2864$ $\alpha_2^*=0.7136$	0.2599
通货膨胀风险 U_{32}	0.3110	0.3037				0.3058
资源短缺风险 U_{33}	0.2297	0.0888				0.1292
财税制度风险 U_{34}	0.1661	0.3610				0.3052
法律体系风险 U_{41}	0.3545	0.2709	0.121<1	$\alpha_1=0.0684$ $\alpha_2=0.9340$	$\alpha_1^*=0.0682$ $\alpha_2^*=0.9318$	0.2766
法律改变风险 U_{42}	0.3000	0.3037				0.3034
法律执行风险 U_{43}	0.3455	0.4255				0.4200
交通条件风险 U_{51}	0.3592	0.3928	0.0300<1	$\alpha_1=-1.3077$ $\alpha_2=2.2921$	$\alpha_1^*=0.3633$ $\alpha_2^*=0.6367$	0.3806
气候条件风险 U_{52}	0.3786	0.3700				0.3732
不良地质风险 U_{53}	0.2621	0.2373				0.2463

续表

指标	专家评分	Critic 法	一致性检验	原系数	归一化	综合权重
资金能力风险 U_{61}	0. 1780	0. 1682	0. 0474 <1	α_1 = −0. 1614 α_2 = 1. 1574	α_1^* = 0. 1224 α_2^* = 0. 8776	0. 1694
支付信誉风险 U_{62}	0. 1553	0. 1739				0. 1716
过度干预风险 U_{63}	0. 2427	0. 2881				0. 2825
交付现场风险 U_{64}	0. 2104	0. 1675				0. 1728
图纸审批风险 U_{65}	0. 2136	0. 2022				0. 2036
设计能力风险 U_{71}	0. 2152	0. 2406	0. 0711 <1	α_1 = 0. 4046 α_2 = 0. 6075	α_1^* = 0. 3998 α_2^* = 0. 6002	0. 2304
设计经验风险 U_{72}	0. 1835	0. 2261				0. 2091
设计标准风险 U_{73}	0. 2057	0. 1823				0. 1917
设计执行风险 U_{74}	0. 2310	0. 1532				0. 1843
环境勘察风险	0. 1646	0. 1978				0. 1845
供应能力风险 U_{81}	0. 2271	0. 2301	0. 0265 <1	α_1 = −4. 3264 α_2 = 5. 2253	α_1^* = 0. 4529 α_2^* = 0. 5471	0. 2287
及时交付风险 U_{82}	0. 3913	0. 4194				0. 4067
运输损害风险 U_{83}	0. 2126	0. 1893				0. 1999
现场服务风险 U_{84}	0. 1691	0. 1612				0. 1648
履约信誉风险 U_{91}	0. 2070	0. 280	0. 0815 <1	α_1 = 0. 3221 α_2 = 0. 6893	α_1^* = 0. 3185 α_2^* = 0. 6815	0. 2569
施工能力风险 U_{92}	0. 2907	0. 2176				0. 2409
技术经验风险 U_{93}	0. 2247	0. 1882				0. 1998
施工方案风险 U_{94}	0. 2775	0. 3139				0. 3023

续表

指标	专家评分	Critic 法	一致性检验	原系数	归一化	综合权重
标准规范风险 U_{101}	0.2200	0.1823	0.047 < 1	$\alpha_1 = 0.1138$ $\alpha_2 = 0.8879$	$\alpha_1^* = 0.1136$ $\alpha_2^* = 0.8864$	0.1866
技术复杂性风险 U_{102}	0.2500	0.2565				0.2558
技术成熟度风险 U_{103}	0.2350	0.2861				0.2803
分包划分风险	0.2950	0.2752				0.2774
合同模式风险 U_{111}	0.1498	0.1287	0.1162 < 1	$\alpha_1 = -0.2632$ $\alpha_2 = 1.2216$	$\alpha_1^* = 0.1773$ $\alpha_2^* = 0.8227$	0.1324
合同审读风险 U_{113}	0.1498	0.1443				0.1453
递交延误风险 U_{114}	0.1988	0.3455				0.3195
保函办理风险 U_{115}	0.1743	0.1443				0.1496
合同索赔风险 U_{116}	0.1896	0.1549				0.1611
争端处理风险 U_{117}	0.1376	0.0824				0.0922
资金计划风险 U_{121}	0.3583	0.5588	0.1701 < 1	$\alpha_1 = -0.1424$ $\alpha_2 = 1.1189$	$\alpha_1^* = 0.1129$ $\alpha_2^* = 0.8871$	0.5362
项目融资风险 U_{122}	0.3417	0.2301				0.2427
计量支付风险	0.3000	0.2111				0.2211
承包商人员能力风险 U_{131}	0.4706	0.4964	0.0265 < 1	$\alpha_1 = 1.1396$ $\alpha_2 = -0.1400$	$\alpha_1^* = 0.8906$ $\alpha_2^* = 0.1094$	0.4734
组织管理风险 U_{132}	0.5294	0.5036				0.5266
设计协调风险 U_{142}	0.1840	0.1612	0.3353 < 1	$\alpha_1 = -0.6039$ $\alpha_2 = 1.5196$	$\alpha_1^* = 0.2844$ $\alpha_2^* = 0.7156$	0.1677
设计质量风险 U_{143}	0.2292	0.1539				0.1753
设计进度风险 U_{144}	0.2569	0.2079				0.2218
设计概算控制风险 U_{145}	0.3299	0.4770				0.4352

续表

指标	专家评分	Critic 法	一致性检验	原系数	归一化	综合权重
采购计划风险 U_{151}	0.3168	0.4529	0.1453 <1	$\alpha_1=0.0885$	$\alpha_1^*=0.0877$	0.4410
采购合同风险 U_{153}	0.3416	0.1885		$\alpha_2=0.9209$	$\alpha_2^*=0.9123$	0.2019
采购设备监造风险 U_{154}	0.3416	0.3586				0.3571
施工组织风险 U_{161}	0.1653	0.0748	0.1269 <1	$\alpha_1=0.0508$	$\alpha_1^*=0.0505$	0.0794
施工质量风险 U_{163}	0.1737	0.2664		$\alpha_2=0.9559$	$\alpha_2^*=0.9495$	0.2617
施工进度风险 U_{164}	0.2409	0.1866				0.1893
施工成本风险 U_{165}	0.2129	0.1642				0.1667
施工安全风险 U_{166}	0.2073	0.3080				0.3029

$U_{16} = (u_{161}, u_{162}, u_{163}, u_{164}, u_{165}, u_{166}) = (0.0748, 0.2664, 0.1866, 0.1642, 0.3080)$

（三）博弈论综合赋权确定权重

综合权重确立前首先对权重进行一致性检验，判断两种方法得到的权重是否矛盾。可选择距离函数 d 刻画一致性程度，当 $0 < d < 1$ 时，两种赋权方法所得权重通过一致性检验。

$$d(U^1, U^2) = \left[\frac{1}{2}\sum_J^P (U^1 - U^2)^2\right]^{1/2} \quad (21)$$

设由专家打分法确定的一级指标权重集为 W_i，由 CRITIC 赋权确定的一级指标权重集 W_j，根据上述计算的权重结果，对两种赋权方法根据式（21）进行检验，得到 $d = 0.045$，通过一致性检验。

将两种方法求得的权重集分别作为两个向量集，利用本章第三节中“风险指标权重计算方法”部分“指标综合权重—博弈论组合赋权”关于博弈综合赋权的公式（9）—（12）进行计算，其中 L = 2，指标数量为 16，求得两种赋权方法的系数分别为归一化后 $\alpha_1^* = 0.1032, \alpha_2^* = 0.8968$，最终得到一级指标综合重 $\omega = (0.0636 \quad 0.0413 \quad 0.0666 \quad 0.0326 \quad 0.0368 \quad 0.0549 \quad 0.0905 \quad 0.0556 \quad 0.0647 \quad 0.0467 \quad 0.0677 \quad 0.0420 \quad 0.1189 \quad 0.0808 \quad 0.0516 \quad 0.0852)$。同理可以得出二级指标综合权重，见表 7－9。

二 风险评价过程

本节通过灰色模糊聚类模型对 RG 项目开展风险评价。通过项目调查，将风险划分为 5 个等级，依次为极低、低、中等、高、极高。在综合考虑风险发生概率与影响程度的基础上，结合项目主体风险承受能力，经过调研得到 5 个风险等级量化分值划分，见表 7－10。

表 7－10 **风险等级评价灰类划分**

风险等级	Ⅰ	Ⅱ	Ⅲ	Ⅳ	Ⅴ
风险水平	极低	低	中等	高	极高
对应分值	(0, 2]	(2, 4]	(4, 9]	(9, 16]	(16, 25]

一是确定评价灰类。

根据风险等级划分的 5 个等级，令评价灰类 $k = (1,2,3,4,5)$，共 5 个灰类。

二是构造白化权函数。

$k = 1$ 灰类的取值区间为（0，2]，$\lambda_j^1 = 1$；$k = 2$ 灰类的取值区间为（2，4]，$\lambda_j^2 = 3$；$k = 3$ 灰类的取值区间为（4，9]，$\lambda_j^3 = 6.5$；$k = 4$ 灰类的取值区间为（9，16]，$\lambda_j^4 = 12.5$；$k = 5$ 灰类的取值区间为（16，25]，$\lambda_j^5 = 20.5$。

对 $k = 1$ 时，根据式（13）构造相应的下限测度白化权函数表达式 f_j^1。其中 $a_j = 0, \lambda_j^1 = 1, \lambda_j^2 = 3$，则 $f_j^1(x)$ 表示为：

$$f_j^1(x) = \begin{cases} 0, & x \notin [0,3] \\ 1, & x \in [0,1] \\ \dfrac{3 - x}{3 - 1}, & x \in [1,3] \end{cases}$$

对 $k = 5$ 时，根据式（14）构造相应的上限测度白化权函数表达式 f_j^5。其中 $b_j = 25, \lambda_j^4 = 12.5, \lambda_j^5 = 20.5$，则 $f_j^5(x)$ 表示为：

$$f_j^5(x) = \begin{cases} 0, & x \notin [12.5,25] \\ \dfrac{x - 12.5}{20.5 - 12.5}, & x \in [12.5,20.5] \\ 1, & x \in [20.5,25] \end{cases}$$

对 $k = 2$ 时，根据式（15）构造相应的中心点白化权函数表达式 f_j^2。同时连接点（λ_j^2，1）与灰类 1 的转折点（λ_j^1，0）和灰类 3 的中心点（λ_j^3，0），可以得到指标 j 关于灰类 2 的中心点白化权函数 $f_j^2(x)$ 为：

$$f_j^2(x) = \begin{cases} 0, & x \notin [1,6.5] \\ \dfrac{x - 1}{3 - 1}, & x \in [1,3] \\ \dfrac{6.5 - x}{6.5 - 3}, & x \in [3,6.5] \end{cases}$$

同理可得 $k = 3$ 时，指标 j 关于灰类 3 的中心点白化权函数 $f_j^3(x)$ 为：

$$f_j^3(x)=\begin{cases}0, & x\notin[3,12.5]\\ \dfrac{x-3}{6.5-3}, & x\in[3,6.5]\\ \dfrac{12.5-x}{12.5-6.5}, & x\in[6.5,12.5]\end{cases}$$

$k=4$ 时，指标 j 关于灰类 4 的中心点白化权函数 $f_j^4(x)$ 为：

$$f_j^4(x)=\begin{cases}0, & x\notin[6.5,20.5]\\ \dfrac{x-6.5}{12.5-6.5}, & x\in[6.5,12.5]\\ \dfrac{20.5-x}{20.5-12.5}, & x\in[12.5,20.5]\end{cases}$$

三是确定风险指标量化评分矩阵。

为保证项目数据的真实科学性，邀请 R 国 RG 项目内部人员及相关专家根据风险发生概率和风险后果影响程度按照附录中的“风险等级及指标量化数据调查表”进行量化评估，获取 RG 项目各项风险指标量化情况。经调查汇总，最终收到 7 份有效数据，风险指标量化评分成员信息见表 7－11。

表 7－11 **评分成员信息汇总**

编号	单位类型	岗位性质	曾参与大型国际 EPC 项目数量（个）	曾参与大型国际 EPC 项目投资规模
1	大型施工单位	企业管理人员	2	>1000 亿元
2	科研教育单位	科研人员	>3	>1000 亿元
3	大型施工单位	施工技术人员	>3	>1000 亿元
4	大型施工单位	企业管理人员	1	>1000 亿元
5	大型施工单位	技术人员	1	>1000 亿元
6	勘探设计单位	技术人员	2	>1000 亿元
7	其他	技术人员	1	500 亿—1000 亿元

四是计算灰色聚类评价权系数。

将指标的量化分值代入每个类别的白化权函数，即计算每个指标对灰类 k 的灰色隶属度。以政治风险中政策变动风险 U_{12} 为例，将各专家评价分值分别代入 5 类白化权函数中，计算结果见表 7－12。

表 7－12 政策变动风险灰色评价系数及权向量

U_{12} 量化分值	$f_j^1(x)$	$f_j^2(x)$	$f_j^3(x)$	$f_j^4(x)$	$f_j^5(x)$
2	0.5	0.5	0	0	0
8	0	0	0.75	0.25	0
6	0	0.1429	0.8571	0	0
6	0	0.1429	0.8571	0	0
6	0	0.1429	0.8571	0	0
4	0	0.7143	0.2857	0	0
5	0	0.4286	0.5714	0	0
12	0	0	0.0833	0.9167	0
6	0	0.1429	0.8571	0	0
求和	0.5	2.2145	5.1188	1.1667	0
评价权	0.0556	0.2460	0.5688	0.1296	0

因此，政策变动风险评价权向量 U_{12} ＝（0.0556，0.2460，0.5688，0.1296，0.0000），同理可以计算指标 U_{11} 的指标 U_{13} 灰色评价权向量，由此得到由一级指标构成的政治风险的灰色评价权矩阵 U_1 为：

$$U_1 = \begin{bmatrix} U_{11} \\ U_{12} \\ U_{13} \end{bmatrix} = \begin{bmatrix} 0.1111 & 0.2222 & 0.4443 & 0.2222 & 0.0000 \\ 0.0556 & 0.2460 & 0.5688 & 0.1296 & 0.0000 \\ 0.0000 & 0.1587 & 0.3783 & 0.4282 & 0.0347 \end{bmatrix}$$

利用同样的方法，计算其他一级指标灰色评价权矩阵 U_2、U_3，…，U_{16}。

$$U_2 = \begin{bmatrix} U_{21} \\ U_{22} \\ U_{23} \\ U_{24} \end{bmatrix} = \begin{bmatrix} 0.0556 & 0.4524 & 0.4457 & 0.0463 & 0.0000 \\ 0.3333 & 0.4762 & 0.1905 & 0.0000 & 0.0000 \\ 0.0000 & 0.0000 & 0.2407 & 0.5023 & 0.2569 \\ 0.0000 & 0.4921 & 0.4524 & 0.0556 & 0.0000 \end{bmatrix}$$

$$U_3=\begin{bmatrix}U_{31}\\U_{32}\\U_{33}\\U_{34}\end{bmatrix}=\begin{bmatrix}0.0000 & 0.0476 & 0.5820 & 0.2870 & 0.0833\\0.0000 & 0.1111 & 0.3796 & 0.3495 & 0.1597\\0.0000 & 0.0794 & 0.7725 & 0.1482 & 0.0000\\0.1111 & 0.3810 & 0.3598 & 0.1482 & 0.0000\end{bmatrix}$$

$$U_4=\begin{bmatrix}U_{41}\\U_{42}\\U_{43}\end{bmatrix}=\begin{bmatrix}0.0556 & 0.5000 & 0.4444 & 0.0000 & 0.0000\\0.1111 & 0.6349 & 0.2540 & 0.0000 & 0.0000\\0.1111 & 0.5080 & 0.3809 & 0.0000 & 0.0000\end{bmatrix}$$

$$U_5=\begin{bmatrix}U_{51}\\U_{52}\\U_{53}\end{bmatrix}=\begin{bmatrix}0.1667 & 0.4365 & 0.3968 & 0.0000 & 0.0000\\0.1667 & 0.3810 & 0.3690 & 0.0278 & 0.0000\\0.4722 & 0.4802 & 0.0476 & 0.0000 & 0.0000\end{bmatrix}$$

$$U_6=\begin{bmatrix}U_{61}\\U_{62}\\U_{63}\\U_{64}\\U_{65}\end{bmatrix}=\begin{bmatrix}0.0000 & 0.3061 & 0.5748 & 0.1190 & 0.0000\\0.0000 & 0.4490 & 0.4677 & 0.0833 & 0.0000\\0.0000 & 0.1020 & 0.4218 & 0.4762 & 0.0000\\0.0714 & 0.1735 & 0.4098 & 0.3452 & 0.0000\\0.0000 & 0.2449 & 0.2670 & 0.4881 & 0.0000\end{bmatrix}$$

$$U_7=\begin{bmatrix}U_{71}\\U_{72}\\U_{73}\\U_{74}\\U_{75}\end{bmatrix}=\begin{bmatrix}0.0714 & 0.1939 & 0.2942 & 0.3512 & 0.0893\\0.0714 & 0.2755 & 0.2007 & 0.2649 & 0.0446\\0.0000 & 0.1837 & 0.5425 & 0.2292 & 0.0446\\0.0000 & 0.1225 & 0.5680 & 0.2649 & 0.0446\\0.0000 & 0.3674 & 0.5612 & 0.0714 & 0.0000\end{bmatrix}$$

$$U_8=\begin{bmatrix}U_{81}\\U_{82}\\U_{83}\\U_{84}\end{bmatrix}=\begin{bmatrix}0.0000 & 0.6939 & 0.2466 & 0.0595 & 0.0000\\0.0000 & 0.1633 & 0.7058 & 0.1310 & 0.0000\\0.1429 & 0.5510 & 0.2704 & 0.0357 & 0.0000\\0.1429 & 0.5716 & 0.2857 & 0.0000 & 0.0000\end{bmatrix}$$

$$U_9 = \begin{bmatrix} U_{91} \\ U_{92} \\ U_{93} \\ U_{94} \end{bmatrix} = \begin{bmatrix} 0.1071 & 0.5051 & 0.3520 & 0.0357 & 0.0000 \\ 0.0000 & 0.3265 & 0.5663 & 0.1071 & 0.0000 \\ 0.1429 & 0.3265 & 0.4592 & 0.2143 & 0.0000 \\ 0.0714 & 0.3367 & 0.3775 & 0.1875 & 0.0268 \end{bmatrix}$$

$$U_{10} = \begin{bmatrix} U_{101} \\ U_{102} \\ U_{103} \\ U_{104} \end{bmatrix} = \begin{bmatrix} 0.0714 & 0.5000 & 0.3928 & 0.0357 & 0.0000 \\ 0.0000 & 0.4082 & 0.4966 & 0.0952 & 0.0000 \\ 0.1429 & 0.4082 & 0.2823 & 0.1667 & 0.0000 \\ 0.0000 & 0.1633 & 0.7772 & 0.0596 & 0.0000 \end{bmatrix}$$

$$U_{11} = \begin{bmatrix} U_{111} \\ U_{112} \\ U_{113} \\ U_{114} \\ U_{115} \\ U_{116} \end{bmatrix} = \begin{bmatrix} 0.0714 & 0.2143 & 0.4047 & 0.1667 & 0.0000 \\ 0.0000 & 0.2449 & 0.4932 & 0.1190 & 0.0000 \\ 0.2143 & 0.2347 & 0.3367 & 0.2054 & 0.0089 \\ 0.2857 & 0.1633 & 0.3367 & 0.1696 & 0.0446 \\ 0.1429 & 0.2245 & 0.3469 & 0.2411 & 0.0446 \\ 0.1429 & 0.4490 & 0.4081 & 0.0000 & 0.0000 \end{bmatrix}$$

$$U_{12} = \begin{bmatrix} U_{121} \\ U_{122} \\ U_{123} \end{bmatrix} = \begin{bmatrix} 0.1429 & 0.4286 & 0.3452 & 0.0833 & 0.0000 \\ 0.0714 & 0.6021 & 0.3265 & 0.0000 & 0.0000 \\ 0.1071 & 0.7704 & 0.1224 & 0.0000 & 0.0000 \end{bmatrix}$$

$$U_{13} = \begin{bmatrix} U_{131} \\ U_{132} \end{bmatrix} = \begin{bmatrix} 0.0714 & 0.1123 & 0.5544 & 0.2619 & 0.0000 \\ 0.0000 & 0.1633 & 0.5153 & 0.3214 & 0.0000 \end{bmatrix}$$

$$U_{14} = \begin{bmatrix} U_{141} \\ U_{142} \\ U_{143} \\ U_{144} \end{bmatrix} = \begin{bmatrix} 0.0000 & 0.2449 & 0.6241 & 0.1310 & 0.0000 \\ 0.0000 & 0.2041 & 0.6530 & 0.0982 & 0.0446 \\ 0.0000 & 0.1837 & 0.6139 & 0.0685 & 0.1339 \\ 0.0000 & 0.1429 & 0.2976 & 0.2470 & 0.3125 \end{bmatrix}$$

$$U_{15} = \begin{bmatrix} U_{151} \\ U_{152} \\ U_{153} \end{bmatrix} = \begin{bmatrix} 0.0714 & 0.3756 & 0.4200 & 0.1310 & 0.0000 \\ 0.0714 & 0.2551 & 0.6139 & 0.0595 & 0.0000 \\ 0.1429 & 0.1837 & 0.4473 & 0.2262 & 0.0000 \end{bmatrix}$$

$$U_{16}=\begin{bmatrix}U_{161}\\U_{162}\\U_{163}\\U_{164}\\U_{165}\end{bmatrix}=\begin{bmatrix}0.0000 & 0.3470 & 0.5578 & 0.0952 & 0.0000\\0.0000 & 0.4286 & 0.4762 & 0.0952 & 0.0982\\0.0000 & 0.1633 & 0.3367 & 0.4554 & 0.0446\\0.0000 & 0.2449 & 0.1718 & 0.3780 & 0.0622\\0.0000 & 0.2245 & 0.3826 & 0.3661 & 0.0268\end{bmatrix}$$

五是在上一步得到各指标灰色评价权矩阵的基础上，接下来进行模糊综合评价得到一级指标的灰色评价权矩阵。

以政治风险为例，根据公式（19）可得到综合评价向量为 $A_1=(0.0472\quad 0.2015\quad 0.4512\quad 0.2850\quad 0.0150)$，同理可得出其他一级指标对应的综合评价向量如下：

$$A_2=(0.06120.25380.31220.25320.1195)$$
$$A_3=(0.03390.17290.47700.24580.0705)$$
$$A_4=(0.09570.54430.36000.00000.0000)$$
$$A_5=(0.24200.42660.30050.01040.0000)$$
$$A_6=(0.01230.23760.42200.32800.0000)$$
$$A_7=(0.03140.22730.42200.24220.0467)$$
$$A_8=(0.05210.42950.44460.07400.0000)$$
$$A_9=(0.07760.37540.43270.13450.0081)$$
$$A_{10}=(0.05340.35740.49510.09430.0000)$$
$$A_{11}=(0.15690.24090.37670.16920.0167)$$
$$A_{12}=(0.11760.54630.29140.04470.0000)$$
$$A_{13}=(0.03380.13920.53380.29320.0000)$$
$$A_{14}=(0.00000.17980.48480.16190.1735)$$
$$A_{15}=(0.09690.28270.46890.15060.0000)$$
$$A_{16}=(0.00000.27950.37720.28970.0526)$$

接着对一级指标进行综合评价，得到 RGG 项目的总体风险评价权向量：

$$A=(0.05830.27550.43010.19620.0350)$$

选择各灰类区间中点作为阈值，即 $K=(1,3,6.5,12.5,20.5)$，取各灰类阈值的加权和作为 RG 项目的整体综合风险评分值，按照公式（20）计算可得：

$$r = 6.8504$$

三　风险评价结果分析

根据灰色模糊综合结果，项目风险评分值处于［4.9］之间，因此 R 国 RG 项目整体风险处于中等水平。根据项目风险综合评价权向量，RG 项目出现极高风险可能性为 3.5%，高风险的可能性为 19.62%，低风险可能性为 27.55%，极低风险可能性为 5.83%，项目风险向高风险等级演变的整体可能性仍比较大，需要做好风险监控的预防措施。结合最大隶属度原则，政治风险中的国际关系风险、社会风险中疫情突发风险（注：到本书截稿之时，随着全球疫情逐渐平息，疫情风险大大降低）、业主行为风险中过度干预风险与图纸审批风险、设计分包商行为中的设计能力风险、设计控制风险中的设计概算控制风险、施工控制风险中施工成本和进度控制风险处于高风险等级，这些风险是重点管理和控制的风险对象；经济风险中汇率变化、通货膨胀及资源短缺风险，业主行为风险中交付现场与图纸审批风险，设计分包商行为的设计经验和设计标准风险，合同管理风险中保函办理、递交延误和索赔风险，人员与组织管理风险，采购控制风险中设备监造风险，施工控制风险中施工安全控制风险向较高风险等级发展可能性很大，针对这些风险应时刻关注情况变化，作为重点监控对象；其他风险处于较低水平，应定期进行监控和评估，动态调整应对策略。

四　RG 项目风险应对策略

通过对 RG 项目风险整体评估，初步判断项目风险在 EPC 承包商的可控范围内。一方面，作为该项目总承包商的中国公司是化工建设领域实力雄厚的大型企业，具备较高的资金能力和技术实力。随着“一带一路”倡议深入实施，该公司积极开拓 R 国国际市场，曾在 R 国承建多个大型化工天然气建设项目，公司相对比较了解 R 国市场及自然环境等因素，具有较丰富的在 R 国实施化工建设项目的管理经验。另一方面，RG 项目建设对双方均具有重要意义，受到双方高度重视，同时公司总部及项目部均具备很高的风险意识，对项目和风险管控要求严格，这些都是做好风险管控的有利因素。

由于风险的不确定性，对任何风险的忽视均可能转化为较大损失，因此在项目实施过程中的风险因素应采取动态监测和动态评估，并根据监测和评估结果对当前阶段不同等级的风险因素分别制定科学合理的应对措施，实现以最低的成本控制项目整体的风险损失最小的目标。对于处于较低以及低等级的风险因素，主要采用定时监控关注风险变化趋势，及时采取预防措施。针对中等及以上等级风险则应重点制定相关应对策略。从这个角度出发，对 RG 项目实施提出以下应对风险的对策建议。

（一）政治风险

政治风险影响具有全局性、深远性，不确定性极强，从评价结果可以看出 RG 项目承包商面临的主要政治风险因素是 R 国国际政治经济关系变化。根据第六章第二节中“国际形势变化对项目目标影响”的作用路径可知，国际形势变化会从社会安全、外汇、融资、人员及在建工程等多方面对项目目标顺利实施产生重大影响。对 RG 项目而言，一方面，由于中国与 R 国建立了新时代全面合作伙伴关系，从双边关系角度这为项目实施提供了良好的政治环境，非常有利于推动项目实施；但另一方面，R 国与西方政治关系恶化，R 国与美欧之间的相互制裁日益加剧，目前尚无改善前景。这些情况可能导致项目部分设备制造、运输的延误，影响项目的实施。承包商应密切关注和评估 R 国的对外关系情况，做好应对政治风险的预案措施；如有必要可采取风险转移策略，通过投保手段转移政治风险损失；与业主阶段性合同签订过程中应考虑政治风险影响的责任分担，降低政治风险引起的损失。另外，R 国复杂的国内国际环境可能导致社会治安和突发事件风险增大，承包商应做好项目现场人员、设备、在建工程的应急保护预案，并与使馆联系做好紧急状况下的人员撤离预案；重视相关的文件和证据存档，在必要情况下可向业主提出不可抗力和索赔的通知。

(二) 经济风险

经济风险评价结果显示汇率风险、通货膨胀、资源短缺风险发生可能性与危害性都较大。根据第六章第二节中“项目特征对项目目标影响”的作用路径一及“国际形势变化对项目目标影响”的作用路径二、三可知，融资问题会直接导致各种不利经济事件，而外汇波动会直接影响融资、结算和物资价格水平等。鉴于此，承包商在与业主签订后续阶段合同中尽可能约定使用固定汇率或确定汇率浮动范围，将汇率变化风险部分转移给业主；参考相关权威机构关于 R 国通货膨胀变化率预测，选择比较保险的支付币种或分散货币支付种类，或者争取美元及人民币付款的方式；如果可能争取在合同中约定价格调整方式，尽量降低固定总价合同的风险；制定合理的采购计划，对不同属性货物采取合适的订货方式，如在资金许可的条件下对于价格变化显著但方便保存的物资可采取一次性订货方式，以降低通货膨胀造成的成本损失。

(三) 法律风险

法律风险整体处于中等水平，R 国法律体系较为不健全，单个领域法律变化较多，各相关部门对项目的执法检查频繁。根据第六章第二节中“法律体系及理念差异对项目目标影响”的作用路径，对法律理解偏差可能导致承包商对自身权利义务履行不全面，引起各种不利管理事件。鉴于此，承包商可以通过加强对 R 国法律的学习或借助外部咨询的方式依法维护合法权益，可以选择聘请当地法律机构或熟悉 R 国法律的专业人员作为法律顾问，分析 R 国法律环境及法制特点，着重对 R 国劳工雇佣、劳工合同、薪资、环保、建设行政、税制等关系项目执行的法律进行分析，为保障项目顺利进展提供法律支撑。阶段合同签订前，做好 R 国法律环境稳定性评估工作，并在合同中约定法律变动后果责任的分担与解决方式；与业主在合同中约定法律依据及争端纠纷的处理方式，注重依据法律和合同做好索赔管理工作。

(四) 业主行为风险

根据第六章第二节中“组织结构对项目目标影响”的作用路径二，以及“合同条件不清晰对项目目标影响”的作用路径一、三可知，业主行为可能会直接导致各种不利管理事件发生，影响建设进度和成本控制。RG 项目中业主行为风险主要源于业主对项目管理干预过多，对承包商要求苛刻，拒绝承包商提出的正当诉求或合理性建议等，既增加了承包商的项目管理难度，也不利于承包商 EPC 管理自主性的发挥。对此，承包商应积极与业主保持有效沟通，对业主不合理的干预行为，及时以适当的方式进行协商，尽量说服业主放弃不合理的要求，如对临时住房建筑过高的标准要求等。结合相关的合同条款告知业主 EPC 模式下承包商自身的权利，必要时及时援引合同条款发出索赔通知。严格按照合同要求开展设计，提高出图的质量，审图期间主动寻求与业主相关人员的沟通，尽量减少设计图纸反复修改递交审批的次数；同时从各方面加强规范自身项目管理活动，尽量避免给业主过度干预制造理由。

例如，对分包商、供应商选择的问题，按照 EPC 合同的一般原则，除非是业主指定的分包商，一般分包商的选择权属于总承包商（包括选择设计单位、供应商、施工分包商），而且一般不需要业主的批准，但一般需要通知业主。业主可以提供一个可选的分包商名单，要求承包商从这个名单中选择，这种情况下承包商可尽量从业主提供的清单中选择，前提是必须对这家分包商感到放心满意。业主原则上没有权利不批准承包商选择的分包商，如果业主方面在合同中规定选择分包商需要经业主批准，说明业主过于强势，其实这不符合 EPC 项目合同的一般原则，也不利于项目实施。如果这种批准只是程序和形式的可以忽略，但如果可能对承包商选择分包商造成重要影响，甚至延误工期，则应与业主沟通，依据国际上一般原则（如 FIDIC 合同条款）晓之以理，敦促其加快批准程序。

（五）合同管理风险

合同管理风险是承包商风险的重要组成，中国对外承包商往往因疏于对合同内容的仔细研究和把握而遭受巨大的损失，或丧失索赔的机会。根据第六章第二节中“合同条件不清晰对项目目标影响”的作用路径可知，合同条件不清晰会从项目范围、报价及组织计划等多方面影响目标实现。RG 项目初期，业主和承包商签订了框架协议，基本固定了项目的工期和价格，在后期新的合同签订谈判时，承包商可结合前一个阶段的问题和经验，努力争取更多地维护自身利益，特别防止合同条款出现疏漏，这是一项非常重要而极具挑战和难度的工作。承包商相关决策及合同管理人员，应提前对下一阶段的合同签订内容进行充分交流，详细研读合同内容，准确理解和把握双方权利义务和风险分担；在合同执行期间，按合同中有关程序要求及时提交各种文件、申请、样品等，不给业主反索赔的机会；注意及早办理各种保函，检查各种保函的经济性和有效性，适时调整保函金额或有效期，既保证保函的有效性，又注意节约保函成本和降低保函风险。承包商还应该加强合同文件资料管理工作，做好各种合同文件及相关通知的书面保存，留好索赔材料，为承包商索赔机会做好准备；索赔工作要严格按照合同规定程序严格操作，及时引用索赔条款发出相关通知信函，避免因超过时限失去索赔权利。签订分包合同时，合同条款务必严谨，应注意参照主合同将与分包范围对应的风险和责任转移给分包商，严格防止“分包商违约，总承包商背锅”的情况发生。

（六）资金保障风险

根据第六章第二节中“工作范围对项目目标影响”的作用路径一和作用路径二可知，项目工作范围大会造成项目成本高、资金规模大的资金保障风险。RG 项目资金规模巨大，承包商签订阶段合同都需要提交一大笔履约担保、预付款保函等，而 R 国金融环境差，可能面临融资困难风险。承包商可以从融资渠道、融资方式、合理的融资结构等方面综合考虑，降低融资成本和融资风险。承包商可以选择多元化的融资方式，如政府间的贷款、金融机构、国际商业银行、进出口信贷等，并对这些机构的资质信誉等进行评估，选择优秀的国际融资专家进行融资结构设计。

（七）人员与组织风险

根据第六章第二节中“组织结构对项目目标影响”的作用路径可知，组织结构设计关系项目组织决策的科学性和对项目各方协调沟通的效率。RG 项目管理规模大、任务重，项目建设高峰期现场施工人员多达数万人，需要的管理人员数量很多，且涉及中外人员协作，如何实现高效的项目管理是巨大的挑战。EPC 承包商在构建项目组织时应注意组织结构与职能的合理匹配，选择管理能力强、经验丰富的人员组建项目团队，并结合项目各阶段的特点和需求，适当调整优化组织结构，明确部门和成员责任，制订严谨而又灵活的管理制度和工作程序，构建行之有效的激励机制，充分发挥项目组织的管理和协调能力，实现对项目各方面的有效控制。另外，国外工作是一项长期艰苦的工作，应在生活、工作、心理等方面关心员工，做好员工的工作、生活和健康设施保障，尽量丰富员工业余生活，确保员工情绪和心理状态稳定，调动员工的工作热情和积极性。对于当地雇员，要结合其特点制订合理的雇佣制度，既要严格管理，也要加强沟通。实践经验显示，选拔和培养优秀的当地工长或副工长协助组织管理当地雇员，往往会收到事半功倍的效果。

（八）设计控制风险

根据第六章第二节中“工作范围对项目目标影响”的作用路径一可知，交叉界面多和标准体系复杂两项因素可能导致管理主体各方因对标准规范不熟悉而发生违约的情况。对此，EPC 承包商自身应主动加强对该项目所涉及标准的学习，结合合同内容理解各种技术标准的应用范围，在设计中细化各项工序的技术实施方案。RG 项目设计任务巨大，分别由来自不同国家的设计机构担任设计工作，这对于总承包商的设计协调管理是很大的挑战，不仅有语言差异问题，在设计进度协调和质量控制方面也存在很大的难度。设计质量方面，首先要选择优秀的设计机构，务必精准理解把握业主对项目功能的要求，并在此基础上充分理解对设计内容和设计标准的要求，要优化设计流程，加强设计过程中管理协调和阶段性设计成果监督审核，积极主动配合业主人员做好设计成果的审批验收。设计进度控制方面，国际过程项目往往因图纸反复递交、反复审批，耗用大量的时间，结果可能造成设计进度拖延。设计文件递交之后，难免会存在这样那样的问题，一般都需要一两次递交—审查—修改—再递交的反复，承包商不应被动等待业主审核人员的通知，而应主动及时与业主方代表沟通，及时澄清其中存在的问题，督促设计单位及时修改，尽量缩短审核—修改—审批的周期，尽可能减少反复递交的次数。设计阶段的成本控制，绝非简单指设计费用，更重要的是由设计方案所产生的项目总造价，在前期合同框架已经确定、项目合同价格受限的情况下，宜考虑采用限额设计，考虑到 EPC 项目包含大量永久设备，设备选型对造价影响较大，设计时应结合采购部门的意见加以考虑。设计时还应考虑对施工的影响，因此也可邀请施工单位有经验的专家参与设计研讨，听取他们的意见作为参考，同时可以让施工单位了解设计方案对施工的影响及要求，提前为施工阶段做好准备。

（九）采购控制风险

根据第六章第二节中"国际形势变化对项目目标影响"的作用路径二可知，国际形势变化与国际外汇市场变化密切关联，汇率市场动荡会直接影响东道国国内的经济状况，如出现货币不稳定、较高的通货膨胀率等现象，而通货膨胀及市场物价上升会使人工材料及设备市场价格上涨，导致项目采购成本上升。鉴于此，对于 RG 项目总承包商，编制采购方案是采购管理的首要工作，采购方案的优化既要满足合同及设计要求，也要考虑工期安排的需要，还需根据市场信息调查选择供应商和设备类型、品牌等。签订采购合同后，供应商能否按采购合同按时保质保量地交付将会直接影响项目能否顺利实施。此外，鉴于复杂的国际政治经济形势，EPC 承包商在制订相关计划时应考虑国际形势变化对供应商履约可能产生的影响，加强设备物资供应的过程监督和管理，在安全环境许可的条件下，对特别重要的长周期设备制造可安排专门人员驻厂监造。

（十）施工控制风险

根据第六章第二节中"工作范围对项目目标影响"的作用路径一可知，分包商违约会直接导致各种行为主体事件，影响项目正常建设进度。对此，EPC 承包商应加强对分包商的过程监督和管理，定期开展分包商的资金及资质调查，对长周期设备制造安排管理人员驻厂监造。RG 项目施工是一项高难度、高技术、高复杂性的任务，项目施工控制难度和风险较高。鉴于 RG 有多个分包商参与项目施工，工作界面较多，要加强不同分包商工作的组织协调，对分包商的技术管理工作，要加强过程检查，保证项目建设质量符合合同标准要求。

根据第六章第二节中"工作范围对项目目标影响"的作用路径二可知，承包商或分包商对标准不熟悉或技术经验不足会直接导致各种施工问题。鉴于此，RG 项目在目标控制中，科学的施工组织方案尤为重要，PDCA 动态控制是常用的方法。鉴于 EPC 项目的特点，承包商承担除了法律变更和不可抗力以外几乎一切风险，所以基本上属于固定价格和固定工期的合同，因此在项目实施中，对每个环节、每个方面的控制应注重加强事前控制、主动控制，在做计划前要充分调研，研究实施中可能遇到的困难和问题，分析各种影响因素，对不利的情况作出预判，在此基础上制定科学合理的尽量周密的计划和实施方案，并严格按计划和方案执行，力争在动态检查阶段不出现偏差，或最大限度地减少偏差。当然如果一旦发现偏差，则必须及时采取调整纠偏措施，这也意味着可能会增加成本和影响工期，但及时采取措施也避免了更大损失。因此，加强主动控制、事先控制，即加强 PDCA 循环中的 PDC 三个环节，尽量减少或避免出现不得不采取 A 环节的情况，这对 EPC 项目施工目标控制非常重要。

施工阶段各项控制中，尤其要强调进度的计划与控制，这一方面是因为国内承包商一般质量意识和成本意识都比较强，而进度控制意识相对较差，施工过程不按进度计划执行的情况常有发生；另一方面，国际工程实践中不乏因进度失控导致项目陷入困境甚至失败的教训。不按进度计划执行特别是进度拖延不仅会使承包商发生额外成本，如为了赶工期安排夜间或休息日加班施工会导致劳务和管理成本增高；另外，进度计划一经批准，也成为业主人员安排工作的依据，如因承包商原因而导致业主人员工作增加，业主可能因此向承包商提出索赔。如果延误的工作在关键路径可能影响按期交工，业主还会要求承包商按合同程序提交修订的进度计划和施工方案调整，由此也增加了承包商文件递交工作。因此我方承包商务必加强进度控制意识，在编制科学合理的进度计划的同时，还应重视在实际施工时按进度计划执行，坚决避免进度计划制订和执行中的随意性，尽量减少由此可能引发的项目风险。

第八章

国际 EPC 工程项目环境风险管理

项目环境是工程项目实施的客观外在条件，根据本书第五章风险识别的结果，外部环境风险是国际 EPC 工程项目风险的一个重要维度，包括政治风险、经济风险、社会风险、法律风险和自然风险等。做好环境风险管理不仅有助于 EPC 总承包在市场开发阶段的科学决策，更是在项目执行过程中有效控制项目进展所必需的。本章对国际 EPC 工程项目中承包商可能面临的各类环境风险在第五章风险识别的基础上进一步深入提炼、细分和分析，并针对每种风险提出防范和管理对策，为中国承包商提供借鉴参考。

第一节　政治风险管理

政治环境是 EPC 承包商承揽国际工程项目首要考虑的因素，影响国际工程项目政治环境的因素非常广泛，如项目所在国国内的政局、政府行为、政策环境、双边及多边关系等，涵盖的风险因素很多。工程所在国一旦发生重大政治风险，对国际工程项目和承包商造成的影响和损失往往是巨大的，在一些极端情况下其后果可能是一个项目、一个公司乃至一个集团无法承受的，有时其影响甚至达到国家间政治层面的高度。长期以来，由于国际工程市场优质资源大多被发达国家企业所占据，中国企业不得不到那些政治风险较高、社会制度不太完善、投资环境较差的国家去寻找机会，常常面临较多的战争战乱、政党更替、政策不可持续等风险。例如，近年来阿富汗局势动荡，影响中国企业在阿富汗投资的通信、交通、矿业等工程项目；缅甸政局混乱，使大量中国在缅投资建设的光伏能源项目风险增加；几内亚发生军事政变、巴基斯坦接连发生恐怖袭击、埃塞俄比亚内战、委内瑞拉国内政治纷争、阿尔及利亚、津巴布韦、苏丹、安哥拉等国政府高层发生震荡等，都使当地中资企业和项目面临巨大风险。一般来说，政治风险因东道国经济发展水平不同而具有很强的地域差异性。国际 EPC 工程承包商在进入国别市场之前可以参考专业机构发布的《国家风险分析报告》《对外投资合作国别》《中国海外投资国家风险评级报告》等风险评估报告，预测和评估国别市场开发政治风险水平。

一　政治局势

政治局势风险主要指项目所在国家或地区政局是否稳定，即存在可能导致政局动荡的因素进而影响国际工程项目的建设实施，常见的如战争、内乱、武装冲突、政权更迭、军事政变、叛乱等。

（一）战争和内乱

战争和内乱是国际 EPC 项目承包商面临的重大风险。目前中国企业承接的海外工程项目主要以“一带一路”沿线的亚、非及拉美等发展中国家为主，其中一些国家如苏丹、索马里、利比亚、巴基斯坦，以及阿拉伯地区等地都存在很多不稳定因素，这些地区国家内乱频发，局部战争也时有发生。战争或局部内乱发生的直接后果将导致承包商在建工程停工，甚至是项目现场遭到破坏和已完成工程被损毁，而战争造成的损失一般归于不可抗力风险，索赔也很难弥补。战争或内乱不仅会打乱项目正常的施工安排而延误工期，还会导致项目成本大大增加。有些情况严重的项目，因当地常年战争或内乱致使工程持续无法正常施工，造成工期无限期拖延，人员、设备长期闲置，成本更加无法控制。即使战争或内乱过后，也不排除承包商面临在建项目无限期停工和业主合同终止的可能，导致承包商遭受惨痛损失。例如，2011 年的利比亚战争不仅导致中资企业在利比亚投资的大量项目现场完全破坏，工程停工，造成超千亿元的投资损失。2022 年 2 月爆发的俄乌冲突一直持续到现在，中国承包商不得不组织大规模人员撤离，在乌项目全部暂停，承包商的损失不可估量。

鉴于战争和内乱的严重后果，中国 EPC 总承包商在项目承揽阶段应参考国家政府部门及权威专业机构的评估结果和投资建议，及时关注相关国家和地区的政治形势，谨慎作出科学决策和应对方案。

（二）武装叛乱和冲突

武装冲突风险指因项目所在国国内部分区域存在恐怖主义、宗教极端主义及反政府武装、地方武装或民族分裂势力，给工程项目实施造成潜在威胁。这些群体在东道国某些地区制造暴乱、袭击、爆炸等高危事件，由于事件常常是突发性的，现场人员往往无法合理预见且来不及转移，给项目财产尤其是承包商人员的生命安全造成巨大威胁。如 2015 年 11 月 20 日，马里首都巴马科丽笙酒店发生恐怖袭击事件，中国铁建 3 名员工遇难。2019 年 4 月 21 日，斯里兰卡多个城市连续发生 8 起爆炸案，造成超过 207 人死亡，500 余人受伤，其中有 35 名外国人在袭击中死亡，包括 2 名中国人。

针对这类风险，承包商也可以从防范风险和应对风险两方面入手：首先，在进入该国别市场前，充分调研工程所在国国内恐怖及极端分子的分布区域、活动情况，判断其总体危害程度。其次，项目建设期间，项目部应积极跟踪关注当地安全事态信息前沿，及早预判安全发展形势，制定危机管理预案。承包商可积极探索并推行属地化管理，尽量减少项目现场中方工作人员数量，以降低人员安全风险。同时雇用项目所在国警察、士兵等武装人士，建立必要可靠的安保体系。

（三）政权更迭

政权更迭往往会出现“新官不理旧事”的问题，特别是在一些政治体制不完善的国家和地区更是如此，导致现有合同、既有共识和投资环境在政权更迭后变得不可延续，使承包商遭受损失。政权更迭可以分为颠覆性政权更迭和常规性政权更迭，其中颠覆性政权更迭又可分为和平与暴力两种形式。颠覆性政权更迭主要包括反叛、内战、颜色革命等非法并直接摧毁旧制度的夺权模式；常规性政权更迭则指在选举等名义上符合法律规范的夺权方式。一般来说，常规性政权更迭其预测性较高且影响通常可控，而颠覆性政权更迭一旦发生，造成的冲击很大。颠覆性政权更迭风险多发生于发展中国家和地区，如“一带一路”沿线的西亚、北非、东南亚甚至东欧等区域。2011 年利比亚内战导致政权更迭后，社会持续动荡，中国承包商在利比亚所有在建项目全部停工，损失惨重。

有些国家虽然政治制度比较完善，实施定期选举制或轮流执政，属于常规性政权更迭，但对于一些发展落后、腐败严重的国家地区，通常是在换届大选之前，当前执政党常常加速立项推行工程项目建设，而新政府上台则立即开始核查和政策修订，换届前签订的项目可能因各种理由而被延期或暂停，甚至是直接终止合同，或者换届后新一任政府对华态度不友好而拒绝合作。如 2015 年 1 月，斯里兰卡反对党共同候选人西里塞纳赢得大选，其单方面撤销中国与斯里兰卡签署的最大港口城项目等涉及上百亿元投资的项目。2014 年泰国总理英拉下台，两国此前达成的“大米换高铁”意向性协议也随之被否定。

国际 EPC 工程项目建设持续时间很长，往往会横跨几个政治任期，政党轮替不但导致项目所在地的法律法规政策的不连续性，甚至某些大型项目直接成为各方势力之间争夺或攻讦的“战场”，因此承包商也应非常注重常规性政权更替的风险。对此，承包商应从三方面尽力防范该风险可能造成的损失：首先，承包商在目标国别市场开发之前，应充分调研该国的政治制度、党派关系、宗教、执政任期等相关的政治信息，根据有关信息会同专家研判在该市场承揽项目的风险水平。其次，EPC 承包商在签订合同时应增加关于政权更迭后如何处置相关的商务合同条件，严格明确双方责任范围，如合同生效日的附加约定条件、合同开工日附加约定条件、佣金及服务费支付条件等。切记合同订立要经受得住政府换届后的合规性审查，避免卷入项目所在国的幕后政治斗争。最后，当发生合同终止或无效事件后，应积极力争通过仲裁、索赔等手段努力将损失降到最低。

二　政策环境

政策环境风险主要指项目所在国政策不明确、不稳定或频繁变化对承包商造成的风险。项目所在国的政治、经济政策对项目的执行有着重要影响，有些国家随着经济发展，经常会修订或新出台一些会对外国承包商产生重要影响的政策法规，如外国企业准入限制、对劳动雇佣限制、各种征税调整等。这要求承包商在进入一个市场前要对它的经济政策、政治环境、社会秩序、民族意识等进行详细的调查和了解，以评估执行项目的风险。应选择政治环境和投资环境较好，并且与中国有较好外交关系的国家市场。同时随时关注项目所在国的政策变化，及时对项目执行中涉及的各项工作作出必要的调整。要特别注意通过在合同中列入必要条款来保护承包商的利益。一般来说，如果承包商因为必须服从政策法规的改变而利益受到损害，有权根据合同向业主提出索赔。

三　政府治理

（一）政府腐败

政府腐败风险指项目所在国政府机构缺乏廉洁的环境或存在腐败行为而导致行政效率低下、增加项目实施难度的风险。国际工程项目的性质决定了承包商往往离不开与政府部门打交道，并接受政府的审批和监督。政府的廉洁与否与行政效率密切关联，进而直接影响项目能否按进度计划顺利实施。有些地方腐败比较严重，甚至已经演变为潜规则，承包商不得不通过行贿换取项目审批或相关文件办理。国际工程实践中曾多次发生外国承包商向当地政府官员行贿的事件。

针对政府腐败风险，承包商应提前了解项目所在国政府廉洁指数及行政效率，决策时要将当地腐败严重程度作为考量因素，必要时可以放弃项目，将更多的时间和精力用于获取更优质的项目方面，通过正规的、公开的渠道获取国际工程招标项目，在项目实施中要重视合规经营，并善于利用法律维护自身合法权益，切勿盲目迎合某些腐败机构或个人提出的无理要求甚至违法的要求。

（二）政府干预

政府干预风险是指政府部门利用其特殊权利强行对项目招标或实施过程进行不正当的干预，从而导致不公平竞争或给承包商造成损失的风险。对国际工程承包商来说，政府干预可以是来自项目所在国政府，有时也可能来自第三国政府。东道国政府干预项目实施的形式如投标竞争干预、恶意没收、征用或国有化外国企业资产等。有时当地政府在宣布国有化的同时，可能会给被没收资产的外国公司一定补偿，但这种补偿普遍比较微薄，与原投资很不相称，甚至只是口头或书面上的承诺，现实中难以真正实现。有时政府虽不公开宣布直接征用，却以种种措施阻碍外国投资者有效控制、使用和处置本企业的财产，事实上也是征用行为。如对外国公司强收差别税，拒绝办理出口物资清关和出关等。近年来美国出于维护自身霸权需要，无理打压在美中国企业，也是典型的政府干预行为。此外，项目所在国的非政府利益组织也可能会以组织力量或社会舆论等形式间接给政府施加压力，抵制项目建设和开展。第三方政府干预指一些第三方国家利用技术优势垄断、合同特殊技术条款限制及制裁手段给项目所在国政府施加压力，妨碍正常的国际工程投标竞争。例如，在马来西亚新马高铁项目中，日本交通大臣亲自访问马来西亚，给当地政府施压以推销新干线技术。

对于此类风险，中国企业在初入市场前应认真全面了解项目所在国关于外商投资保护的相关法律，项目所在国是否与母国签订双边投资保护协定，双边协定中是否有国有化风险的保证条款，东道国是否参加多边投资担保机构公约，是否承担公约所要求履行的国际法义务及其保证责任，以评估项目的风险并作出理性的决策。在项目执行期间，应积极关注事态发展变化，灵活及时调整应对策略，同时采取多种措施尽可能地减少损失。如果承包商能够购买征收保险，则可通过保险获取损失发生后的风险补偿。

（三）主权债务风险

主权债务风险指一国政府因承担高额的债务而偿还能力不足，不能及时履行其偿还义务而导致主权债务违约行为发生的风险。主权债务风险曾在国际工程市场多次发生。如 2009 年迪拜政府控股公司迪拜世界出现债务危机，使涉及的众多项目面临资金链断裂风险，中资企业在阿联酋大量的工程承包业务都受到牵连和影响。近年来，世界经济萎靡不振，各国纷纷出台较为宽松的货币和财政政策以刺激经济发展，但大规模的财政刺激计划也大幅提高了各国政府的债务水平和赤字率，特别是新兴国家主权债务违约概率大大增加，2020 年黎巴嫩、阿根廷等国家已经宣布延期偿还到期债务，东欧、拉美、非洲、中东等众多国家违约风险概率也保持在较高水平。东道国政府主权债务增加不仅容易引发政府违约，也意味着该国政府获取融资贷款的难度大幅提升，债务危机爆发通常也会引起汇率震荡、货币大幅贬值，国际 EPC 承包商的营收和项目市场规模必然也随之受到影响。

对此，中国承包商应随时关注东道国政府的外汇储备、债务结构和数量情况，审慎承担高债务风险的工程项目，正在实施的项目要有债务风险预警机制，提前采取应对措施以减少损失，在合同中约定对政府债务审查的权利，采用硬货币支付，防范货币贬值造成的巨额损失等。

四 政府信用

（一）政府违约

政府违约是指项目所在国政府由于受国内局势的影响，或者外国势力的介入等原因，单方面解除合同或不履行所签订合同的义务、暂停项目、终止合同、拒付资金等行为而给承包商和投资方造成损失的风险。在国际工程政府违约事件中，合同双方本质上处于不对等的地位，由于违约主体是一个主权国家，承包商很难通过有效的法律途径获取赔偿，故违约风险的规避和应对非常困难。政府违约往往是基于一定的政治目的或主观意愿，其国家主权就是契约预设的最终担保人，企业很难在主权之外找到有效的其他担保，同时政府违约可能还会同时衍生出其他相关政治风险，给企业造成更大损失。引发政府违约行为的原因可能来自政治、经济、社会等宏观层面，也可能潜藏于项目内部，具体包括东道国政府稳定性和政策连续性、政府的政治倾向、东道国经济发展状况、区域性经济危机、项目所涉行业和实施特点等。

在国际工程实践中，中国承包商曾多次遭遇政府违约的惨痛经历。如 2009 年中、缅两国政府签订合同建设密松水电站项目，2011 年缅甸总统以“人民意愿”为由搁置项目建设，停工不仅导致中方投资人前期投入的 70 亿元人民币无法收回，而且项目每年的财务成本和人员维护费用高达 3 亿元，同时承包商还面临供应商等相关方的巨额索赔。

2014 年墨西哥高铁项目在中国承包商中标后不到四天，墨西哥单方面宣布撤销中标结果，重新启动招标程序，不仅导致中方企业在前期投标准备阶段巨大的损失投入得不到补偿，而且也丧失了利用该项目推动中国高铁技术标准全面走出去的机会。另外，中国承包商在共建“一带一路”国家项目时也面临较高的政府违约风险。如斯里兰卡港口城项目在政府换届后被叫停，马来西亚东海岸铁路项目停工，都给中方企业造成巨额损失且难以获得有效的赔偿。

为最大程度避免中国承包商再在类似的问题上重蹈覆辙，中国 EPC 承包企业应提升应对政府违约风险的意识和风险管控能力，培养主动索赔维权的技能。具体来讲，在进入国别市场前做好安全风险评估；项目执行期间与东道国政府、社会等加强互动沟通，充分发挥企业社会责任，为项目赢得广泛的支持和认可；在风险发生后，制定违约风险应对预案和策略，争取通过友好协商、国际仲裁、保险等途径最大降低风险损失。

（二）拒付债务

拒付债务风险通常指在国际工程市场，特别是在政府或国家工程项目中，有些国家在财力枯竭的情况下，可能以粗暴的方式废弃政府的工程项目合同并宣布拒付债务的风险。

如果是私营业主投资的项目，承包商为免遭业主毁约或拒付债务的损失，可以在签订合同时要求业主提供银行保函或信用证，万一发生业主违约的情况承包商可以从银行索要一定的偿付。但是对于政府工程，很少有政府部门会同意对其工程提供银行保函或信用证，因此承包商往往很难通过必要的法律行动或有效措施维护自己的合法利益。如果这种政府项目还是处在一个政治上很不稳定的国家，或者是在一个与同承包商的母国没有外交关系的国家，承包商面临的风险是非常高的。

为此中国对外承包企业在进入一国市场前，特别是对于“投—建—营”一体化项目或需要 EPC 承包商带资融资或协助业主融资建设的大型国际 EPC 工程项目，应充分考察该国政府的财政情况，若其负债率很高，应果断放弃，避免为后续项目执行留下大的隐患。若项目所在国政府财政与还款能力水平还可以接受，且该项目预期能通过后期运营获取收益，承包商也应要求政府提供充分必要的还款保证并约定第三方法律有效监督，签约前严密规划和审查合同支付条款，在条款中包含必要的补救措施。

五 国际关系

国际关系风险是指因东道国与承包商母国或其他国家双边或多边关系恶化而导致项目实施困难增加或承包商遭受损失的风险。对于中国对外承包企业来说，项目所在国与中国之间的关系是最重要的双边关系。EPC 承包商首先需要考虑项目所在国对华态度和关系，即该政府是否对中国保持友好态度，是否保持与中国正式建立外交关系，双方是否共处于同一区域性合作组织，是否建立双边贸易协定等。良好的双边关系有利于项目的落实和推进，更容易得到两国政府和社会广泛的支持和拥护，在合同、税收、法律等方面也能获取一定的优惠和保障，为项目实施创造良好的政治环境。项目所在国与周边邻国之间关系是否正常也会对项目执行产生影响，若项目所在国与邻国之间关系紧张，甚至存在战乱和冲突，EPC 承包商在项目执行期间也会受到不利影响。另外，当今世界政治经济形势复杂多变，大国博弈加剧，一些项目所在国可能处于地缘政治、宗教主义冲突的核心区域，某些大国的政治操弄可能会导致项目所在国政局发生动荡，国际关系复杂化，给项目执行带来更多的不确定性。

对此，国际 EPC 总承包商在开拓国际承包市场时，应尽量选择与中国建交或友好的国家，将重点放在“一带一路”沿线的国别市场，同时注意观察国际形势及东道国国际关系变化情况，及时主动加以应对。

第二节 经济风险管理

国际工程经济环境主要包括关税、税收、货币汇率、材料设备供应、物价水平、人员情况及薪资水平、贷款条件、优惠政策、市场竞争等因素。经济环境风险就是因经济环境中的某个或多个因素变化而对国际工程项目实施造成影响的风险。

对此，中国承包商首先要充分了解项目所处的经济环境，掌握市场经济信息和项目所在国家政府的经济政策，并对项目资金筹措方式、融资渠道、税收等重要环节制定具体的解决方案。其次，在进入一个新的市场领域前要做好市场调查，了解业主的信誉和市场的整体信誉、市场的供应能力、配套协调机制，以及相关的经济法规政策等。要了解市场的竞争机制，掌握有关的国际市场游戏规则，了解参与投标各方的有关背景和竞争对手投标水平，调查同类工程的造价情况，收集相关的市场信息，如当地市场的人工、材料、机械、交通运输、税收等，这些都将直接影响工程的造价。特别是由于 EPC 项目中经济风险由承包商承担，项目实施中索赔的机会很少，因此基于充分的项目调查和市场调查进行科学的造价估算就显得特别重要。

一　汇率风险

（一）汇率波动

中国对外承包企业在海外的大型 EPC 项目通常以所在国本地货币、美元及多种货币组合的方式进行结算和支付，加上大型国际 EPC 工程项目从规划立项、设计、施工到竣工完成乃至试运营结束，常常持续 5 年以上甚至更长，如此长的周期内往往会出现汇率波动。

汇率波动风险指国际 EPC 承包商在使用外币开展对外承包工程结算过程中，因为汇率剧烈浮动而蒙受损失或导致收益的不确定性。国际市场外汇制度一般分为固定汇率制和浮动汇率制，其中固定汇率制以货币含金量作为汇率确定基准相对比较稳定，而完全浮动汇率制度即汇率波动完全取决于国际金融市场的供求关系，项目所在国政府不对汇率作出任何承诺，这种情况下汇率制度更加灵活，汇率变化的风险也更高。国际 EPC 工程项目承包商因汇率浮动可能面临汇率经济风险、汇率会计风险和汇率交易风险。汇率经济风险指因未合理预见的汇率浮动引起的项目采购物资及劳务价格变化，进一步影响建设和管理成本，导致未来一定期间收益或现金流量减少的可能性；汇率会计风险指承包商在进行核算过程中将各种功能性货币转变为记账货币时，因为汇率的浮动差异而造成账面损失的可能性；汇率交易风险指承包商在项目结算支付、采购、投融资等外汇交易环节，因汇率浮动而遭受汇兑损益而产生损失的可能性。

大型国际 EPC 工程项目投资规模高达数十亿美元，即便是非常微小的汇率浮动差异，也可能引发 EPC 承包商巨额的现金支付与结算金额差异。中国对外承包市场主要分布在政治经济情况较为复杂的发展中国家，这些国家更易受到浮动汇率变化影响，所以中国承包商必须加强对汇率风险管理的重视，增强规避汇率风险的能力，注重培养或聘用专业化的汇率风险管理人才，全面掌握汇率风险管理专业知识，从事前防范、事中控制、事后分析和监控各方面开展全过程汇率风险管理。

在项目投标阶段，EPC 承包商结合项目所在地较长一段时间内的货币汇率相关历史数据，并考虑当地经济环境、政策法规和外币兑换等信息，分析汇率波动规律并对未来一定时期内的汇率演化趋势进行分析预测，评估企业可能面临的汇率风险，为企业投标决策提供参考。如果合同规定必须选择当地币种支付，需要对影响当地币汇率变化的影响因素进行分析，核算境外采购设备材料和人工费等各项支出可能的货币额度，预测工程实施期间可能发生的汇率损失金额，在报价时将这一部分风险补偿增加到合同价格中。

在项目合同签订阶段，EPC 承包商应合理规划并选择合同计价方式和结算货币种类。充分考虑每种币种汇率变化趋势，优先选择如美元、欧元等硬货币种类，或选择汇率较为稳定、波动稳升趋势明显及自由兑换的组合货币种类。对于中国政府出口信贷的“一带一路”共建国家项目也可以尝试申请使用人民币进行贷款、结算和支付，尽量避免承担太大的汇率风险。另外，为防范后期合同履行阶段因汇率变化出现的贬值和增值问题，EPC 承包商可在合同中增加货币保值相关条款。货币保值条款一般以锁定汇率或其他方式来分摊未来可能面临的汇率风险，避免因汇率波动遭受太大的损失。

在项目实施阶段，EPC 承包商应建立汇率变化监督体系，防范国际国内各种可能影响汇率变化的因素，持续分析和研判相关因素对汇率走势的影响。项目采购合同和分包合同的签订应与总包合同保持同一币种，付款时间尽量与总包合同的进度款支付时间相当或略微延后，尽量避免因时间差造成的汇率损失。尽量从项目所在国当地采购设备和材料，减少非本币的使用，以降低汇率交易损失风险。同时，EPC承包商在合同履行期间应合理优化资源配置，尽量不要出现工期延误。当出现非承包商原因造成的延误时，及时依据合同索赔延期和汇率损失等费用。科学统筹项目外币和本币数量，科学调度使用，根据汇率变化情况，合理调整各种外汇和现汇储备等，降低汇率波动风险。

（二）汇兑限制

汇兑限制风险，是指由于东道国政府各种汇兑限制行为引起国际EPC承包商无法实现资金转移而导致损失的风险。汇兑限制也称外汇管制，是指东道国政府出于稳定汇率、调节国际收支等需要，出台或采取的限制外币作为跨境资金转移的合法性及可用性措施，通常表现为兑换限制和汇出限制，如限制将当地货币兑换为目标货币，或明令禁止外国投资者将利润、投资本金及其他合法性收入转移到东道国以外，或规定外汇储备转移限额，或对外汇转移出境提出限制条件。

对于中国对外承包企业来说，在东道国无论是项目实施还是开展其他经营活动，都经常需要用到各种不同货币的汇兑，通过工程项目建设或其他业务经营获取的利润，也需要通过汇兑转移国内，而汇兑限制可能会严重影响EPC承包企业承揽大型工程的持续经营能力。后疫情时期，全球经济复苏疲倦，无论发达国家还是发展中国家为保障本国经济发展等利益，都不同程度地对外国企业的外汇转移作出限制，根据限制严格的程度，大致划分为严格外汇限制、部分外汇限制及名义上取消限制的国家。外汇管制制度并不是一成不变的，各国会随经济发展而加紧或放宽，因此在一定程度上具有可预见性。如近两年巴西、泰国进一步放宽外汇管制政策以促进外汇生态体系建设和经济复苏，相反阿根廷、厄立特里亚、塞拉利昂等国家持续加强外汇管制。

国际EPC工程项目持续周期长，涉及承包商转移支付金额规模大，而资金流动性是项目得以持续推进的重要推动力，做好汇兑风险规避对于实现企业海外可持续经营非常关键。首先，国际EPC承包商在国别市场定位阶段，要重视并展开充分的前期调研，详细了解东道国现行外汇管理制度和政策，尽量选择长期以来没有管制或管制宽松的国别市场。其次，在项目投标决策前，也需要详细地调研和审查评估，谨慎投标。可以通过商务部网站、使馆驻外经济商务参赞处网站等相关途径获取相关信息，也可借助专业咨询获取建议，也可以提前购买外汇险或者货币汇兑险，如中国信保旗下的外汇险种。对于处于执行过程中的国际 EPC 工程项目，项目管理团队应安排具备专业的国际金融知识和灵敏的外汇市场洞察能力的风险管理人员，构建汇率风险监控防范机制体系，并做好汇兑风险应急预警和预案。

二 通货膨胀

通货膨胀风险是指因货币贬值而引起物价上涨，从而导致项目建设成本增加的风险。一方面，中国海外工程承包市场主要分布于亚非地区、共建“一带一路”国家等整体经济发展基础薄弱、发展不稳定及政府宏观调控能力较弱的国家，发生通胀风险的概率较高；另一方面，国际 EPC 工程项目周期长，包含大量材料、人工、设备投入，受通货膨胀影响比较大。由于 EPC 项目采用价格基本固定的总价合同，原则上通货膨胀的风险由 EPC 承包商承担。当然，有关价格变化的调整机制需要在专用合同条件中加以约定，如果专用合同条件中未包含有关价格调整的具体规定或条款模糊，则很难或无法进行价格调整，因通货膨胀引发的物价上涨而导致的建设成本增加将由 EPC 承包商承担。

对于通货膨胀风险，中国 EPC 承包商在参与投标前，首先要认真研究业主的招标文件合同条款，弄清关于通货膨胀风险分担及价格调整的有关条款规定，在与业主合同谈判中，如果可能，尽量争取在专用合同条件中包含与通货膨胀和成本变化有关的条款，明确约定合同价格调整机制。其次，要调查了解项目所在国的通胀水平，是否属于高通胀国家，评估企业资金风险承受极限，在投标报价时，根据招标文件规定的风险分配原则及对项目所在国通货膨胀水平的预测，合理预估一定比例的风险费用，加入投标报价中。在项目实施阶段，应提前制定科学合理的物资采购计划，并在采购合同中增加相应的价格调整条款，以降低因物价上涨造成的成本增加风险。

三　资源短缺

资源短缺风险是指因项目所在国市场上建筑材料、设备、劳动力等资源缺乏或供应不充足而影响项目实施的风险。大型国际EPC工程项目往往规模较大、技术复杂，为保证项目顺利进行，需要及时投入大量的项目建设所必需的材料、设备、分包商及技术劳工等资源，这些资源有些可从当地获得，有些则需要从承包商母国提供，还有的可能需要从其他国家采购。无论哪种资源，如果市场上供应不足，或因各种原因出现市场供应链中断，将会导致项目建设资源短缺，无法满足项目按计划实施的需要，必然打乱整个项目建设计划，造成窝工停滞、工期延误、成本上升等严重后果。

项目所在国资源供应状况受本国宏观经济的发展水平及产业体系构成、建筑市场规模、自然资源种类及存量、国家人口及受教育程度、国家出入境政策以及全球疫情等因素影响。新冠疫情期间，各国封锁政策限制了全球人员和贸易流动，各种生产不足、交货期延长、航运混轮、运费暴涨、清关检查等事件直接影响了项目建设物资供应。受疫情影响，进出口的设备受到严格的卫生检疫措施，国外机器设备厂家也因受当地疫情的影响而导致设备供货进度延误，甚至因经营不善而难以提供设备。工程建设过程中需要消耗的大量钢筋、混凝土、砂石等建筑材料，面临原材料供应不足或价格上涨、检疫时间延长等情况，工程项目由于材料供应不足而遭受工期延误和成本大幅上涨。同时，各国出台的签证及出入限制政策，导致项目技术人员短缺现象严重，项目进度无法保证。

中国EPC承包商应在进入某国开展工程承包业务之前，必须对该国经济状况和市场供应进行全面调研，结合该国产业体系构成和分布情况分析该国发展主导产业类型及占比，进而判断该国经济发展和市场供应的稳定性。如中东地区属于以石油能源为主要产业的国家，宏观经济与全球油价走势密切关联，一旦国际油价大幅下跌，业主资金链断裂也会影响设备材料采购的可持续性。反之在多元主导产业的国家，经济发展稳定性则比较高。另外，在建筑市场规模较大的国家，其建材市场规模和建设也相对比较完善，在设备制造、市场供应、交通货运能力都有较可靠的保障，可实现完善的当地化配套采购。但在中低端发展国家，不仅大型施工机具、建筑材料市场规模小，而且缺乏完善的配套件和交通条件，无法满足大型项目高强度的物资供应需求，EPC 承包商不得不采取进口方式。同时建材市场规模也可以在一定程度上抵消因需求急剧增加而引起的价格飞涨。如波兰的高速公路项目，因该长期不存在超大规模的基建项目，当突然产生如此大宗的地材和混凝土材料及建筑机具需求时，建筑市场规模容量有限，不仅导致供应不足，而且价格飞涨，项目成本严重超支。

EPC 承包商除了需要对东道国市场进行充分调研，还应对周边国家和地区的市场供应进行调研，要考虑到国际采购供应链中的每个环节，通过调研分析制定多元优化的物资采购计划和供应策略，以使工程项目建设所需的各类资源得到切实保障。

四 财税风险

国际 EPC 工程项目面临的财税风险来源于税收政策、税制环境、税收管理、合同规划等方面。

在项目所在国开展工程承包期间，财税业务的依据是东道国的税收政策及相关法律，但是如果中国企业对当地税收政策掌握不清晰，可能会造成税收成本负担过重或违反当地税法规定，从而可能触发相关风险点而对企业造成损失。

税制环境是指项目所在国家税收体系是否完整、税收政策是否健全稳定、征收程序是否规范、征收手段是否透明、征税监管是否严格等。国际 EPC 工程项目中承包商负责的环节多，物资设备采购的数量和途径、劳务形式及分包商雇佣途径等多种多样，项目期间采购支付和工程结算环节都涉及税务管理问题。中国对外承包企业承担的项目不少是位于税收环境复杂、政策体系不健全、征税监管不透明、执法不规范的发展中国家，承包商面临较高的财税风险。例如，2022 年上半年以来，数百家在印度的中资企业遭遇了税务及合规性调查。印方频繁调查中国企业的做法不仅扰乱了企业正常经营活动，损害了企业商誉，挫伤了包括中国企业在内的各国市场主体在印投资经营的信心与意愿。

税收管理和合同规划风险是指因 EPC 承包商管理意识和能力不足或合同规划及税务筹划不合理而引发的税务损失风险。合同规划主要指承包商前期投标、签订合同阶段对税务事宜的相关处置手段，税收筹划则直接关系项目报价中税费成本的高低，同时也关系项目合同税费条款规定，进而影响项目执行阶段纳税工作。在投标报价期间，国际 EPC 承包商应选择熟悉国际税收管理工作的专业人员或第三方机构，对项目所在国的税务体制、政策、程序、贸易协定等方面开展调研，结合项目特点及所属行业，了解项目涉及的税种、税率、征税方式、期限、征管机构、优惠政策等内容。鉴于国际 EPC 工程项目实施周期长，承包商需要或被认定在项目所在国设立企业或常驻机构，因此也应特别关注对项目执行机构的注册要求和常设机构、子公司、分公司的税收差异，以及税务注册时各类机构须取得的证书类型、注册审批需要的文件、时间等。

项目执行期间，国际 EPC 承包商的税务综合管理能力与其配备的财税专业人员密切相关。中国多数 EPC 承包商在海外项目部中配备的中方财税人员可能对当地财税核算标准、申报流程等不完全理解，在实际申报中可能产生漏报、错报等行为，当遇到检查时可能面临因无法充分解释而被予以处罚的风险，因此 EPC 承包商一般会雇用一定数量的当地的财税人员或委托当地申报机构，协助申报资料整理工作。另外，承包商需要关注税负水平的合理性，如果安排不合理，可能导致短期内大量税款支出。通过调整采购计划、延缓工作计量确认等方式，可以使各阶段税款支付水平相当。项目完成之后，若 EPC 承包商无进一步市场开发计划，应及时注销相关银行账户和注册机构，以避免产生不必要的税收负担。当承包商在了解当地税务制度并依法纳税的前提下，如遭遇被重复征税、受到歧视待遇、未享受到税收协定待遇、未享受税收抵免或不公正调查等情况，可向税务机关申请磋商或依照法律规定的程序提出申诉。

第三节 社会风险管理

项目所在国家和地区的社会环境对项目实施有着重要影响。社会环境包括一个国家和地区的总体社会发展水平、社会稳定性、种族矛盾、政党派别、武装冲突、宗教信仰、民俗民风、治安情况、流行疾病、政府廉洁程度与工作作风、当地雇员的工作习惯和效率等多个方面。国际 EPC 承包商在进入一个市场前，应该对项目所在国家及地区的社会环境和业主的信誉和背景进行充分调查，分析评估社会环境各方面对未来项目实施可能有利或不利的影响。一方面，在投标决策时加以考量；另一方面，在中标后针对社会环境的影响提前作出谋划，制定相应的措施，发挥有利因素，应对不利因素，为项目顺利实施创造尽量有利的环境条件，减少社会环境因素可能给项目带来的风险。

一 社会治安

社会治安风险是指项目所在地社会秩序稳定性与治安状况欠佳而影响项目实施的风险。如果当地存在较多的偷盗、抢劫、黑恶势力、暴力事件等不良治安因素，将对项目执行和项目人员人身安全构成威胁。社会治安风险具有较强的隐蔽性和突发性，防范难度高，一旦发生则破坏性大，作用时间长，甚至可能对一些项目产生颠覆性影响。中国对外承包企业在过去的海外工程经历中曾遭遇过多起严重的社会安全事件。如在尼日利亚曾遭遇多起员工被绑架事件，在马里、巴基斯坦等国曾遭遇恐怖袭击。EPC 项目执行阶段资源投入量大，常常有大量技术劳务人员需要从国内引进，不良的治安会迫使承包商不得不增加很多额外的安保人员和措施投入，增加了项目实施的成本。

为应对社会治安风险，在 EPC 项目开发和投标阶段，中国承包商应全面开展项目所在地社会安全风险评估，为项目市场开发和投标决策提供依据，并为提前谋划和构建项目安全风险应对机制打好基础。

在项目实施阶段，建立职责明确高效的安全风险预防管控体系，采取严格的安防措施，并纳入常态化管理。根据当地的安全风险等级，规划项目部各营区选址与布置，制定相适应的安保管理计划，配置与之相适应的安保力量，必要时通过雇佣警察、士兵等手段建立层次化安保体系。建立健全的安全突发事件组织机构，设立安全联络员，重视加强各种安全相关信息的收集、整理、报送和处置。加强与项目所在国使领馆的联系，与地方政府、部落、社区等建立良好的沟通协作机制；加强对员工和雇员的安全教育和应急培训，增强其安全防范和自我保护意识及自我保护能力。EPC 总承包商还应做好对参与合作的分包单位的境外安全教育和培训工作。在特定情况下可以向有关保险公司购买国际绑架和赎金保险，通过保险公司赔付赎回受害者所需的金额，可在一定程度上减少部分经济损失。目前国内保险公司中华泰、人保、中再、平安等多家保险公司均可提供此类保险业务。

二　社会冲突

社会冲突风险指因不同宗教信仰和文化背景差异而引起冲突事件的风险。国际 EPC 工程项目在不同国家、制度、宗教和文化环境中实施，在宗教信仰、宗教禁忌、语言、文化风俗、工作习惯、价值取向、工会组织等多方面存在较大的差异，若 EPC 承包商不了解项目所在国的这些社会文化因素差异，盲目照搬国内的做法，有时可能会被理解为对当地文化的不尊重，甚至可能会因误解而引发冲突，使得项目建设受阻，影响项目进度，增加经营成本。

为避免社会冲突，EPC 承包商首先应提前做好中方管理人员和劳务人员的教育培训，项目执行期间可通过组织文化联谊活动，增强中方员工与当地雇员的互动了解，建立融洽的合作关系；其次，考虑不同国家民族的宗教活动和节日差异，如穆斯林斋戒祷告、基督教圣诞节等，由于这些假期时间通常较长，因此承包商要结合项目所在国当地员工的工作效率、宗教活动、假期安排等因素制定合理的项目进度计划，尊重当地雇员的假日和宗教信仰，在尊重的基础上加强互信合作。此外，EPC 承包商也应积极承担社会责任，展现良好的企业社会形象，发展与周围社区民众的和谐关系，为相互合作和项目顺利实施创造良好的氛围。

三 疫情突发

疫情突发风险是指因项目所在地区突然暴发疫情给项目实施带来额外困难，导致项目建设进度受到延误，并增加更多额外成本的风险。具体包括：因疫情防控政策导致供应链中断或效率下降，或造成物资及人员短缺，项目无法正常实施；因疫情防控措施导致施工效率降低、项目进度延误和成本增加；因疫情引发的健康威胁和担忧造成一些海外项目人员心理负担加重，产生情绪波动甚至心理危机；因疫情管控不到位而引发聚集性感染事件等。此外，疫情也会间接引发项目实施环境的不利变化，加速某些地区的安全形势恶化，导致经济衰退，就业岗位减少，通货膨胀加剧，社会暴力抢劫事件增多，社会治安风险发生概率上升。

针对疫情风险，中国承包商首先在谈判签约阶段应关注合同条款关于疫情的有关规定，这些规定应符合国际惯例，可参考 FIDIC 条款的有关条款进行比对审查。派出到海外的国内员工出国前须按规定接种流行病疫苗并接受有关流行病预防的知识培训。承包商项目部应针对当地潜在流行病疫情制定疫情防控预案，并组织员工开展流行病预防和疫情防控培训。如在项目实施期间遭遇当地疫情暴发，遵照以人为本的宗旨，把员工健康安全放在第一位，严格执行当地政府疫情防控政策，做好项目员工的健康防护工作，严防项目人员发生感染，更不能在项目人群中发生聚集性暴发。同时，配备必要设施和车辆，与医疗机构保持联系，发生个别人员感染立即隔离，及时送医。在做好防护的前提下，如果政策和条件允许，尽可能组织推进项目实施。对于因疫情及疫情防控给项目和承包商造成的工期延误和经济损失，原则上依照合同及法律处理，但也要考虑长期商业利益、社会责任、持续经营等多种因素，加强与项目所在国政府和业主等各方的沟通与协调，尽可能降低疫情造成的影响，应把沟通和谈判作为解决分歧和获取工期延长和费用补偿的第一手段，尽量避免法律层面的纠纷。中国商务部 2020 年 3 月发布的《境外企业和项目新冠疫情防控指引》，从疫情防控应急机制、人员管理、项目现场防控、公共卫生安全、推进项目正常生产与妥善处理当地关系六个方面给出指导意见，为中国对外承包企业在应对疫情方面提供了有益参考。

四　恐怖活动

恐怖活动风险指项目区域内发生恐怖袭击等暴力事件危及项目财产和承包商人身生命安全的风险。恐怖活动不同于一般社会治安风险，恐怖暴力事件具有极强的社会破坏性，不仅直接造成人员伤亡、项目破坏，引发的无休止恐慌，而且会削弱项目持续建设能力，甚至影响企业在该市场的发展信心和战略。2015 年 9 月，1 名中国公民和 1 位挪威公民遭 ISIS 绑架，因索要赎金未得逞，2 个月后将人质杀害；同年 11 月，马里首都巴马科发生恐怖袭击事件，3 名中铁建高管遇难；2018 年 11 月，中国驻巴基斯坦卡拉奇领事馆遭恐怖袭击，造成巴基斯坦警察两死一伤；2019 年 4 月，斯里兰卡发生连环恐怖爆炸事件，造成 253 人遇难，其中包括 6 名中国公民；2023 年 8 月在巴基斯坦，恐怖组织袭击了一支载有中国工程师的车队，造成包括 4 名工程师在内的 11 人死亡。

作为中国对外承包工程市场重点的“一带一路”沿线区域，有多个国家属于多宗教集聚、民族矛盾突出、地缘政治复杂和恐怖活动猖狂的区域，其中西亚、南亚、北非等特定区域是恐怖袭击高发区。恐怖活动风险具有非常强的隐秘性、突发性和针对性，鉴于近年来中资企业海外项目建设和管理人员面临的恐怖威胁增大的严峻现实。EPC 承包企业应特别重视意向市场地区的安全形势研判，借助商务部门与公安部门等专业机构的指导，对目标国的安全环境进行全面分析。在项目合同谈判和签订阶段，按照国际惯例明确合同条款中恐怖袭击相关的风险责任承担主体。在项目建设实施期间，应建立海外项目安全应急事件处置和紧急撤离预案，包括安保计划和安保力量布置，绑架事件、袭击事件等突发事件的应急、救援和撤离计划，通过预案实现缩短反应时间和降低损失的目的。要加强海外员工的安全防护和应急培训，组织学习并考核境外人身安全注意事项、遭遇突发情况时的求助途径、境外保密要求等，加强海外项目员工的反恐意识，提高防范能力和自保能力。此外，强化日常反恐防暴和阶段性反恐演练，便于在突发安全事件发生时能够熟练实施。加强与商务部门、外交部门等国家机关的安全联系，及时搜集商务部等部门通报的境外安全信息和安全预警以及外交部向驻外使领馆通报的安全预警信息。此外，与当地政府和百姓建立良好的关系，寻求当地政府的安全庇护，尽可能体现更多的社会责任，维护良好的企业形象，争取当地居民的信任和支持。

第四节 法律风险管理

国际 EPC 工程项目从规划设计到最终交付运营是一个长期的过程，在用工制度、工作时间、经济制度、合作关系、订立分包合同、处理合同纠纷等多方面都会涉及法律问题，因此一个健全的法律环境对于项目的顺利实施至关重要。EPC 承包商应熟悉和了解项目所在国有关的法律体系，本着诚信、守法、公正的原则，按照合同的约定合法合规开展与项目建设有关的各项业务活动，避免陷入对自己不利的法律纠纷，最大限度降低法律风险。

一 法律体系风险

法律体系风险是指项目所属国家法律体系不健全，出现争端或纠纷时可能缺乏法律支撑的风险。国际 EPC 工程项目包含的业务数量和种类多，法律关系复杂，涉及投融资、分包、财税、环保、出入境、资质合同、行业准入、采购、贸易、劳务、建筑等一系列法律种类，关系大量法律主体和客体，因此项目实施中 EPC 承包商需要应对比较复杂的法律关系。如果项目所在国法制不健全，或者政策变动频繁，会使得项目实施过程中的不确定因素增加，承包商无法进行合理的预测，甚至无法通过法律来保护自己的正当权益。因此，国际工程总承包企业必须重视东道国法律政策的尽职调查，关注法律的差异，熟悉项目所在国的法律环境，避免法律风险带来的损失。

在市场开发前期，EPC 总承包企业应从整体法律环境开展法律尽职调查工作，结合企业在该市场的发展战略，可参考专业机构发布的国别法律环境报告，如中华全国律师协会《"一带一路"沿线国家法律环境国别报告》，了解东道国市场在工作签证、清关、市场准入、税收、知识产权保护、劳工保护、职业健康、安全与环境保护、争议解决制度、投资争议的解决、东道国对判决和裁定的执行情况，尤其注意东道国与中国之间是否签有双边投资保护协定，是否已加入了有关国际公约，充分了解其对外国仲裁裁决的承认与执行情况等。如果发现项目所在市场法律保障不完善和法律效力不足，在合同签订阶段 EPC 承包商应主动向业主提出约定项目法律体系或法律依据，为日后可能出现的项目争端或纠纷建立可靠的法律依据。此外，EPC 承包企业可通过内部建立法律事务部门、设立海外法律风险联络员等手段，或聘请国际律师事务所等，全面分析、评估东道国的法律风险，构建多维风险管控体系，提前把握主要风险点，建立国际 EPC 工程项目实施全面的法律规划和法律防范体系，方便法律风险发生时能及时采取恰当的应对措施，最大限度减少法律风险损失。

充分了解东道国法律体系也是 EPC 承包商开展合法合规经营的重要基础。一些承包企业由于对国际市场法律体系了解不够，法律意识不强，因违规经营而使项目陷入困境。从 1999 年到 2022 年，世界银行黑名单上的中国企业从 4 家增加至 200 家。合规案件频发暴露出中国企业在合规经营方面存在的短板。特别是一些大型基础设施项目，容易对环境、生物多样性产生负面影响，在项目投资、实施过程中，如果企业因缺乏环保意识、不了解国际社会关于环境保护已有的国际公约、国际条约和其他规范性法律文件，对东道国环境保护和资源合理开发缺乏足够重视，破坏了东道国生态环境，则可能受到指责。如中国企业承包的缅甸某水电站项目，因在初期未能充分考虑对生态环境的影响，加上当地及国际政治势力的鼓动，招致当地居民、环保组织的抗议，缅甸政府不得不搁置该项目，承包商为此遭受了巨额损失。

二　法律改变风险

法律改变风险指因现行法律调整、废除及新法律实施给项目带来的风险。大型国际 EPC 工程项目通常会经历数年建设，难免会经历东道国法律变化，这些变化可能会使承包商承担额外的责任。

对于中国对外承包企业来说，为应对东道国法律变化风险，事先做好项目所在国法律环境调研。尽量在合同洽谈中依据国际惯例规避风险，在合同中约定相关法律政策调整带来工期拖期和费用增加的补偿方式以及争议的解决机制。

三　法律执行风险

法律执行风险指东道国相关部门执法时存在不公正、不客观现象，或法律执行力度不到位等行为而给承包商带来损失的风险。许多国家存在执法人员偏向维护本国主体利益或随意性执法的现象，腐败环境下更容易催生监管和执法的不公正性。

为应对可能的执法不公，在客观环境不可改变的情境下，EPC 承包商可从加强合规经营和提升应对能力两个方面规避风险。

为避免给不公正执法行为提供借口，承包商自身必须注重加强合规经营。以法律、内审制度和纪检监察为基础，按照国际通行的合规要求制定内部管理制度，建立海外项目监督约束管理体系，加强项目内外部监督检查，实现对违规行为早期预警、防范、化解，严禁项目实施中的不合规行为发生，培育合规文化。

为提升应对执法不公风险的能力，承包商应优化海外项目部法律人员配置结构，形成总部法律人员、外派项目法律人员、海外兼职条法人员、外聘国际律师、外聘当地律师等法律人员的构成的法律团队。应结合海外项目实际，开展相关法律法规的学习和宣贯，提升我方项目部人员特别是中高级管理人员的法律水平。承包商项目管理人员应注重日常证据如邮件、信件、会议纪要等文件的收集、整理和保存，以便发生纠纷案件时快速全面收集证据材料，从而为纠纷案件的妥善和有力解决提供基础和条件。如承包商遭遇明显执法不公，重大合法权益受到侵害，而承包商在依靠自己能力难以应对时，可通过积极联系中国驻当地使领馆人员和中国政府相关机构或有关国际组织寻求帮助。

第五节　自然风险管理

自然环境包括工程所在地区的气候、地形、地质、水文、交通条件等要素，是承包商在EPC项目经营开发阶段技术考量和合同商务定价的重要依据，国际EPC承包商应高度关注当地的自然生态环境。全球气候变化及绿色可持续的发展理念促使各国都越来越认识到生态环境保护的重要性，许多国家都出台了保护环境的相关法律条款。因此，国际EPC承包商在投标方案规划和设计时应充分考虑生态环保相关事宜，特别是涉及森林砍伐、水源和大气污染等敏感问题时，必须引起足够的重视，审慎对待。

一　交通条件风险

交通条件风险指因项目现场位置偏僻、运输环境恶劣、交通设施落后、水电资源匮乏等引起的潜在风险，直接影响工程的复杂程度和实施难度。项目建设所处地理位置、地形地貌、海拔、道路交通设施等因素都可能影响项目运输条件。恶劣的地质地理环境和落后的交通设施必然会给项目的实施带来困难。尤其是大型国际EPC工程项目涉及大型吊装及安装设备、大规模建筑材料和大型运输车辆，若通往项目现场的道路和交通设施不能满足要求，导致大型设备运输受限，阻碍项目正常建设，承包商不得不重新修建临时道路，增加项目额外成本。项目地理位置偏远的情况下水电资源也是承包商不能忽视的重要因素。若在项目合同中规定业主不提供水电服务，EPC承包商则须另外打井或修建储水设施及修建发电站等，如果在投标报价时未考虑到这些，就会面临成本大幅增加的风险。

应对自然环境风险最重要的就是要重视并做好项目前期的现场考察，全面考虑水电、运输、位置、环境等多种自然要素和生产要素可获得性，依据充分的考察和企业自身技术实力，对项目可实施性作出决策，规划可行的技术方案，确认合理EPC合同商务报价，尽可能避免或减少潜在风险的发生。

二 气候条件风险

气候条件风险指项目所在地区固有气候特点及可能发生的恶劣气候条件给项目实施造成困难或损失的风险。不同国家和地区的气候有显著差异，如寒带地区俄罗斯的项目可能会面临漫长严寒冬季，一年内仅有一半的施工时间；而热带地区项目可能遭遇漫长雨季，地处中非热带雨林带上的刚果布，全年有三分之二时间在下雨；中东地区气候炎热，施工期间需要在混凝土中加冰降温。炎热气候也会降低工人劳动效率。在麦加轻轨项目中，中国工人突然暴露于沙特高温环境中，多数出现中暑及生病情况，项目无法正常开展施工；在拉丁美洲巴哈马施工则必须采取飓风防范措施等。随着全球气候变化，全球恶劣气候发生频次逐渐增加，国际 EPC 工程项目建设周期长，项目期间很大概率会出现高温、严寒、台风、洪水等恶劣气候，而根据国际惯例，如 FIDIC 银皮书合同条件规定，恶劣气候被认为在承包商签订合同时承包商已经意识到并将其包含在合同报价中，除非极端恶劣天气，承包商不能进行索赔。

对此，中国对外承包商务必在投标报价对项目实施期间可能遭遇的恶劣气候条件加以预测评估和充分考量。承包商可通过调查当地近几十年的水文、气象、灾害等历史记录，或聘请气象专业人员，对项目所在地未来气候条件进行预判，或深入实地调研，分析预测项目所在区域面临暴雨、洪水、高温、严寒等不可控事件的概率，可以提前制定防范措施，并评估自然灾害可能造成损失的风险。还应考虑恶劣气候条件对施工技术的影响，如在高温、严寒等温度条件下某些施工工作需要采用特殊的技术措施，由此造成费用增加也应在项目调查和投标时予以考虑。

三 地质风险

地质风险指施工现场出现不可预见的复杂地质条件而给项目实施造成损失的风险。项目基础施工阶段可能遇到不良地质状况，如沼泽、淤泥、坚硬岩石、软土地基等，不可预见的地质条件处理往往对项目工期和成本造成较大影响，很多严重的拖期和成本超支项目往往与没有充分预见地质风险有关，极端情况下甚至需要重新设计施工技术方案。国际 EPC 项目合同一般规定业主不对所提供资料的充分性和准确性负责，因此地质条件是 EPC 承包商需高度关注的风险之一。

针对不良地质风险，承包商做好前期的地质调查和勘探是预防地质风险的重要手段。在传统项目模式下，如果项目实施遇到有经验的承包商不可预见的地质条件，经业主工程师确认后，承包商可以要求补偿。但在 EPC 项目模式下，不可预见的困难一般由承包商负责预判和承担。事实上，如果一个项目包含大量地下工程，原则是不应该采用 EPC 模式，因为不良地质风险太大，超出了承包商可能承受的范围。因此，国际承包商在承揽大型 EPC 项目时，应全面开展项目实地勘探工作，核查业主给出相关地质水文资料或数据的充分性和准确性，对项目地质环境有相对确切的了解，在投标报价中预设相关风险费用。如果通过调查认为地质风险太大，则建议业主对该部分作出特殊安排，在合同中约定索赔和免责条款，以降低风险损失。

第九章

国际 EPC 工程项目参与人风险管理

利益相关者是指直接或间接参与或对工程建设有影响的主体。国际 EPC 工程项目的主要项目利益相关者包括：总承包商、业主、监理单位（业主代表）、设计单位（设计分包商）、施工单位（专业分包商）、政府部门、相关单位、周边居民和社区组织、媒体等。其中业主和承包商是项目最核心利益相关者，也是项目直接参与人。根据本书第五章风险识别结果，参与人风险是国际 EPC 工程项目风险的另一个重要维度。因此本章从承包商角度，针对项目的直接参与人，包括业主、设计分包商、采购供应商和施工分包商，分析各参与人的行为风险并提出应对风险的对策建议。

第一节　业主行为风险管理

业主行为风险指因业主履行合同能力不足或违反合同对项目执行造成不利影响的风险。国际 EPC 项目中，业主一般是项目出资方和招标人，也是项目参与各方的总体组织和协调者，通过 EPC 合同与承包商达成合同关系。业主是非常重要的利益关系人，业主行为与信誉对项目成败有直接影响。业主行为主要表现在业主资金能力、支付信誉、干预项目执行、提供现场和图纸审批等方面。

一　资金能力

资金能力风险是指业主因缺少足够的资金或融资能力而不能按合同履行其支付义务的风险。充足的资金是国际工程可持续实施的重要条件，业主资金能力可以从业主财务状况、资金来源充足性及业主付款能力强弱等方面考虑。中国对外承包工程市场主要集中在发展中国家，即使项目资金由政府筹措解决，但若该国外汇储备水平低、外债高、支付能力差，总包商也要结合在该国项目开发经验、项目执行总结以及投标风险分析来确定投标与否。但如果项目资金由国际金融组织解决，同时业主在支付方面也不存在项目不良信用记录，这样的项目在资金来源方面相对来说更有保障。

EPC 承包商在投标之前要全面考察评估业主的资金能力。在项目投标阶段，要做好业主背景调查，从业主过往投资项目情况、争端诉讼情况、近期发布的财务报告、贷款情况等方面收集数据，结合业主给出的项目资金来源及资金安排计划表，评估业主资金保障能力。若承包商对业主资金来源存在疑惑，承包商应要求业主澄清并辅以必要的说明。在业主资金来源不明确或资金无法保证时，应审慎作出是否继续投标的决策。一些项目业主可能并未落实资金情况就开始宣传准备项目招标事宜，这种情况下 EPC 承包商应搞清楚业主招标的真正意图，因为可能业主只是想通过招标获取承包商的报价和技术方案以完善其招标条件，或是想把承包商的投标方案用于资金筹措用途。因此 EPC 承包商在项目前期应结合业主背景调查、招标文件、自身经验等仔细研判业主投资目的以及业主资金来源是否可靠，再决定是否投标和投标策略。在项目实施阶段，如果发生业主不能按合同规定及时支付预付款或工程进度款的情况，承包商应依据合同要求业主提供资金能力证明，如业主拒绝提供，承包商可采取通知警告、放慢进度、工程暂停甚至解除合同等措施。

二　支付信誉

支付信誉风险指业主未按照合同约定的付款周期或项目进度向承包

商支付工程款而给承包商造成损失的风险。在国际 EPC 工程实践中，来自业主方延误支付工程进度款的事情并不少见，无论在发达国家还是发展中国家，以及政府项目或私人项目中都普遍存在。大型国际 EPC 项目建设过程长，规模大，物资需求多，周转流动资金量大，EPC 承包商需要根据定期的业主结算付款用于物资购买、雇员工资支付、分包结算、支付项目管理费等，业主按时付款对于保证项目现金流的持续和稳定非常重要。如果项目出现付款延迟，承包商将承受额外经济风险，并面临资金压力，甚至可能造成资金链断裂，项目被迫停滞。

国际 EPC 承包商可通过前期评估、协商谈判、合同约定等手段防范业主付款延误风险。在前期投标阶段着重了解业主信誉情况。通常情况下业主不会把财务信息公开，EPC 承包商可从侧面加以推测，可以考察业主已经投资的项目的运营情况，据此预测业主资金流稳定情况。签约阶段应注意按国际惯例在合同中约定业主有义务向承包商提供资金证明或支付保函，并明确规定各类款项的付款条件、周期、程序、币种、汇率等重要因素。除非因自身原因导致业主付款延误，EPC 承包商应积极主动与对方进行沟通，要求对方按照合同约定结清工程款。如果经过催告后仍然没有支付或拒绝支付且超过合同规定天数，EPC 承包商有降低施工速度、暂停工作或终止合同的权利，或依据合同规定将其提交相应的争端解决机制。

三　过度干预

过度干预风险是指项目执行期间业主违反 EPC 合同原则，过多干扰承包商项目正常实施的行为风险。EPC 模式特点之一是业主提出功能标准或设计标准要求，由承包商负责全部设计、采购和施工任务，整个合同履行期间业主应仅负责整体的、原则的、目标的管理和控制，应赋予 EPC 总承包商更多工作自由和主动权，这也与承包商承担绝大部分项目风险相对应。但现实中常常存在业主过多介入项目实施的情况，违背了国际 EPC 项目模式的初衷和内在宗旨。由于业主的过度干预，项目实施的效率可能降低，EPC 承包商可能不能很好地发挥主观决定权，不能结合自身特点和优势来优化设计和施工方案，但业主干预的后果却要由承包商承担。

业主存在过度干预行为源于合同双方对国际 EPC 合同约定、EPC 模式认识理解、实践经验不足、沟通不畅等原因。根据 FIDIC 合同条件，EPC 项目业主不得无故妨碍承包商正常作业。但许多时候，由于总承包商与业主之间签订的合同条款对双方的权利和义务约定不够清晰，尤其是对业主管理的权利和总承包商反对业主不当干预的权利和范围约定不够清晰，导致双方对各自权利和义务认识不一致。对此，一方面，双方在签约前应充分协商，在合同中明确界定双方的权利和义务范围，并增加业主对其超过权利范围提出的要求应自行承担责任的条款；另一方面，中国一些企业因对国际 EPC 模式认识不充分、EPC 项目管理经验不足、对业主的功能要求理解不充分等原因，在国际 EPC 工程项目建设中可能存在管理不善、不能有效满足业主要求的情况，这往往也会导致业主干预的频率和程度增加。对此，EPC 总承包商应从自身入手，加强项目管理人员配备，提升 EPC 项目管理水平，同时建立良性沟通机制，主动加强与业主进行沟通协调与合作，也有利于减少业主的不当干预。

四　现场交付

现场交付风险指业主不能及时交付现场（或部分现场）导致承包商不能按计划开展项目实施工作的风险。因业主原因引起项目现场交付延误，导致承包商后续建设任务面临工期紧张、成本增加等相关风险。大型国际 EPC 工程项目用地一般由东道国业主负责征收，业主需要通过征收获得用地的所有权或使用权，按合同约定及时将现场用地提供给承包商使用。项目征地过程中可能会面临各种困难和问题，妨碍征地按计划顺利执行，导致业主无法及时向承包商提供工程用地，使 EPC 项目面临工期延误的风险。如雅万高铁征地工作由合资公司中的印尼方负责，但印尼为土地私有制国家，由于价格迟迟不能商定，加上印尼国内外反华势力干涉等因素，征地问题延误一年之久，项目工期也一再拖延。

针对业主不能及时提供现场风险，EPC 承包商应加强与业主沟通与合作，在合法范围内配合业主做好征地工作，并根据征地进度，合理调整早期项目进度计划。例如，可允许业主在项目开工之前向承包商分批提供部分现场用地，以实现尽早开工，避免或减少工期延误；同时，参照 FIDIC 银皮书合同条件在合同中作出约定，如果业主不能按合同规定及时提供现场，承包商有权针对由此造成的工期延误和损失提出索赔。

五 图纸审批

图纸审批风险指因业主方人员效率低，审批时间过长或不能在规定期限内完成审批导致延误的风险。EPC 模式下项目实施的各阶段交叉衔接作业，设计阶段是国际 EPC 工程项目先导和核心环节，设计图纸审批延误必然会导致后续作业被迫推迟，造成整个项目工期拖延。

图纸审核延误风险可能包含几种情况，第一种情况是在承包商提交后，业主人员由于自身原因未能在合同规定的审核期限内给出审批意见，这种情况合同规定比较明确，承包商可以对由此造成的拖延提出索赔。第二种是因承包商未能按时提交，或未能及时修订图纸存在的所有问题，导致多次反复审批，造成工期延误，这种情况自然是承包商的责任。第三种是承包商提交后，业主人员在审核期限内给出意见，承包商修订后，业主人员审核时发现承包商的修订又引发了新的问题，如此反复递交导致延误，这种情况也应由承包商承担责任。第四种是承包商提交后，虽然业主人员在审核期限内给出意见，但因业主人员责任心或能力不足导致未能一次性指出所有问题，给出的意见并不全面，如此反复，导致图纸迟迟不能批准，造成工期延误。从理论角度这种情况应由业主人员承担责任，但现实中承包商这样的主张并不容易得到确认，很可能会引发争议。第五种是业主可能出于不断优化项目功能和质量的目的，借审图之机多次否定承包商提交的方案而且提出全新的意见，这种情况本质上属于变更。

为应对图纸审批可能造成延误的风险，EPC 合同中应明确约定哪些文件需要业主批准，哪些只需提交业主留存而无需业主审批。一方面，当业主多次提出各种新的修改意见时，承包商应警惕和注意，因为这些意见可能是业主前期忽略的，或新意见与原始设计相抵触，或涉及新增的内容，这些情况 EPC 承包商应与业主人员沟通协商，依据合同明确责任，就超出范围的修改提出合理的工期及费用补偿，或按变更处理；另一方面，为避免因为承包商自身原因导致延误，EPC 承包商应加强设计管理，督促设计人员认真按计划完成各阶段设计，及时并尽早提交业主人员审批。为避免多次反复递交和修改，承包商应主动及时与业主方代表沟通，及时澄清其中存在的问题，督促设计单位及时修改，尽可能减少反复递交的次数和缩短审核周期，避免或减少设计工作延误。

第二节 分包商行为风险管理

在国际 EPC 工程项目实施中，出于分散风险、优化资源配置、提高效率和降低成本等目的，或出于项目所在地区法律要求，EPC 总承包商通常会将项目的部分环节、部分工作交给分包商实施。分包可以贯穿 EPC 项目实施的设计、采购、施工等各个环节，大型国际 EPC 工程项目中，各种分包商数量多达数十个的情况并不罕见。根据合同，总承包商要对分包商的行为向业主负责，因此作为总承包商，应加强对分包商的管理，防止分包商违约行为给总承包商造成连带损失。为此，本节分别对设计分包商、采购供应商和施工分包商开展分包商行为风险分析，并提出对策建议。

一 设计分包商行为风险

设计分包商行为风险是指设计分包商不能按时提交符合要求的设计成果而给承包商造成损失的风险。设计是 EPC 项目的龙头环节，设计环节的目标是依据进度计划提交符合项目预期功能要求的图纸，如果设计分包商因为在设计能力、设计标准、设计执行等方面存在问题和不足而不能按时提交合格的设计成果，将会影响后续环节的工作，给总承包商造成损失。

（一）设计分包商行为风险分析

设计能力风险是指设计分包商因技术能力或经验不足而不能胜任设

计任务的风险。设计分包商的设计能力主要体现在设计机构资质、设计人员素质和业绩记录等方面。设计资质是经行业管理部门审核颁发的，一般可以反映企业在相应专业领域的综合实力水平；设计团队的素质是完成设计最重要的保证，可以从设计团队人员的学历、职称、年龄结构、专业比例、从事设计工作的履历等方面考察设计团队的整体素质。设计分包商的业绩记录是对设计机构以前承担的设计任务和成果的记录，既可以反映企业的总体实力，又可以表明设计单位是否有类似项目的设计经验，这对于顺利完成项目设计也具有重要意义。

设计标准风险指设计单位是否熟悉业主要求中规定的设计标准，或选择适当的技术规范和标准。如果设计单位对业主要求中规定的设计标准不熟悉，或不能充分理解合同中对项目的技术、功能等要求，选择的规范标准不适当，必然导致设计成果不能满足业主要求，给项目各方造成重大损失。

设计执行风险指因设计机构因设计组织管理不力等导致设计进度与质量不能满足要求的风险。由于 EPC 项目设计工作量大，涉及的专业多，工作界面多，需要大量的协调、沟通工作，良好组织管理工作对保证设计工作的执行效率和质量非常重要。

（二）设计分包商行为分析应对

为应对设计分包商行为风险，作为 EPC 项目总承包商，在设计分包商选择阶段必须十分慎重，应根据项目的规模、性质和工程技术特点，并考虑市场上可供选择的设计分包商的数量、能力等因素，科学制定设计规划和设计分包计划，综合考虑分包商种类、数量、地域、技术标准、设计经验、机构信誉、设计团队人员配备等因素，构建科学合理的设计分包商选择标准指标体系。要特别指出，与施工分包商选择标准不同，在选择设计分包商时，设计取费在一定合理范围内不应作为分包商选择的决定因素。

此外，大型 EPC 承包商应建立设计分包商“资源库”，每次项目合作完成后对该分包商的总体能力、资信、管理等方面作出综合评价，根据评价结果决定是否纳入名单范围，并定期根据这些分包商的合作经历、业绩、信誉情况进行调整，实现动态管理，增加双方的互信合作，降低分包商项目执行期间的可能风险。

表 9 – 1 列出了选择设计分包商时可供参考的主要评价指标，国际 EPC 项目承包商可根据具体项目需要对这些评价指标进行适当增减。

表 9 – 1 选择设计分包商的指标（不限于）

有关设计机构资格的指标	项目所在国法律及合同要求
	设计机构所在国家和地区
	设计机构专业资质
	设计机构行业声誉
	设计机构同类项目经验
	设计机构限额设计经验
	设计机构与总承包商合作经历
	设计机构履约记录和奖惩
	设计机构设计技术先进性
	设计机构设计理念先进性
有关设计团队能力的指标	设计人员构成（年龄、学历、履历、职称）
	设计人员专业匹配度
	关键人员同类型同地区项目设计经验
	关键人员限额设计的经验
有关设计流程管理与控制的指标	设计流程及协调机制
	设计进度控制体系
	设计质量控制体系
有关设计费用的指标	设计取费
	支付方式
	支付货币
有关设计方案质量的指标	设计方案对项目功能要求的满足程度
	设计方案采用的规范、标准的适合性、先进性
	设计方案的技术可实施性
	设备和材料可获得性（以及可否采用国内设备材料）
	设计方案对限额设计的满足程度
	技术交底与现场指导方案

在签订设计分包合同时，要注意明确设计分包商的任务范围及应承

担的义务、责任和风险，明确设计任务目标和重要设计成果完成的时间节点。设计工作的总体管控原则是统一管理、分工协作、强化过程监管、重视沟通协调。EPC承包商作为总协调人，要协助和监督设计分包商准确理解业主的要求，选择合理的技术标准，制定科学的设计流程；在整个设计过程中，应注意随时和业主保持沟通，听取业主意见，如定期举行进度汇报、根据需要及时组织专项研讨会，根据讨论意见对设计进行及时改进，以达成和业主方的意见统一，为后续设计文件审批环节打好基础。设计分包单位应对自己承担的设计任务负全部责任，要建立完善的质量保证体系及管理办法，包括设立必要的奖惩机制，确保设计工作在保证质量的前提下有条不紊地进行。

二 供应商行为风险

（一）供应商行为风险分析

供应商行为风险是指供应商不能按供货合同规定的时间及时将承包商订购的设备、材料等物资运抵现场或运至现场的设备、材料存在质量问题而影响项目按计划施工的风险。国际EPC工程项目材料、设备需求种类及数量较多，供应商来自不同的国家和地区，特别是大型国际EPC工程项目中的工程设备一般具有体积大、造价高、制造和运输周期长等特点，且通常处于安装施工的关键路径上，一旦设备存在质量问题或不能及时运抵现场都会严重影响现场的施工进度，导致工期延误和成本增加。

（二）供应商行为风险应对

对国际EPC工程承包商来说，为应对供应商行为风险，首先要确保选择可靠的供应商。选择供应商之前需要熟悉掌握供应市场情况，调查分析东道国市场及国际上其他国家和地区对项目所需各种材料、设备的市场供应能力。一般来说，经济比较发达的国家，其材料、设备供应市场资源相对比较丰富、供应能力比较稳定，设备零配件的供应比较齐全，市场机制比较完善，可供选择的供应商比较多。鉴于国际EPC工程项目技术要求高、工期比较紧的特点，对于一些技术复杂、质量要求高的重要设备和特殊材料，国际EPC项目承包商最好优先选择从较发达国家市场采购，对于一般物资，可优先选择东道国本地采购，以方便运输和节约成本。承包商的物资采购部门应注意收集市场商业信息，定期更新各种设备和材料供应商名单，并结合具体项目的特点和采购需求，开展供应商调查，全面评估其为项目提供特定设备、材料及服务的综合能力。

表 9-2 列出了选择供应商时可供参考的主要指标，国际 EPC 项目承包商可根据具体项目需要对这些指标进行适当增减。

表 9-2　　　　**选择供应商需要考虑的指标（不限于）**

供应商资格与实力	项目所在国法律及合同要求
	供应商所在国家和地区
	供应商市场声誉
	供应商履约记录
	供应商规模及仓储能力
	产品供应类型
	供应商与总承包商合作经历
供应商为本项目提供产品的能力	产品及原材料来源的可靠性
	产品质量合格保证
	交付准时性
	交付方式可接受性
	运输方式的安全性
	售后服务
	交付价格与支付方式

供应商的选择是总承包商的权利和责任，如果业主推荐或指定供应商，也必须对其认真审查，确保其信誉和实力可靠。有时业主会提供一个潜在供应商名单，对业主指定供应商名单的情况，EPC 承包商首先应对名单范围内供应商的技术、财务、业绩、履约能力、报价情况进行对比分析，若名单内有熟悉的或有合作经历且各方面都满足本项目设备制造能力的供应商，可以选择继续开展合作；反之，若承包商认为指定范围内没有合适的分包商，应向业主提出说明并请求取消选择范围限制，通过公开招标让更多合适且有能力的供应商参与竞争。

承包商与供应商签订采购合同时，应在合同中明确约定供货名称、数量、类型、规格、技术标准、交货地点、交货方式、付款时间和方式、技术服务的要求等事项，对双方义务、权利、违约责任、争端机制等作出明确规定。在设备材料制造和生产期间，承包商应按照不同设备材料的特点和技术要求，根据实际需要派专业人员开展监造、检查、催交等活动。在供应商按时交付时，依照合同组织接收，在规定时间内完成清点、验收，确保设备和材料质量和数量符合合同要求，发现问题及时反馈，按照合同规定或双方商定的方式进行处理。

三　施工分包商行为风险

（一）施工分包商行为风险分析

施工分包商行为风险是指施工分包商不能按照分包合同履行其义务而给 EPC 总承包商造成损失的风险。国际 EPC 项目规模大、分部分项工程多，将非主体工程分包出去是承包商提高建设效率、转移风险的一种重要手段。具有专业施工资质和丰富施工经验的分包商能够保障工程的顺利进行，但现实中由于施工分包商众多，如果总承包商在选择分包商时有所疏忽，选择的分包商不能很好履行其合同义务，将不可避免地给总承包商带来麻烦，因为按照总承包商与业主签订的合同，总承包商要对分包商的违约行为向业主承担责任。因此，做好分包商的选择，并在施工中加强对分包商监管，对国际 EPC 总包商来说是一项很重要的任务。

（二）施工分包商行为风险应对

首先是选择合格的施工分包商。为此 EPC 总承包商有必要对市场上潜在分包商开展全面充分的调查，包括资质、业绩、信誉、技术和施工能力、资金财务状况、履约记录等方面。选择施工分包商时，报价是一个重要因素，一般通过竞争性招标方式择优选择。EPC 承包商要结合工程实际条件和分包内容灵活决定各项指标的权重。比如，分包任务工期紧、技术要求高且属于关键工序，这种情况下价格不一定作为首要参考因素，而分包商的技术能力和管理经验水平可能是最被看重的，若分包没有足够的技术和经验，造成项目不能按计划进行，带给整个工程项目的连锁损失是不可估量的。反之，若分包任务技术含量低且非关键任务，则价格通常作为选择分包商首要标准。

表 9－3 给出了选择施工分包商可供参考的指标因素，EPC 总承包商可根据需要自行增减。

表 9－3　　选择施工分包商需要考虑的指标（不限于）

施工分包商企业资格与综合实力	项目所在国法律及合同要求
	分包商所在国家和地区
	分包商企业资质
	分包商企业市场信誉
	分包商企业资金能力
	分包商企业履约记录和奖惩
施工分包商执行本项目的能力	分包商拟派项目团队（关键人员业绩、履历）
	分包商本项目施工设备
	分包商劳务资源
	分包商施工技术的可靠性
	分包商施工技术的先进性
	分包商实施同类型项目的经验
	分包商与总承包商合作经历
施工分包商项目实施方案	分包商进度计划科学性及工期保证方案
	分包商施工质量保证体系
	分包商施工安全保障措施体系
	分包商环保措施体系
施工分包商的报价	分包商报价金额及货币构成
	分包商报价构成的合理性

如果业主指定将部分工程由特定的分包商来实施，则该分包商为指定分包商，总承包商仍要对其进行审查，如果认为不合格或双方不能就各自权利和义务等达成一致，即无法达成分包合同，总承包商有权提出反对或要求业主承担相应的风险并以补充协议的方式加以明确。指定分包商最大的优势是在获得总承包商的支付方面更有保障，在指定分包商没有过失的前提下，如果总承包商拖欠指定分包商工程款，则雇主可直

接向指定分包商支付，并从总承包商的支付证书中扣除相应金额。

其次，在签订施工分包合同时，要认真编制、审核分包合同，合同条款要严谨、完善、清晰，明确规定双方权利、义务和责任范围，对于分包商应完成的那部分工程施工，应通过施工分包合同把总承包商在主合同下对业主的相应义务和风险转移给分包商。

最后，在施工分包合同执行环节，总承包商应注意加强对分包商履约行为的监管，重点关注施工分包商拟采用施工技术的先进性和可靠性，施工方案的合理性和可实施性，分包商在进度工期、质量、安全、环保等方面保障措施体系完备性等。还应指出，不论是一般分包商还是指定分包商，总承包商对他们都负有管理的职责，他们的过失同样会给总承包商造成连带损失。因此，对于分包商承担施工部分的工作，总承包商应做到随时监督检查，保证其进度、质量符合要求，发现问题要求立即整改，并按照分包合同致函要求其承担相应损失，最大限度避免或减少分包商违约给总承包商可能造成的损失。

第十章

国际 EPC 项目内部风险管理

根据本书第五章国际 EPC 工程项目风险识别结果，国际 EPC 工程项目风险还包括项目层面和承包商层面的风险，从承包商角度可将其统称为项目内部风险。本章针对国际 EPC 工程项目内部风险从项目技术风险、合同风险、资金风险、组织风险和目标控制风险等方面进行深入分析并提出风险管理对策。

第一节　技术风险管理

对于项目建设者来说，技术是实现项目功能和保证质量的基石。国际 EPC 工程项目，特别是大型工程项目，普遍具有技术结构复杂、专业种类多、质量标准要求高、工期紧张等特点，而复杂的自然或社会环境、不可预料的施工困难又会对承包商技术能力提出更多挑战，往往需要建设者通过技术创新或新技术应用加以应对和解决，这无疑增加了项目实施的难度。因此，承包商在实施国际 EPC 工程项目中常常会面临技术风险。

一　技术标准风险

技术标准风险指与 EPC 项目实施中采用的技术标准、技术法规、技术规范等有关的风险，为方便叙述统一简称为技术标准风险，可分为以下几种情况。

（一）承包商对 EPC 合同要求采用的技术标准不熟悉

国际 EPC 工程项目涉及大量技术标准，有些项目在业主要求中明确了拟采用的技术标准，通常都是采用本国标准和发达国家的国际标准。如果 EPC 承包商对这些国外标准不熟悉，或缺少应用这些标准的实践经验，那么短时间内难以对其具体要求和详细内容做到精准和充分的把握，这可能会使承包商在工程中使用这些技术标准时面临困难和挑战，从而导致工作效率降低，或容易出现错误或疏漏。针对这种情况，承包商应结合东道国市场调查，了解当地技术标准的应用情况，通过学习培训等方式提前掌握常用的技术标准。对具体项目来说，承包商应尽可能在早期项目跟踪阶段，了解项目可能采用哪些标准，提前进行知识和人才储备，并在投标阶段通过招标文件予以确认本项目要求的各项技术标准，以便提前做好准备，必要时可招聘引入具有相关经验的技术人才。

（二）承包商与业主对技术标准存在争议

有的 EPC 项目业主要求中只给出了项目的功能要求，而没有明确给出设计施工采用的标准，这种情况下原则上由承包商根据项目功能要求和工程经验自行确定采用哪些技术标准，但通常需要经业主审核批准。一种常见的情况是，中国承包商主张采用中国标准，而业主方面主张采用外国标准或者业主咨询公司要求我方对采用中国标准作出详细说明，并对设计进行审查，由于外方对中国标准缺乏了解，且中国标准缺乏完善的外文版标准体系，双方难以较快达成一致，导致工期拖延。针对这种情况，中国 EPC 承包商应在项目合同谈判阶段即尽早就技术标准问题与业主咨询公司进行沟通并达成一致。无论最终确定哪种标准，越早达成一致，承包商的时间就充裕，可能造成的延误就越少。当然，在能够实现项目功能和保证质量的前提下，如果能够说服业主方面接受采用中国标准设计和施工，无疑对承包商非常有利，这不仅因为中国承包商对中国标准更熟悉，而且可以通过中国标准带动国产设备材料在该项目的应用。

事实上，中国作为基础设施建设大国，近年来在基础设施建设领域取得的辉煌成就令世人瞩目，也标志着中国进入基础设施建设强国行列。但与此同时，中国标准体系在国际化方面相对滞后。这既影响了中国企业从项目中获得更高的经济效益，也影响了其他国家尤其是一些发展中国家分享中国在基础设施建设领域的技术发展成果及中国标准可能给他们带来的潜在收益。为此，加强“一带一路”技术标准协调和对接，推动中国标准国际化在“一带一路”互联互通建设中具有重要意义，是一项对中国有利，也对世界有利的工作。为此，中国相关部门及企业可从以下几方面加强中国标准国际化工作。

（1）完善中国技术标准体系。组织相关行业和机构梳理、完善国内相关技术标准，通过对照、比较，明确中外技术标准的主要差异，必要时根据需要修订有关标准，提升中国标准与国际标准的对接性及在国际市场的适用性。

（2）加强中国标准翻译整理。加快推进中国标准的翻译整理和出版发行，提高中国标准的国际认知度。翻译团队应由相关技术专业人员及外语专业翻译人员共同组成，科学分工协作，密切配合，并由外语水平高的技术人员审核，确保翻译质量。

（3）加强与国际标准组织合作。加强与国际标准组织合作，积极参与承担编写国际性标准。一些国际标准化组织如 UIC 等欢迎各国有关组织和机构参与其标准制定工作，利用好这些国际标准平台，将中国有关的技术要求纳入其中，有利于实现中国标准的国际化，还可以获悉更多有关国际规范标准、技术内容及研究信息，对中国技术发展创新也会有启发和帮助。

（4）加强与东道国沟通。加强与东道国相关部门及其行业协会、咨询机构之间的沟通，增强其对中国标准的了解和信心。有企业人士反映，在境外项目谈判中，业主或其雇用的咨询顾问常对我方主张采用中国标准质疑，甚至存有误解。其实面对此类问题，我方人员如果熟悉中外标准差异，给出准确的解释会更好。此外，也可从务实角度，从有利于项目实施和业主利益出发，强调说明采用中方标准的可行性及可给项目和业主带来的利益。以高铁项目为例，我们在各种地质及气候条件下已成功建成世界上最大规模的高铁网络，运输规模远超任何其他国家，而中国铁路建设和运营成本则低于西方发达国家。我们对于中国标准的自信正是来源于中国大量铁路项目建设的实践经验，而类似项目的经验在一个项目实施中往往起着重要的甚至是关键的作用。通过采用中国标准，既可给实施项目的中方企业带来便利，也可以在保证质量、提高效率和节省投资方面为项目业主带来好处，实现外方业主和中方企业的双赢。

(5) 积极通过一体化模式采用中国标准。鼓励有实力的企业在条件具备的前提下，积极通过一体化模式实施“一带一路”项目，努力寻求在项目中采用中国标准，实现中国标准“走出去”的目标。政府应在利率、税收等方面对企业提供必要的政策优惠和支持。

(6) 协助工程所在国完善标准体系。对于采用了中国标准并已取得成功的项目，可根据东道国需要在共同协商的基础上，将本项目相关技术标准纳入东道国技术规范与标准体系，或以中国相关标准为基础，协助东道国构建或完善其技术规范与标准体系。这样通过互利合作，更有利于获得东道国有关部门和人员对中国标准的认可和支持

(三) 项目实施过程中发布了新的技术标准

有时在国际 EPC 项目实施过程中，东道国或其他相关国家颁布了与本项目正在使用的技术标准相关的新标准，遇到这种情况，根据 FIDIC 条款，承包商应及时报告业主，征求业主意见是否按新的技术标准实施，如果业主指示承包商采用新的标准，且会对工程进度或成本产生影响，则按变更处理。

二 技术成熟度风险

技术成熟度风险是指承包商是否具有本项目实施的相关技术或实施类似项目的技术经验对项目实施可能的影响。大型国际 EPC 工程项目具有技术复杂性，而且可能用到一些新技术、新材料、新设备和新工艺，承包商是否掌握这些新技术以及是否具有相关技术经验，自然会使承包商面临不同的风险，也会直接影响项目的实施效率和效果。EPC 承包商在项目跟踪或标前调查阶段，要对项目涉及的技术要求和自身能力进行充分的分析，明确项目实施的复杂程度，判断自身是否具备实施项目的技术能力，进行技术风险评估，如果风险太大，应予以放弃。如

果决定投标，则应提前做好技术储备。

第二节 合同风险管理

合同管理风险是指当事方在履行合同义务或依据合同维护自身权益方面存在疏漏而造成损失的风险。国际工程合同是国际工程项目不同参与方之间为了项目的顺利实施所签订的确定各自权利与义务关系的协议。在国际工程项目实施过程中，项目参与各方都应该自觉地严格遵守合同，按照合同规定行使各自的权利，履行各自的义务，并发扬协作精神，使项目能顺利实施，实现多方共赢。国际工程项目实施的过程，归根到底就是合同各方按照合同规定的权利和义务履约的过程。因此，无论对合同的哪一方来说，合同管理都处于其项目管理工作的核心，是其他各项工作的基础。对合同任一方来说，在合同实施阶段，合同管理的含义可概括为两个方面：一方面，应明确合同下自己有哪些义务和责任，并按照合同要求，使用适当方法和资源履行这些义务和责任；另一方面，明确合同赋予自己的权利，并在必要时行使这些权利来维护自己的权益。如果任何一个方面没有做好，就会给自己造成损失。对于EPC总承包商来说，这里所说的合同应包括承包商为实施本项目签订的各类合同，其中最主要的是承包商与业主之间签订的主合同以及与分包商签订的分包合同。承包商与分包商签订分包合同时，要注意将与分包工作相关的风险转移给分包商。

一 合同模式风险

合同模式风险指国际EPC承包商不熟悉项目合同模式可能导致的风险。EPC模式即“设计—采购—施工”模式，总承包商需要承担设计、采购、施工的全部建设任务，并对项目工期、质量、造价等全面负责。EPC模式下项目的建设往往只是业主投资计划的一个环节，如果项目建设不能按照计划的工期和价格交付，将给业主的整个投资计划造成重大影响，使业主陷入被动甚至导致整个投资计划失败。因此，国际

EPC 项目合同基本上属于固定工期、固定价格合同，相应地，承包商要承担除特殊风险以外的绝大多数风险。近年来，随着国际工程市场上 EPC 项目的增多，中国一些大型设计或施工企业以总承包商角色承担海外 EPC 项目的企业中，有些由于在国内主要从事单纯的设计或施工业务，对国际工程 EPC 总承包模式还不太熟悉，还有些虽然有在国内实施总承包的经验，但由于国内工程总承包与国际工程 EPC 总承包模式在风险分配上存在差异，因而在承担国际工程 EPC 项目时，对其中的风险缺乏充分认识，若总承包商仍以传统项目承包的思维来承揽国际 EPC 工程项目，将给企业海外经营带来很大的潜在风险。

对此，中国对外承包企业在决定参与国际 EPC 工程项目前，应通过学习国际工程合同相关理论知识，充分了解国际工程 EPC 模式下各方权力、责任、义务的分配情况，深刻认识国际工程 EPC 模式的风险特点，切忌简单地把传统项目经验或国内工程总承包的经验直接套用在国际工程 EPC 模式上。如果可能，结合项目实际情况，通过前期与业主沟通，对项目中潜在风险过大的部分在合同中作出特殊安排，即采用变通的 EPC 总承包模式，或采用风险分配相对更为均衡的 DB 模式，将对降低承包商的风险更为有利。在参与国际工程 EPC 项目投标时，务必对业主提供的基础资料，包括“业主要求”中的资料，进行认真审查，发现问题或错误及时与业主沟通、澄清和更正。务必进行充分的项目调查，对项目涉及的风险进行科学识别和评估，并在投标中作出充分考量和预留，适当提高报价。如果承包商想借鉴传统承包模式，希望通过变更或索赔来实现项目的“二次经营”将是不现实的。特别是在一些法律制度完善、合同执行严谨的国家和地区，所谓“低价中标、高价索赔策略”，对国际 EPC 工程项目来说是绝对不可取的。

二 合同理解风险

国际 EPC 工程项目一般选择 FIDIC 银皮书作为合同模板，但业主一般会在标准合同条款的基础上作出一些修改，特别是大型 EPC 合同，涵盖内容多，一份主合同可能附带多个子合同，合同审读是一件非常艰巨繁重的工作，加上时间紧张，有时还需要将大量文件翻译成中文，对承包商合同管理人员是很大的挑战。若承包商投标前对合同审查不够仔细，如对合同条款理解不透彻，未发现合同中模糊或存在歧义条款以及合同条款责任划分不明确或明显不公正等情况，在项目执行时可能会引发纠纷或争端，增加合同管理难度，既破坏双方合作关系也不利于工程项目的顺利开展。

对此，承包商需要高度重视合同审读工作，配备高素质的合同管理人员对合同内容进行全面细致的审读。招标文件是业主对承包商的要约邀请，它所确定的招标条件和方式、合同条件、工程范围和工程的各种技术文件是承包商报价的依据，也是双方商谈的基础，而且招标文件绝大部分内容将进入合同文件。一经取得招标文件，承包商必须安排专门的合同管理人员，认真研究招标文件，全面分析和正确理解业主的意图和要求，弄清承包商的义务和风险，为投标决策和报价人员提供参考。如需要将合同文件翻译成汉语，翻译者的素质非常重要，一定要由既有工程合同管理经验，又有好的外语基础的专家把关或担任顾问，对疑难问题提供咨询指导。通过招标文件审读，承包商要重点掌握和理解的信息包括：

（1）明确发包模式。该项目是施工总承包、设计—建造总承包还是EPC交钥匙工程？这可以帮助投标人初步判定项目范围以及承包商的胜任水平。

（2）明确招标方式。该项目采用的是公开招标还是邀请招标？这可帮助投标人判断投标竞争程度。

（3）明确合同类型。该项目采用的是单价合同还是总价合同，是否可调价，如何调价？这有助于判定承包商需要承担的工程量风险和价格风险。

（4）明确项目资金来源。承包商能否要求雇主提供资金证明，这涉及承包商的支付风险。

（5）明确合同条件。该项目是否采用了标准合同范本，哪种范本，专用条款与通用条款有哪些重要变动？这可帮助投标人判断投标风险水平。

（6）明确风险分担情况。哪些风险由业主承担，哪些风险由承包商承担，有无责任限度，这直接关系承包商的风险承受能力以及报价决策。

（7）明确合同文件的组成及优先次序。这有助于投标人全面理解合同文件以及当各文件之间存在不一致时作出正确合理判断。

（8）明确承包商的工作范围和要求。明确设计、施工、运营等阶段所采用的标准和规范，这有助于投标人判定工程规模和难度，确定完成项目所需资源，并提前学习不熟悉的标准和规范。

（9）明确工程的工期要求。何时竣工、有无分段竣工？这与进度计划的编制直接相关。

（10）明确误期损害赔偿费额度。这关系承包商误期竣工的损失大小。

（11）明确付款方式。付款周期，付款期限，延误付款如何处理，业主是否提供资金证明，有无预付款，保留金额等，这关系承包商的资金压力以及获得支付的保障程度。

（12）明确承包商需要提交的各种保函和保险的额度、时间、有效期。如投标保函、履约保函、预付款保函、工程保险、第三方责任险等，应及时到符合要求的机构办理，并按时提交，并在投标时考虑保函成本。

（13）明确承包商应递交的各类文件及时间期限。如图纸、方案、计划、报告等，最好归纳列表，以便提前编制，按时递交。

（14）明确承包商按合同规范应完成各项试验和提交的样品。这些试验和样品的成本由承包商自己承担，应包含在投标报价中。

（15）明确价格调整的类型和方式。法律变化、费用上涨及技术变更是否可以调整合同价格？有无价格调整公式？这关系承包商的价格风险。

（16）明确变更的类型和程序，尤其是变更项目单价和价格的确定方法，这直接关系承包商在变更项目中的风险和利益。

（17）明确索赔的条件和程序。这关系承包商可能获得额外支付的机会，也影响着承包商对待索赔的态度。尤其强调索赔的期限，超过期限可能丧失索赔权利。

（18）明确争端解决的方式和程序。这关系争端处理的效率和公平程度，也影响着承包商对于争端的态度。

以上信息对于识别和分析合同中的风险非常重要，以便在投标报价时通过一定的风险储备或通过适当的报价策略来加以应对。此外，对于在研究招标文件过程中发现的问题，如明显不公平或不符合工程惯例的单方面约束性条款，承包商应做好记录，并在谈判中引证国际工程惯例，如 FIDIC 合同条件的规定，力争通过谈判签署一个比较公平、完善的承包合同。对发现有矛盾、错误、二义性，不明确或有疑问的地方，承包商切不可随意理解，而是应在标前会议上或规定的期限内以书面的形式提出询问，业主（雇主代表）应对这些询问给出明确的书面答复。这些书面答复作为对这些问题的解释，可看作招标文件的补充，有同等合同效力。

三 合同执行风险

承包商的合同执行风险包括两方面：一是承包商未能按合同规定的时间、程序、规范等要求完成好承包商的责任和义务而造成进度延误、成本增加或导致业主索赔，包括承包商自己负责实施的部分以及分包的部分。分包商的违约行为对业主来说视同承包商的违约，因此分包商若不能完成好分包工作及相关责任与义务，也会给承包商带来麻烦和损失。二是当业主或分包商未能尽到合同责任与义务或存在违约行为时，承包商未能及时发现或未能依据合同规定的程序及时妥善处置而失去索赔机会，或索赔处置不当而导致损失。

为控制项目执行风险，承包商应在做好合同理解分析的基础上，严格依照合同规定的程序及时完成各项工作。在合同实施前与其他相关的各方面，如业主方、雇主代表、政府部门等进行沟通，召开协调会议，落实各种安排，为顺利启动项目创造条件。在项目启动阶段，合同管理人员向项目管理人员和各部门相关人员进行“合同交底”，组织大家学习合同和合同分析结果，对合同的主要内容作出解释和说明，将各种合同包含的各项责任分解落实到各部门或分包人。应对照合同，编制项目启动检查清单，以便今后检查督促各项工作的落实情况。在合同实施阶段，总承包商应按照合同的要求，认真负责地、保质保量地按规定期限完成工程的设计、施工、竣工、修补缺陷。按合同要求做好各项工作既是合同管理的基础，也是承包商的中心任务。承包商应按合同要求及时办理并提交各类保证，按合同要求及时提交进度计划，按合同要求完成各阶段设计并及时递交审批，按合同要求及时组织现场开工、施工，保证工程质量，按合同做好分包并加强对分包商管理，按合同要求和工程需要做好保险，按合同及时递交进度付款申请报表，以尽早得到雇主代表批准和业主支付。注意做好信息管理和文件档案管理工作，依据合同处理好工程变更及调整，依据合同发现和把握索赔机会并及时索赔等。这一阶段合同管理人员应依据合同以及现场收集到的关于项目进展的各类信息，分析各部门执行合同要求的各项任务的情况，通过对合同实施情况的分析，找出偏离，通知相关部门以及决策部门，分析偏差原因，及时采取调整措施。

国际工程合同管理注重书面证据，凡涉及双方利益纠纷的问题，如变更、索赔等，必须有相关人员签字的文件以及现场收集的资料为依据，加上现场资料种类数量很多，档案管理显得尤为重要。现场资料信息收集以及雇主代表（业主）与承包商之间的信函和文件往来，应由专人负责，及时签收，及时送达相关人员，并分类归档，以备需要时查询。合同实施中需要收集保存的重要合同资料包括：合同文件资料，如各种合同文本、招标文件、投标文件、图纸、技术规范等；工程实施中产生的各种资料，如发包人的各种工作指令、签证、信函、会谈纪要和其他协议，各种变更指令、申请、变更记录，各种检查验收报告、鉴定报告等；工程实施中的各种记录、施工日记等，官方的各种文件、批件，反映工程实施情况的各种报表、报告、图片等。

第三节　资金风险管理

国际 EPC 工程项目资金风险是指承包商在项目实施中因资金管理不善导致的资金链断裂，或收不抵支或资金浪费等风险。由于项目所在地是国外，围绕项目发生的物资采购、机构租赁、人员雇佣、税费交纳、工程款收入等一系列经济事项所涉及的货币、结算方式、金融机构、政策法规等都比国内项目复杂，还要考虑资金流动限制、利率和汇率变动等影响，因此，国际工程资金管理风险要比国内大得多。

对此，在前期调研阶段，EPC承包商应全面收集项目所在国的经济政策、外汇管制、税法内容以及银行结算等方面的规章制度，提前进入项目所在国进行前期调研，对项目资金管理风险因素进行识别和评估，并在相关决策中加以考量，尽可能地减少因政策变化、汇率波动等客观因素导致的资金损失。在合同谈判及签约阶段，争取有利于降低自身风险的结算币种、结算方式和支付条款。

在项目启动阶段，特别是在业主尚未支付动员预付款之前，承包商要进行的项目调查、投标、先期人员和物资的组织动员等所需要的资金需要承包商暂行垫付，另外还要考虑为项目实施初期准备一定的流动资金，这些资金可以是企业自有资金，也可通过其他融资渠道获得。为此，承包商需要首先进行资金需求预测，项目资金管理部门应根据项目进度计划、施工组织计划和项目业主付款计划等编制中、长期资金流量计划，并在项目实施中根据各月、季、年度费用计划进行动态优化调整，包括工程收款、贷款流入和费用成本支出等，分析项目的收支高峰期、收支高峰值、资金存量及资金短缺情况，为进一步筹措资金、管理资金和有效运用资金提供依据。制定项目融资计划时，要根据各节点的资金需求，结合不同融资工具的特点和融资政策，以降低融资成本为原则，不仅要考虑数量上满足工程的需要，而且还要考虑各种融资方式的资金成本和财务风险，选择最佳的融资组合方式。这需要有经验的金融、财税及合同计价等专业人员统筹规划，既防止资金链断裂，又避免浪费。

在项目进入实际执行阶段后，资金管理的重点是在优化完善资金管理和使用计划的基础上落实资金计划，尤其是做好收支控制。国际工程承包合同一般规定业主在收到承包商的履约保函和预付款保函后可支付动工预付款，因此承包商签订合同后应尽快按合同中关于保函的具体要求开具合格的保函给业主，并向业主申请尽快支付预付款。工程进度款是承包商最重要的收入和资金来源，承包商应按照合同规定的付款周期和时间节点，及时编制和报送进度付款申请及相关报表资料，并主动保持与业主沟通，对业主方面的质疑及时予以解答或提供补充资料，争取业主尽早审核批复和尽早支付。对于业主已审核批复的进度款，积极与业主保持沟通，敦促其尽快付款，对于拖欠的支付，有权按合同规定要求支付融资费。

国际 EPC 工程项目大型设备比较多，采购这些设备对 EPC 总承包商来说资金压力很大，一般在承包商提供一份保函的前提下，业主可支付一定比例的设备材料预付款，承包商在与设备材料供应商谈判支付条件时，应注意对于大宗材料、设备采购预付款应低于业主支付的预付款比例。第三国采购一般为信用证付款，最好开具远期信用证以达到实际支付推延的目的。同时对于采购的设备，承包商可扣留一定比例（如 10%）的质量保证金，在规定时间内没有出现质量事故时再给予释放保证金。付款前承包商的相关财务人员及项目参与银行应严格审核分包商提交的所有原始单据，对不符单据应予以拒付，并要求其重新提交。对于拨付分包商的款项只有在收到分包商提交的符合要求的预付款保函或履约保函，并从业主方收到相应款额后才可以向分包商支付。

第四节　项目组织风险管理

本节所称项目组织包含两个层面，一是承包商组织实施项目工作的总体组织模式，二是项目组织机构及人员配置。

一　项目组织模式风险

企业在承担国际 EPC 工程项目时，需要考虑的一个首要问题是项目的组织实施模式，即如何确定项目的总体架构。项目组织模式直接影响项目管理的效率和效益水平，组织模式选择不当，将给项目后续实施带来不可估量的重大风险。承包商需要根据自身能力并结合合同要求及相关政策法规综合权衡加以决策，选择合适的项目组织模式，这是项目得以顺利实施的重要前提保障。本书主要针对承包商中标后的项目实施，因此不讨论有关联合体投标的事宜，主要分析项目工作的分包范围与分包商的确定。根据总承包商自身可承担的任务及分包的范围，项目实施的组织模式大致可分为完全内包型、完全外包型和混合型。

（一）完全内包型

1. 完全内包型项目组织模式的概念

完全内包型项目组织模式是指 EPC 总承包商通过内部发包的方式，由本企业或本企业下属企业承担 EPC 项目合同下的一切工作，即设计、采购、施工、项目管理等一切工作都由总承包商自己的内部单位实施。

2. 完全内包型项目组织模式的特点

完全内包型模式下，总承包商企业承担的任务负担重、责任大、风险多，违约风险损失大。如果项目获得成功，企业将获得丰厚利润；如果项目遭遇失败，企业将承担全部损失。完全内包型项目管理模式的最大风险源来自企业自身能力的风险。

3. 完全内包型项目组织模式的适用条件

首先，需要考虑当地法律及项目合同是否允许总承包商采用完全内包型项目模式。如果当地有关法律或 EPC 项目合同规定总承包商必须将一定比例的项目任务交给当地公司来实施，则总承包商必须遵守相关法律及合同的要求。

其次，若采用完全内包型项目组织模式，总承包商企业必须考虑自身是否具备足够强大的设计、采购、施工及管理队伍和资源，项目控制能力和风险承受能力是否足够强。从这个角度，完全内包型模式一般也只适用于小型项目，对于大型 EPC 项目并不适用。

（二）完全外包型

1. 完全外包型项目组织模式的概念

完全外包型项目组织模式是指 EPC 总承包商通过对外发包的方式，将 EPC 项目合同下的一切工作分包给本企业以外的若干分包商承担，即设计、采购、施工、项目管理等一切工作都由总承包商企业外部的单位实施，总承包商仅派少量高级管理人员负责项目策划及协调。

2. 完全外包型项目组织模式的特点

完全外包型模式下，总承包商企业承担的任务负担小，同时收益也小，项目利润多被外部分包商分得。总承包商对项目控制弱，分包商违约风险大，项目违约风险大。

完全外包型项目组织模式的最大风险源来自各分包商的履约信誉和能力。一旦分包商出现违约导致项目失败，根据主合同，总承包商将向业主承担责任，并可能陷入与分包商之间的合同纠纷与诉讼。

3. 完全外包型项目组织模式的适用条件

在总承包商自身不具备设计、采购、施工及管理队伍的情况下，可能希望采用完全外包型项目组织模式。但如果当地法律或 EPC 项目合同规定总承包商不得将全部工作分包或分包不能超过一定比例，则总承包商则必须遵守相关法律及合同的要求。在法律与合同制度比较完善的地区，一般不会允许采用这种模式。只是在法律与合同制度不健全的地区，总承包商与业主有特殊关系的情况下才可能采用。

（三）内包 + 外包混合型

1. 内包 + 外包混合型项目组织模式的概念

内包 + 外包混合型项目组织模式即 EPC 项目总承包商根据自身实力、合同要求等因素，将项目某些部分工作交给企业自己内部所属单位或人员实施，而另外一些工作通过对外发包交给企业外部的分包商实施。

2. 混合型项目组织模式的特点

混合型项目组织模式下，通过部分外包，降低总承包商企业自身承担项目任务的难度和负担，分散项目风险。

3. 混合型项目组织模式的适用条件

如果总承包商自己实施合同下某些工作存在技术困难或缺少必要资源，而通过分包可提高效率，节约工期和成本，则可考虑将该部分工作对外分包。前提是根据主合同及法律有关规定，该部分工作属于允许分包的工作。另外，市场上还必须存在可供选择的能够胜任该项工作的分包商。

通常情况下，混合型项目组织模式是法律和合同所允许的，事实上也是国际 EPC 工程项目最常采用的项目组织模式。但对于混合型模式下哪些任务可以外包，哪些任务不允许外包，以及外包范围和比例，需要注意当地法律及合同中的有关分包的规定和要求。

根据总承包商自身传统业务特点，混合型项目组织模式又可分为设计院主导的 EPC 项目和施工企业主导的 EPC 项目两种类型。设计院主导型即设计院作为 EPC 项目总承包商，施工企业主导型即施工企业作为 EPC 项目总承包商。

（四）施工企业主导的 EPC 项目

在施工企业主导的 EPC 项目中，由于 EPC 项目的总承包商是传统的施工企业，施工技术和施工管理能力强，但自身不具备设计能力或设计能力较弱，因此一般考虑采用施工任务内包、设计任务外包的混合型项目管理模式。

在符合有关法律及合同规定的前提下，施工企业主导的 EPC 项目可根据内包和外包的范围细分为以下多种模式：

（1）设计外包，总承包商负责采购、施工和项目管理；

（2）设计外包、部分施工任务外包，总承包商负责采购、部分施工及项目管理；

（3）设计外包、部分采购和部分施工任务外包，总承包商负责部分采购和部分施工及项目管理；

（4）设计外包，部分采购、部分施工任务及部分项目管理外包，总承包商负责部分采购、部分施工及部分项目管理（总体项目管理）；

（5）设计、采购、施工外包，总承包商只负责项目管理；

（6）设计、采购、施工外包，部分项目管理外包，总承包商只负责部分项目管理（总体项目管理）。

（五）设计院主导的 EPC 项目

在设计院主导的 EPC 项目中，由于 EPC 项目的总承包商是传统的设计企业，设计技术和管理能力强，但一般自身不具备施工能力或施工能力较弱，因此一般考虑采用设计任务内包、施工任务外包的混合型项目管理模式。

在符合有关法律及合同规定的前提下，设计院主导的 EPC 项目可根据内包和外包的范围细分为以下多种模式：

（1）施工外包，总承包商负责设计、采购和项目管理；

（2）施工外包、部分设计任务外包，总承包商负责部分设计、采购及项目管理；

（3）施工外包、部分采购和部分设计任务外包，总承包商负责部分采购和部分设计及项目管理；

（4）施工外包，部分采购、部分设计任务及部分项目管理外包，总承包商负责部分采购、部分设计及部分项目管理（总体项目管理）；

（5）设计、采购、施工外包，总承包商只负责项目管理；

（6）设计、采购、施工外包，部分项目管理外包，总承包商只负责部分项目管理（总体项目管理）。

（六）EPC 项目组织模式选择需考虑的因素

原则上来说，对于施工企业主导的 EPC 项目，由于施工企业自身具备较强的施工技术和施工管理能力，所以一般情况下，施工任务优先考虑由企业自身承担，而对于设计院主导的 EPC 项目，由于设计院自身具备较强的设计技术和设计管理能力，所以一般情况下，设计任务优先考虑由设计企业自身承担，但具体承担哪些部分，即内包或外包范围如何确定，或者说项目采用哪种具体的项目组织模式，还需要考虑多方面因素的影响，进行综合比较后再行决策。需要考虑的因素主要包括：

（1）当地法律及合同要求；

（2）主合同下总承包商的任务范围和内容；

（3）主合同下的工期要求；

（4）当地政治经济社会环境；

（5）企业自身的融资能力；

（6）企业自身的管理能力；

（7）企业自身的技术能力；

（8）企业自身的劳务资源；

（9）企业自身的风险承受能力；

（10）可供选择的设计/施工分包商；

（11）可供选择的项目管理公司；

（12）可供选择的供应商。

二 人员组织风险

国际EPC项目中合理的人员组织和人员安排是开展项目管理的基础，尤其在复杂EPC项目中，组织体系作为整个项目管理核心和协调各参与方的重要纽带，对项目管理效率有着重要影响。如果组织机构设置或人员配置不当，不仅影响项目实施的效率，甚至可能导致重大责任事故，给项目实施造成灾难性后果。

国际工程总承包项目的人员组织管理就是根据总承包项目的特点和工作内容，制定项目人员需求计划，对项目人员进行合理配置，并通过培训、约束、激励等机制，使项目人员的行为符合项目合同的要求，调动其积极性和创造性，保证总承包项目各个环节的工作和活动能够高效率地完成，并达到规范和标准的要求，最终使项目能够按照合同规定的工期顺利竣工。

（一）项目组织机构的设置

项目组织机构的设置应以提高项目管理效率为宗旨，按照合同及相关政策法规并结合工程内容和特点，并遵守以下基本原则综合考虑。

（1）目标导向。因目标设事，因事设机构定编制，按编制设岗位、定人员。

（2）精干高效。海外项目人力资源成本远高于国内项目，项目组织机构的人员配置，以能实现项目所要求的工作任务为原则，尽量一专多能，简化机构，精干高效。

（3）管理幅度和层次。项目部的机构设置要考虑合理划分管理层次，同时管理幅度应保持适当。

（4）专业搭配。在设置组织机构时按照工程项目实施的程序、工艺、专业划分机构岗位，尤其要注意技术部门与商务部门的平衡，项目部各岗位人员做到合理分工、和谐工作，及时完成项目管理各项工作。

（5）稳定性与弹性原则。项目组织和人员既要尽量保持稳定，以保持项目管理的连贯性和提高工作效率，同时也要有一定的弹性，根据项目动态变化适时作出调整。

（6）与企业组织的协调。项目部的组织机构与企业的组织机构是局部与整体的关系，两者在机构设置、职能分工上尽可能统一，上下级业务尽可能对口，以便于沟通协调，提高工作效率。

（二）岗位设置和人员配备

项目岗位设置是指通过对项目需要完成的工作进行分析，确定需要的岗位类型、岗位数量以及相应的岗位责任。岗位的设置应该遵守按事设岗和有效管理的原则，并依据包括项目的性质和规模，合同对项目质量、工期以及人员等的要求，承包商的施工组织方案和技术水平，可供选择的人员素质，承包商以前类似项目的人员配备情况等综合作出决策。人员配备是对项目所需的全部人员进行配备，就是为各岗位、各职位确定合适的人员。根据项目的岗位设置要求和组织机构的需要确定出每个岗位需要的人员类型以及每一类型的人员数量，把具有不同的知识结构和水平、不同的能力结构和水平的人与相应的工作进行匹配。人员配备首先要遵守合同及法律的要求，如需要满足法律规定的属地化用工比例。在进行人员配备的时候，要特别重视用人所长，重视和聘用有真才实学的人，要根据每个人的能力和素质条件安排相应的工作，充分发挥员工的特长，这样才可以激发员工的工作热情，使员工的潜能得到充分的发挥。

（三）项目人员管理与激励

国际 EPC 工程项目对项目管理人员的综合素质要求更高，在外语能力、学习能力、沟通交流、团结协作、抗压能力、环境适应方面都需要具备更高的标准，国际工程项目员工远离家乡到海外项目工作，工作环境特别是人文环境比较艰苦，生活单调枯燥，有些地方还要面对流行疾病和不良的社会治安的威胁，对国内员工特别是青年人来说确实需要作出一些牺牲，必须采取必要的激励措施，调动他们的积极性，如提供有竞争力的薪酬、改善工作生活条件、完善带薪休假制度、设立奖励机制和职业晋升通道、加强以人为本文化建设、发挥党团组织作用加强思想建设、丰富业余文化生活、培育海外工程人的荣誉和自豪感等。

第五节　目标控制风险管理

一　设计目标控制风险

设计控制风险是指EPC承包商因设计机构选择不当、设计过程控制不力、设计方案审查不严等原因而造成设计成果在质量、进度或概算控制方面不能满足业主要求或项目实施需要的风险。国际EPC工程项目设计控制的目标是确保按项目总进度计划及时为项目提供科学合理的设计方案。设计质量上要保证设计方案在项目功能、投资、质量等方面最大程度地符合业主要求及合同和法律规定，准确无误，便于施工；设计进度要能够符合项目进度计划，及时提交设计成果（图纸、程序等），及时满足后续采购、施工的需要；设计概算上要符合价值工程和限额设计要求。

（一）设计质量风险

设计质量风险指设计成果不能满足项目功能或业主要求的风险。这有可能源于承包商及其设计分包商对业主的要求理解不精准，或标准使用不当，或设计人员能力不足、责任心不强，或设计过程控制和审核不严格等。

首先，承包商及其设计分包商务必认真全面研究合同文件，特别是有关设计的要求，要深刻理解业主要求中关于项目功能、技术规范、质量标准等的描述。对于业主提供的基础资料，除了明确规定由业主负责的以外，EPC项目总承包商要对业主提供资料的充分性和完整性负责，若业主提供的前期资料有误而未被及时发现，可能导致设计重大变更或设计成果错误。对此，承包商对于业主提供的基础资料要认真审核，必要时增加补充调查，发现错误之处，应立即向业主反馈并按合同规定的程序处理。

其次，业主提供的标准规范或业主要求可能不明确，承包商对业主要求理解可能出现偏差，导致设计成果不符合预期。对此，承包商在投标阶段及中标后谈判签约阶段需要加强与业主沟通，确保承包商准确理解业主要求，对项目功能、质量和技术规范标准等与业主达成一致。

EPC 承包商要严格按照标准和程序审查并选择优秀的设计机构或团队承担设计任务，要制定严格的设计质量控制流程，对设计过程和成果加强监控和审查，谨防在设计图纸中出现错误和疏漏等质量问题。应注意加强设计与采购和施工的深度融合与合理交叉，这将有利于优化项目设计，提高设计方案的经济性和可实施性。进入实施阶段，应安排设计人员对设计意图、设计工艺、施工注意事项等向施工单位做好充分的技术交底，并协助施工单位解决施工中遇到的与设计有关的技术问题。

（二）设计进度风险

设计进度风险指总承包商雇佣的设计分包商或设计团队能否按时交付设计成果并通过业主审批以保证项目后续环节按进度计划进行的不确定性。设计流程过程监管或协调不力可能导致设计人员工作效率不高，各设计单元不能按时完成各自设计任务节点，不能及时提交设计成果；业主对设计审批也可能是造成拖延的原因之一，虽然 EPC 项目合同规定了业主审核的期限，如果业主办事效率低，可能在最后期限才给承包商发出通知，若审核不通过还会提出修改意见，甚至多次审核与修改，造成严重进度拖延。在设计过程中业主可能利用审批提出一些超出合同规定以外的要求，如增加工作内容或提高质量标准，原则上应属于变更，但能否按变更处理需要业主批准，处理不好也可能给承包商造成延误和损失。EPC 要求设计与采购之间相互融合搭接，设计的同时需要物资采购资料反馈，若采购部门未及时提交相关资料也会引起设计延误。

针对设计进度风险，承包商应要求设计单位制定科学合理的设计进度计划和设计流程，加强设计进度监控，加强不同专业、不同单元之间的协调和衔接，提高设计工作效率；建立激励机制，调动各设计小组和设计人员的积极性，加快设计进展；按商定的审批单元，尽早交付给业主审批，同时加强与业主审批人员沟通协调，对设计存在的问题力争一次性解决，缩短审批周期。如果业主提高了设计标准或增加了设计工作范围，应及时通知业主并积极沟通，争取按变更处理，并提出设计和费用补偿要求。设计人员与采购和施工人员应加强交流，互相借鉴，促进设计采购施工相互融合，既有利于提高设计质量，也有助于加快设计进度。

（三）设计概算风险

EPC 项目设计环节成本管理的目标包括两个方面：一是设计概算控制，即 EPC 总承包商要对设计概算实施有效控制以防止项目造价过高；二是设计取费控制风险，即通过对设计过程加强协调管理，提高设计工作效率，节约设计成本。

鉴于 EPC 项目合同基本上是固定总价合同，总承包商成本控制的压力比较大，虽然设计取费用通常占项目总造价 1% 以下，但对工程造价的影响却常常占 75% 以上，从设计对项目成本的影响分析中可以得出，从设计出发降低造价是实现 EPC 成本目标的根本途径。

为了在设计阶段实现项目成本控制，EPC 承包项目承包商在选择优秀的设计团队作为设计分包商的基础上，一般要求进行限额设计。限额设计是参照批准的投资估算或中标合同金额并结合市场行情、预期利润及潜在风险等综合因素合理确定造价限额，并据此控制初步设计或技术设计，再按照批准的初步设计总概算控制项目的详细设计，保证项目总投资或总造价限额不被突破，尽量降低项目成本，实现合同价格与项目成本之间差额的最大化。当然，降低成本可能会引起质量的下降，因此，限额设计目标定价应以最佳性价比为设置准则，限额设计目标值基准下的工程设计应满足标准规范、法律法规及客户对项目建成后的质量和功能要求。

设计过程中，承包商要对各专业限额设计结果进行跟踪，比较设计方案与限额目标的偏差，若超过限额目标，应通过基于价值工程原理对设计进行优化以降低项目成本，满足限额要求。如通过优化后成本仍超出标准值，专业负责人应对超出标准的原因进行分析澄清，提出费用变更申请并在征得主管同意后，更新限额设计预算。

要严格控制设计变更，减少工程浪费。此处所称的设计变更是指 EPC 项目管理范围内的变更，不包含因业主新增要求或外部原因引发的变更。设计变更会引致项目费用发生变化，甚至还会影响项目进度。无论前期策划多么完善，在设计阶段后期和施工过程中，设计变更往往是无法避免的。设计变更多数是人为因素造成的，主要是设计人员的技术水平和工作态度。应把设计变更纳入设计人员的绩效考核。对于有利变更给予奖励，对不利设计变更且造成损失的，根据其严重性给予批评或处罚，尽量避免不利变更的发生。

为了控制设计取费，应通过制定科学的设计流程、设计任务合理分工、科学配置资源、采用先进的设计技术工具、加强协调管理等手段，提高设计工作效率，节约和降低设计成本。对各项专业设计工作进行成本估算，实行设计费包干，并根据实际进展情况进行费用控制，防止费用超支。

二　采购目标控制风险

国际 EPC 工程项目采购环节的目标是承包商及时从供应商处获得项目建设所需要的设备和材料，确保项目按计划顺利实施。以下将采购目标控制的风险分为采购质量风险控制、采购进度风险控制和采购成本风险控制分别进行阐述。

（一）采购质量风险

采购质量风险是指采购的设备材料不符合合同要求或存在质量问题，不能用于项目施工的风险。为控制采购质量风险，承包商要加强采购全过程的控制。采购过程包括采购策划、采买、监造催交、检验、运输等方面。其中采购质量控制的关键节点如下：

（1）采购策划。承包商的采购人员应与设计人员、施工人员共同进行采购策划，根据合同要求选择能够满足项目预期功能和技术标准的设备、材料，并列入采购计划中。采购策划时进行设备关键性等级及设备监造等级划分。设备规格型号、性能参数设计应详细论证，主要设备按程序报业主技术人员批准。采购信息必须明确、清晰，具备可操作性。如果合同要求采购特定供应商或特定品牌或型号的设备、材料，而承包商因某种合理理由希望选用替代产品，应提前与业主人员沟通，提供充分证据资料说明替代产品的可用性，以防在后续审批或验收环节遭受延误和损失。

（2）选择合格的供应商。要做好市场调查，要对潜在的供应商从行业声誉、资质、业绩、规模、财务状况、人员数量及结构等多方面进行评估、考察、参观、评审，审核其质量、环保及职业健康等管理体系证书以及其他相应证明资料、企业资信等级证书及财务资信等级证书情况、尚未解决法律纠纷（如有）的相关资料。审查供货商技术资料。审查供应商是否熟悉ISO、ASME、DIN、JIS等国际标准，这些标准与国内GB标准有很多差别，供应商应具有按国际标准的供货经验，有熟悉国际标准的技术人员和工人，有按照国际标准制作标准化文件的能力。对重要设备材料供应商应进行实地调查，确保供应商资料的可信性，如必要可按程序邀请业主参加考察。在符合合同及法律政策的前提下，按照规定的程序进行资格审查，选择实力最强的供应商作为备选供应商。对于采取竞争性谈判采购的物资，采购部门在采购物资之前，要根据采购物资技术标准和生产需要，通过向供方发送采购调查表或其他合法渠道了解其产品质量、服务质量、管理水平、生产能力及资信等信息，制定供方的评价准则，并根据准则对供方进行评价，以确定合格供应商。

（3）检验和监造。制定明确的设计、制造、监造、检验、验收要求及质量标准；按照程序和规定进行车间检验、出厂检验、现场检验；控制不合格品，确认无误的方可办理验收交接手续。对重要设备委派专家驻厂或巡检进行制造质量跟踪、监督。做好监造、性能试验、出厂检验，使其满足合同技术要求及制造标准。如需要可提前通知业主参与，并签署《出厂检验认可书》。

（4）设备、材料包装和运输。其中主要包括：审查关键设备、超限设备的运输方案；监督关键设备、超限设备的装卸工作，并做好记录；如发现问题，及时会同有关单位做好文件签署工作；重视关键设备进场移交的清点、验收工作，确保货物在运输、保管、装卸过程中，不出现破损、遗漏、变形、受潮、受压、受冲击挤压等现象，特别是海运防腐包装，由于货物长期处于潮湿、多盐环境，所有部位应处于密封状态。

（5）到货物资验收、保管及售后服务。采购人员应在合同签订后及时通知物资到达地的接收人。所采购的物资必须按照合同规定的验收方式进行验收，由负责验证的单位填写《检验报告》。由于特殊原因造成货物不能及时验收的，采购部门应要求其出具书面文件说明。按照合同规定需要现场单台调试、联合调试的物资由负责调试和试运行的单位负责出具《调试报告》，在合同规定时间内再出具《最终验收报告》。物资入库后的保管保养要严格按照物资的属性及规定的方式进行，以最大限度保障物资的使用价值不降低。合同规定需要厂商售后服务时，要求厂商在规定时间内到指定地点进行售后服务。

（二）采购进度风险

采购进度风险就是采购的设备材料不能按时交付运到现场，造成施工延误的风险。采购过程中影响采购进度的风险包括：

设计技术文件要求不明确、参数不完整；

未按计划日期提交采购计划；

评标、定标周期太长，贻误时间；

采购合同签订后或设备制造过程中发生设计变更；

施工进度计划调整需要设备交货期提前或延迟交付；

供应商生产负荷大，无法按照合同进度安排生产；

供应商重视程度不够导致未能按时供货；

设备材料质量不达标造成返工生产；

供应商不按合同履约，如以亏损为由，要求追加合同费用，引起纠纷耽误交货，或以原材料资金短缺为由，延迟开工；

运输路线选择不合理影响通过效率，如超限设备无法顺利通关，或道路因施工、塌方、雨雪大雾等实行交通管制等。

针对以上情况，承包商需要做好以下工作加以应对：

（1）编制合理的采购进度计划。采购部门必须根据项目总体进度计划编制采购进度计划，明确进度控制的要求和目标，指导日常采购进度管理工作。

（2）加强对供应商的管理。除了考虑技术及价格因素，还应该对供应商近期及该采购合同交货期内预期的签单情况、生产负荷、资金状况、企业管理状况等有所了解，对于超限设备，还应该重点审查运输方案的可靠性以及运输能力、与沿途路政部门的合作情况等。在合同中规定违约条款，如因供应商时间意识不强和对合同重视不够而导致设备材料不能如期交货的情况发生，要严格执行合同的赏罚条款，切实提高合同的执行力。

（3）随时掌握合同的执行动态。合同签订后，采购人员应随时跟踪供货商合同的履行情况，掌握生产及运输进度，发现问题立即行动，尽早采取有效措施。对“重点物资”在合同签订后应安排专人跟踪，必要时进行催交催运，并检查、督促供应商根据合同规定的进度控制开展工作，对可能造成延期的控制点要积极采取措施，及时督促解决。如发生质量问题对采购进度的影响是严重的，务必做好监造、检验，严格控制设备材料的质量。对紧急采购物资，或因质量需要更换的物资，应以满足现场需求为第一要务，以最快的速度供货到现场。必要时可改变原合同规定的运输方式而采取应急方式，如原规定采用陆路或水路运输的可改为空运等。

（4）做好现场接货、卸货、开箱检验、入库等工作。充分考虑项目所在国的节假日时间，国外大部分国家（包括非洲地区）节假日通常不加班，正常工作日加班也较少，需要业主人员参与的工作，需提前计划，合理安排。

（5）选择有能力的专业代理商协助以加快采购进度。非正常的海运、清关对采购进度的影响比较严重，可能造成延期，如需要可聘用合适的货运代理、清关代理以加快办理进度。

（6）加强自身管理。重点对设计进度、技术文件/图样质量、中标厂商的选择、采购催交力度、运输方案、项目内部文件及资金审批流程和效率等方面加强管理。

（三）采购成本风险

采购成本风险是指承包商采购计划不够科学或采购过程控制不力而导致采购成本过高，造成不必要浪费，增加项目建设成本的风险。在国际 EPC 工程项目中，设备、材料的采购通常是项目最大的费用支出，特别是在工业类 EPC 总承包项目中，采购额占合同金额比例可能达到 50% 以上，在大型及超大型项目中甚至占比更高，因此控制采购成本是项目成本控制的重要内容。采购成本风险主要从以下方面加以应对：

（1）优化设计。把采购纳入设计程序，在设计过程中进行产品选型时坚持正确的设计理念，除了满足工艺要求，还应兼顾采购成本，选择合适的而不是最好的设备来满足工程需求，防止出现质量过剩或不足的现象，优化产品性价比。

（2）市场调查。国际 EPC 项目设备需要全球采购，各国市场价格水平相差较大，应做好不同国家市场调查，尽量选择法律健全、经济稳定、货源充足的市场作为采购来源地。一般来说，发达国家市场发达，但同时物价水平较高，在符合项目合同及东道国政策法律的前提下，经业主同意，可将需要进口的设备或部件由中国企业生产、组装，可有效降低成本。例如，煤化工装置中的高低压煤浆泵以前都从德国、荷兰等国家进口，现在中国沈阳、重庆等地的企业也可以供应国产的低压煤浆泵，价格却低得多。同样，国产仪表、电气元件的价格也远低于合资或进口品牌的价格，可以参考用户需求和费用预算选择使用。

（3）制定采购费用控制指标。项目实施采购招标前，项目控制部门应根据总包合同价格进行分解，并结合设备和材料市场供应价格水平，下达采购费用控制指标；采购部门应在费用控制指标指导下开展工作，以便对采购价格进行控制。在满足设计要求的前提下，优先选择低价中标。

（4）供应商管理。供应商是采购管理工作的重要内容。通过对供应商从产品质量、价格、服务、技术力量等方面进行综合考评，按照规定竞争程序选择，优胜劣汰。

（5）对供应商投标报价的分析。根据开标情况，采购人员需要分析供货范围是否满足招标要求，有无缺项漏项或多项、安装附件、备件、专用工具等是否明确；技术性能参数是否满足设计技术要求；外购零部件及配套产品的来源和品牌；分项价格计算总和是否与开标总价一致；分项价格或零部件价格是否合理；运保费、技术服务费等取费是否合理；付款条件、交付方式、交货期和交货地点等商务条款是否符合招标要求等。

（6）运输成本控制。承包商需要以适用的物流价格表为依据，结合物资的重量、体积、距离、运输方式以及超限设备等特殊情况对运输费用进行测算，对供应商或物流公司的运输费用报价进行核对。根据货物的类别确定合理的包装方式，根据施工进度要求选择合理的运输方式，选择有能力的专业运输代理、报关代理，降低运输及通关费用。

（7）适当采用集中、批量采购。同一类设备进行集中、批量采购可以降低物资的供应价格以及采购管理成本，但也要考虑建设项目的总体进度、设计进度、需求批量、需求时间计划、资金情况、现场存放条件等，选择综合成本最低的采购规模和批次。

（8）适当余量采购。考虑到现场工程施工可能出现材料及零配件损耗，紧急采购成本很高，对一些当地不易采购的特殊材料和备件可在采购清单中适当留有余量，既可以在紧急情况下降低采购成本，又可避免延误施工，实际上往往会降低项目成本。

三 施工目标控制风险

施工是国际EPC工程项目由计划转为实体的过程，也是工程建设持续周期最长、现场人员最多、现场管理任务最重的阶段，施工阶段受环境影响大，目标控制影响因素多，风险控制难度大。

（一）施工质量风险

施工环节质量目标既包括竣工验收质量目标，也包括施工过程质量目标。竣工验收质量目标是要保证竣工工程的质量能够符合验收标准，交付后能达到项目预期功能要求并实现安全可靠运行。过程质量目标要确保项目施工活动要按照设计要求和规范进行，同时还包括施工安全防护，避免发生事故，同时施工活动要符合环保政策法规，满足合同规定的环保要求。任何一方面完成不好，都属于施工质量风险。

（1）承包商首先要编制科学合理的施工组织方案，包括合理的进度计划安排、技术方案、人员、材料、设备、仪器等。进度安排不合理会影响施工效率，也会增加质量风险；科学的技术方案以及合格的施工人员、设备和材料是保障质量的基本前提条件。

（2）承包商要监督施工单位做好全面质量管理，以质量为中心，以全员参与为基础，通过控制施工全过程，把影响质量的不利因素消灭在各道工序和各项管理之中，强调预防为主，把质量事故消灭在萌芽中；严格岗位责任制，落实奖惩制度。

（3）承包商应要求设计单位向施工单位做好技术交底，确保施工单位对设计方案深刻领会，施工人员要准确把握技术标准和规范、设备材料要求、施工安装工艺、检验试验方法等，在施工过程中要按照设计图纸和规范要求进行施工，确保工程结构、设备安装、管道布置等各项工作符合设计要求。

（4）要做好施工过程质量控制。现场施工是形成工程项目实体的动态过程，需要监督承包商构建质量保证体系。将事前控制、事中控制和事后控制相结合，重点放在事前、事中控制，事后控制作为补充和补救。

事前质量控制包括审查选择合格的施工分包商、审查施工单位编制的施工组织设计、场地准备和临建设施以及质量管理的计划安排等；要求施工单位熟悉设计文件；调查和收集有关资料，包括工程所在地的气象、施工场地、工程地质、水文地质、当地资源、特殊材料和主要设备等；施工前对工程拟采用的新材料、新工艺、新技术等要进行相应试验；检查施工现场的水准点、测量标桩、建筑物的定位放线；对工程所需的材料质量进行检验和控制；根据工程项目的组织结构和质量要求，构建质量保证体系等。

事中质量控制包括设置质量控制点，及时分析质量统计资料；严格工序交接检验。未经检验或检验不合格的，不得进入下一道工序；加强施工技术资料管理，建立工程技术档案制度，包括材料或产品出厂合格证或检验证明、施工检验报告、施工记录、隐蔽工程验收记录等资料。

事后控制是发现问题后及时采取纠正和补救措施。要分析问题的根源，查清并采取措施消除隐患，按“PDCA”循环法进行质量控制，杜绝质量事故。

（5）要做好施工安全管理，严格遵守相关的安全规范和操作规程，采取必要的安全措施，确保施工过程中的人员安全和设备安全。施工单位需要进行安全培训，增强员工的安全意识，完善安全防护措施，防止事故的发生。

（6）要注意环境保护，遵守环境保护法律法规，采取必要的环境保护措施，减少对环境的影响。施工单位需要结合施工方案进行环境影响评价，合理选择施工工艺和材料，避免和降低施工过程中对环境的影响。

（二）施工进度风险

EPC项目施工环节的进度管理目标是确保项目按时完成，并达到质量和安全要求。控制进度目标风险可以从两个大的方面考虑，一是承包商要做好施工进度控制，避免因自身原因发生延误，二是要注意针对由业主或其他非承包商原因造成的延误，及时依据合同做好工期索赔。具体地说，承包商针对施工进度控制应做好如下工作：

（1）制定合理的进度计划。承包商在投标时已按招标文件的要求制订了粗略的施工方案和进度计划，中标后要根据施工现场的具体条件和与业主签订的合同协议书中规定的合同工期进行优化完善，编制详细的施工方案和工期计划，包括确定开工前的各项准备工作、选择施工方法和组织流水作业、协调各个工种在工程施工中的搭接与配合、安排劳动力和各种施工物资的供应、确定各分部分项工程的目标工期和全部工程的完工时间等。

（2）按进度计划组织实施。进度计划报批后应严格按计划执行。合理调配人力、物资，统筹协调各项工作，提高工作效率。积极与业主保持沟通，及时按程序提交申报事项通知，如各类检查、检验申请，对业主的指示要及时作出反应和落实。

（3）组织好分包工作。科学决策适合分包的工作，选择可靠的分包商、供应商，加强对分包商工作的监督管理，确保分包工程按计划推进和完成，做好供应商管理，确保设备材料生产加工的质量、进度，避免因设备材料不能运到现场或存在质量问题而造成施工延误。

（4）做好施工质量和安全管控。任何质量事故或安全事故都会对工期造成重大延误，要严控质量和安全，杜绝质量安全事故发生。

（5）做好HSE和ESG管理。注重做好环境保护，遵守政策法规及合同中有关环保要求，严防发生环境事故。奉行“以人为本”，把员工健康和生命安全放在首位，关心员工身心健康，为员工提供良好的生活设施环境，增强员工团队精神和集体荣誉感，激发员工积极性。尊重当地员工传统风俗，加强与民众交流，参与当地公益活动，树立企业良好形象，赢得民众理解与支持，为项目顺利开展创造和谐环境。

（6）做好进度动态监控。施工中对施工进度做好监控，一旦发现进度滞后，立即分析原因，查清责任。进度监控可借助关键线路、关键链、挣值管理等方法进行项目进度绩效审查。关键线路法是考察关键线路的进度绩效，关键链法是考察进度计划缓冲的使用情况，确定剩余的缓冲时间是否在合理区间内。挣值管理法是通过计算进度偏差等指标来考察项目进度绩效。例如，在关键线路法中，正常情况下关键线路上的工作其浮动时间为零，如果关键线路上工作被延误了，其浮动时间即为负数，一旦出现负的浮动时间，将导致项目延误，应立即予以关注解决。另外，如果非关键线路上某项工作的浮动时间急剧减少，说明进度绩效可能存在问题，发展下去非关键工作可能变成关键工作而引起关键线路变化，应予以关注解决。对于已出现的延误，如果是承包商自身原因造成的，立即采取措施加以补救。对属于业主原因或根据合同属于业主风险的因素引起的延误，应及时发出通知，按照合同规定的程序进行索赔，申请合理延长工期。要特别注意发出索赔通知的期限，如果不在期限内发出索赔通知将可能失去索赔权利。

（三）施工成本风险控制

EPC 项目施工成本风险是指施工环节实际发生的成本超过预算的风险，包括总承包商负责施工部分的成本风险以及总承包商对分包商的计量支付和索赔变更等方面控制的风险。施工成本是 EPC 项目成本中除采购外所占比例较大的模块，是成本控制的重点。施工成本风险控制主要从以下几个方面展开。

（1）科学编制施工组织方案。施工顺序、施工工艺、资源配置等直接影响施工成本，施工方案不同，所发生的费用会有很大的差别。施工方案的优化是国际 EPC 工程项目成本有效控制的主要途径。应利用或借鉴以往项目施工经验，结合当前项目实际，提出多种备选施工方案，从技术和经济上进行对比评价，选择最优施工方案。

（2）合理编制成本预算及分解。为了有效地控制施工成本，在科学编制施工组织方案的基础上，依据合同文件、投标报价文件、企业定额、施工方案、分包合同价格等，编制合理的施工成本预算。依据成本预算将施工成本控制指标按工作包分解为各项具体指标，层层分解和落实，各业务部门根据其业务范围对其承担的具体成本指标实行归口分管，分级管理，各部门、班组各自负责所承担工作的成本控制目标，从而形成一个多层次的成本控制网络。

（3）做好质量和进度管理。施工中实际发生的成本对施工质量和进度的控制效果具有敏感性，如果因为承包商自身原因出现工程质量问题或进度延误，导致不得不返工或赶工，都会大大增加项目成本。

（4）做好环保与安全管理。施工期间应按照合同及政策法规加强HSE管理。一旦发生安全事故或因环保危害事件，除了直接损失，业主及政府部门会责令停工整改，不仅严重耽误工期和增加成本，还会使企业声誉受到损害。

（5）控制分包成本。科学规划分包工程，将承包商自己缺乏必要技术或设备而实施成本高或效率低的部分分包给专业分包商。要严格选择优秀可靠的分包商，并通过分包合同将相应的风险转移给分包商。做好技术交底，及时向分包商提供分包合同规定的数据资料和设计图纸；严格对分包商的管理，防止分包商向总承包商索赔，严格审核控制对分包商的进度付款。

（6）把握变更索赔机会。虽然EPC总价合同项目索赔机会较少，但是如果业主对合同规定的功能和范围的要求发生改变、增加了工作内容，合同价格同样会发生变化。另外，如果合同中有关于法律变更或通货膨胀的价格调整条款，或有业主过失或业主风险给承包商造成成本增加的，也应积极应对，根据实际情况及时向业主提出变更和索赔要求，以此降低自身成本风险。

（7）规避汇率风险。建立汇率风险预警机制，预判汇率走势；通过合同谈判选择比较保值的货币；尽量在合同中采用固定汇率，以降低汇兑风险；针对当地币贬值严重的情况，除必要的工程用款外，尽量将多余资金换成更保值的国际货币；适当的情况下还可以采用人民币结算规避汇率风险。

（8）施工与设计和采购相融合。将施工经验合理融入设计与采购工作，协助设计部门、采购部门优化设计方案和采购计划，提高各个环节的接口协调和管理效率，有利于提高效率和降低成本，更好地实现项目目标。

（9）做好施工成本动态控制。施工成本动态控制就是在施工过程中随进度动态将实际成本与计划要求做对比，发现和分析成本偏差，并采取必要的纠正措施。由于非关键线路工作进度安排有一定弹性，考虑成本与进度密不可分，成本控制通常可借助挣值法来实现。挣值管理是把工程内容、进度和成本绩效整合在一起考察的方法。在挣值管理中，既可以计算从开工到目前的累计挣值指标，也可以计算某个时段（报告期）的挣值指标；既可以对整个项目计算各项挣值指标，也可以针对某些工作分解进行计算。挣值计算应该按规定的间隔（如 1 个月）每隔一段时间进行一次，以持续动态跟踪项目进展情况，及时发现和处理可能存在的问题。

第十一章

国际 EPC 工程项目保险管理

在国际工程实践中，保险被认为是风险转移的最有效和最便捷的手段。工程保险起源于20世纪30年代的英国，泰晤士河拉姆贝斯大桥建设中首次办理了工程保险，开辟了建筑工程保险的先河。二战后各国重建过程中，大规模的工程建设客观上刺激了工程保险需求的大量增加，业主、承包商等市场主体为转嫁工程期间的各种风险，纷纷通过工程保险寻求保障，工程保险业务得到迅速发展。许多国际金融组织在其对发展中国家的援助项目中都要求项目参与主体为工程办理保险，推动了工程保险制度的普及应用。一些国际行业组织如国际咨询工程师联合会、美国建筑师协会、英国工程师协会等在其编制的合同条款中对建筑项目保险作出明确要求，进一步推动了工程保险的规范化发展。

第一节　国际工程保险管理基本概念

一般来说，国际工程合同中对保险都有一定的规定，虽然在具体的保险办理方法和细则方面每个保险合同不尽相同，但通常都会涉及一些基本术语，如“投保人”“被保险人”“投保范围”“投保额度”等，理解这些基本术语是工程保险管理的基础。

一　工程保险的主体

一般保险合同中涉及的主体包括投保人、保险人、被保险人和受益人。投保人是指交纳保险费的人，保险人是指要开展理赔的保险公司，这两者也称保险当事人。被保险人指保险合同保障的人，受益人指被保险人意外或风险发生后拿到补偿的人，这两者也称保险关系人，投保人和被保险人都可以为受益人。1999 版 FIDIC 银皮书中，保险相关的主体包括应投保方（insuring Party）、保险人（insurer）、被保险人（insured）、联合被保险人（joint insured，指承包商和业主）以及附加联合被保险人（additional jointed insured，指除承包商和业主以外的其他联合被保险人），联合被保险人也是共同受益人。

FIDIC 银皮书（1999 版）规定，如果保险单需要对联合被保险人（指承包商和业主）提供保障，保险赔偿应如同已向联合被保险人的每一方均发出单独的保险单一样，分别适用于每个被保险人。如果保单还对除了承包商和业主以外的其他附加联合被保险人提供保障，则除了雇主的人员由雇主代表外，保险单下的附加联合被保险人应由承包商代表；这些附加联合被保险人无权从保险人处直接得到付款或与保险人有其他直接往来；投保方应要求所有附加联合被保险人遵守保险单规定的条件。

在国际工程承包合同中，保险投保人或应投保方一般规定为承包商，但有时候业主办理某些保险更方便更经济，合同可能约定业主办理某些保险。当承包商是投保人时，应按照雇主批准的条件向保险人办理每项保险。这些条件应与双方签订合同协议书前商定的保险条件一致。若工程存在分包的情况，则合同通常规定，总承包应要求分包商就相关分包工作进行投保，并符合合同规定的保险条件。若分包商没有办理该保险，则应由承包商负责办理。

对于工程的保险（包括永久设备和材料）以及第三方责任的保险，无论业主投保还是承包商投保，被保险人应同时为业主和承包商，即业主和承包商为联合被保险人，并根据双方的责任分担来分配保险理赔款。

投保人应将投保的情况告知对方，并按照合同规定的时限将相关的保险文件（如已办理保险的证明、保险单副本、保险费缴纳证据）拷贝给对方。所有被保险人应遵守保险单规定的条件。如业主或承包商任何一方未能遵守保险条件，则应承担由此给另一方造成的直接损失及引发的索赔（包括法律费用及开支）。如工程实施中发生任何相关变化，投保人应及时通知保险人，并确保维持保险有效。没有得到另一方的事先批准，任一方都不应对任何保险的条件作出实质性变动。如果保险人作出（或要作出）任何变动，首先收到保险人通知的一方应立即通知另一方。

如果应投保方未办理合同中规定要办理且可以办理的某项保险，而另一方既没有同意也没有代为办理这项保险，则根据此项保险本应收回但未能的任何款额由应投保方支付。

二　投保范围与额度

投保范围是指投保人为投保对象办理保险所覆盖的责任范围，即对哪些责任进行投保，投保额度是在对投保对象的价值估算的基础上确定的金额，其目的是通过缴纳相应比例的保险费获得足够的风险保障，因此投保范围会直接影响投保金额。在国际工程合同中对于投保范围和投保额度会有明确的规定。例如，对于工程、永久设备和材料、承包商文件的保险，投保额度不得低于为复原所需的全部费用，包括拆除费、清理费、专业人员聘请费以及利润。对于承包商的设备及物资保险，投保额度不得低于设备和物资的全部重置价值，包括运到现场的运输费。对第三方人身伤害和财产损害的投保额度，通常在合同中约定投保的最低限额，而且不限制事故发生的次数。在国际工程中，对第三方人身伤害和财产损害的投保额的确定原则是根据工程实施期间发生意外事故，对现场和毗邻地区的第三者可能造成的最大损害情况来确定。若承包商认为必要，可以在合同规定的最低限额的基础上将保险额度增大一些。关于承包商的人员的保险，属于承包商以自己名义办理的保险，总承包合同一般不给出投保额度要求，只是规定这批投保额应能覆盖承包商的人员因伤亡和疾病而引起的索赔、赔偿费的支付以及聘请律师等相关费用和损失的支出。确定每个承包商的人员投保额度主要考虑承包商对雇员伤亡和疾病应承担的法定赔偿责任额度以及承包商的企业政策。在国际工程实践中，承包商为每个人员的投保额度一般为项目期间月平均工资

(包括奖金) 的 50—100 倍。

国际工程总承包合同通常要求投保方办理的保险应覆盖项目实施期间可能发生的风险并应是保险市场上可以办理的保险。工程保险通常覆盖的风险，可以参照具体的保险险种和类别确定。并不是所有风险都能够投保，保险公司可能对于某些风险拒绝提供保险，还有些风险可能不宜投保。总承包商合同中通常规定，对于无法投保的风险，一旦发生风险事件，相关损失应根据总承包合同中风险责任的划分，由业主或承包商分别或共同承担。

三　保险时效

保险时效是指投保人办理并及时缴纳保险费使保险持续有效的期限，即从保险生效至到期失效的期限。保险生效时间不应迟于承包合同及相关法律规定的日期，而到期失效时间则不应早于规定的日期。例如，对工程、永久设备和材料的保险，保险覆盖的期限应涵盖工程开工到工程竣工，如果总承包合同要求对缺陷责任投保，保险期限应从业主接收工程开始到承包商有权收到履约证书为止，目的是对缺陷责任期(维修期) 或运营期出现的问题进行保险；但有的合同对缺陷责任期的保险不作强制性要求，而有的合同，特别是法语区国家，则要求承包商在竣工之后办理一个“十年责任险”，对竣工后十年内出现的质量损失由保险公司负责赔偿；对承包商设备的保险一般从此类设备开始运往现场起，直至其不再需要作为承包商设备为止的期间保持有效；对承包商的人员的保险一般应在这些人员参加工程实施的整个期间保持有效。

如果合同规定由承包商办理保险，承包商办理保险后，必须在规定的日期通知业主保险已经生效，使对方了解工程处于被保险的状态。通知的具体日期在合同中约定，一般是从开工日期算起的若干工作日内。若承包商没有按规定办理保险或没有按时通知业主，业主可自行办理相关保险，一切相关费用由承包商承担。另外，有的 EPC 总承包合同中规定保险的生效日期需要在试运营证书中注明，且不能比试运行证书开始的日期晚，这种情况下，提前获得该保险的批准也是获得试运行证书的条件。

第二节　国际工程项目保险的险别

保险的险别是对保险按保险公司承保的责任范围进行的分类。目前国际工程保险市场发展已比较成熟，保险业务和保险产品种类丰富繁多。国际市场工程保险最常用的一种划分方式是强制保险和自愿保险，强制保险即合同或工程所在国法律要求承包商必须办理的保险，通常包括建筑工程一切险、安装工程一切险、第三者责任险、雇主责任险、专业责任险、施工机械设备保险、机动车辆保险和十年/两年责任险等；自愿保险即承包商根据需要在自愿的前提下办理的保险，如国际货物运输险、战争险、财产险、责任险、政治保险及汇率风险等。国际EPC合同条件下通常有一些较为固定的保险组合，一般分成主险和附加险。虽然众多文献中保险险别的名称有所差别，但从保险内容描述的本质来看，国际工程保险主要可以归纳为工程一切险、职业责任险、雇主责任险、第三方责任险、施工机具险、十年/两年责任险、运输险，其中有些保险可能是以附加险的形式存在。

一　工程一切险

工程一切险又称为工程全险，根据该工程中含有的工作性质又可以分为建筑工程一切险（Construction All Risk Insurance）和安装工程一切险（Erection/Installation All Risk Insurance）。这类保险一般是由业主批准、承包商负责投保，投保费用计入合同价格，最终实际上是由业主承担。

在实践中，由于工程本身一般含有土建工程和安装工程，若土建部分占总价的比例较小，一般按安装工程一切险投保；若安装工程占总价的比例较小，则一般按建筑工程一切险投保。建筑工程一切险没有非常固定的费率，通常要按照工程本身的危险程度、承保责任范围大小、承包商资信水平和免赔等因素综合考虑；同理，安装工程一切险的保险费率也要根据工程性质、承保范围、风险程度等因素而相应变化。虽然两个险种在费率方面有所差别，但在覆盖的风险以及除外风险的规定方面大同小异，不同保险公司可能有不同的规定，具体投保时应参考保险条款或与保险人协商确定。保险中不覆盖的风险，大部分为按照合同要求由业主负责的风险，因为国际上很少有保险公司承保这些风险，即便有，保费也非常高昂，所以对这类不可保风险额外投保对业主来说是非常不划算的，一般也不要求承包商必须投保而是自己承担。一旦这些发生，承包商可向业主提出索赔，来弥补自己的损失。工程一切险通常的保险覆盖范围和除外责任见表 11－1。

表 11－1　**工程一切险的保险范围与除外责任**

覆盖范围	除外责任
（1）地震、海啸、雷电、飓风、台风、龙卷风、风暴、暴雨、洪水、冻灾、冰雹、雪崩、火山爆发、地面下沉及下陷，以及其他人力不可抗拒的破坏力强大的自然现象； （2）偷盗与抢劫； （3）不可预料的以及被保险人无法控制并造成物质损失或人身伤亡的突发性事件，包括火灾和爆炸； （4）现场范围内的运输、施工机具设备装卸过程中发生的损失； （5）短路、超电压、电弧、超压、压力不足及离心力造成的损失。	（1）战争、军事行动、社会动乱、罢工、恐怖活动等情况； （2）政府命令或任何公共当局的没收、征用、销毁或损坏； （3）核裂变造成的损失； （4）被保险人蓄意破坏或严重渎职； （5）合同罚款； （6）工程停工造成的损失； （7）保单中应由被保险人自行负担的免赔额； （8）其他除外责任。

二　设计责任险

设计责任险是职业责任保险中比较典型的代表险种之一。在国际工程保险中，职业责任保险指各类专业技术人员因工作疏忽或过失造成的第三者损害的赔偿责任保险。简单来说就是因被保险人的“错误或疏忽”导致第三者损害发生，如因各类专业人员的设计错误、工作疏忽、监督失误等原因给业主或承包商造成了损失，但被保险人通过职业责任保险将这种本应该自己承担的赔偿责任转嫁给保险人承担。国际市场各类专业工程师、咨询工程师、设计师及建筑师等专业技术从业者都要购买职业责任保险。职业责任保险依投保人性质不同分为法人职业责任保险和自然人职业责任保险。前者是由具有法人资格的单位作为投保人，单位中相关的工作个人为保险对象；而后者的投保人是作为个体的自然人，保险对象是自己的职业责任风险。

设计责任险（Design Liability Insurance）是专为勘察设计单位开具的保险，其保险标的不是财产而是被保险人的经济赔偿责任。工程一切险通常不会包含设计责任险，因此设计责任险需要单独办理。在EPC项目中，承包商可能承担全部或部分设计工作，这里的设计责任险是指保险公司对承包商的设计人员因过失引起受害人（业主或第三方）人身伤害或财产损失承担赔偿的险种。如果EPC总承包商将设计委托给设计分包商，可要求其办理此类保险，一旦发生由于设计者疏忽或过失而引发的工程质量事故，依法应由设计分包商对造成的损失或费用承担经济赔偿责任的，将由提供担保的保险公司负责赔偿，从而有效转移和分散因设计失误导致的工程质量问题给设计分包商和总承包商带来的风险。

在此类保险下，保险公司赔偿的损失一般只包括被保险人“对设计缺陷造成的工程损失”、第三者财产损失或人员伤亡所承担的赔偿责任，也可包括事先经保险公司同意的保险事故责任鉴定费用；解决赔偿的仲裁费、诉讼费、律师费，以及发生保险事故责任后，工程设计单位为降低赔偿责任所支付的必要、合理的费用。设计责任保险的除外责任较多，投保时应仔细阅读，必要时与保险公司进行协商并书面确认。设计责任险的投保额一般由各方评估协商后约定。

三　雇主责任险

雇主责任险（Employer's Liability Insurance），是雇主（承包商或业主）为其雇员所办理的一种责任险，对雇员在受雇于雇主期间因工作原因导致的伤亡、生病等原因招致的各种费用予以补偿。雇主责任险中雇主是投保人，雇员是被保险人，这种保险在国际工程保险中占据重要地位，许多国家都规定投保此类保险是雇主必须履行的法定义务。雇主责任险的保险期限通常为一年，赔偿额度通常以雇员若干个月的工资与具体伤害程度作为判断依据。在雇主责任险中，雇员伤害赔付不以雇主有无过失作为必要前提，换言之，雇员在获得雇主责任险的赔偿之后，雇主可以免除其赔偿责任。国际工程项目合同中一般要求承包商为其雇员办理雇主责任保险。业主方面的人员，包括其聘用的监理人员，一般由业主方为其投保雇主责任险。

在工程实践中，对于某些合同，工程所在国的法律要求办理的是工伤事故保险（Site Accidents and Worker's Compensation Insurance），这是与雇主责任险类似的一个险种，但仍存在区别。应注意，对于工伤事故保险，较多偏向于意外伤害事故，保险公司一般不对因项目员工出现疾病导致的损失负责，而雇主责任险强调因工作原因造成的伤害、伤亡和疾病等都会赔偿。另外，从法律角度，雇员在获得工伤事故保险的赔偿后，如果雇主在事故中负有法律责任，雇员仍可以向雇主索赔其应该承担的赔偿责任。这两种保险的标的也不同，工伤保险的标的为受害雇员的生命或者健康，而雇主责任险的标的是保障雇主的赔偿责任。

四　国际货物运输险

货物运输保险通常是承包商自愿的保险，但对于包含大型设备的工程项目，业主也可在合同中要求承包商办理货物运输保险。国际货物运输保险具体可分为海洋运输货物运输保险、陆上运输货物保险、航空运输货物保险及邮包保险四个子类。货物运输保险是针对项目所有需要运输的货物而办理的保险，用于保障任何需要运送至项目现场的材料、设备在运输途中的损失。在国际货物运输过程中，有时一批货物的运输全过程需要两种及以上的运输方式，这时往往以货运全过程所需要的主要运输工具来确定投保何种类型的保险。

海洋运输货物保险的基本险包括平安险、水渍险和一切险，被保险人可以从中选择一种主险投保，这三个险别都是对在海洋运输过程中因保险范围内的风险对船舶或货物造成的部分灭失或损失进行赔偿。此外，海洋货物运输险包括 11 种附加险，如偷窃提货不着险、淡水雨淋险、短量险、混杂玷污险、渗漏险、碰损破碎险、串味险、受潮受热险、钩损险、包装破碎险和锈损险等，这 11 种附加险只能附注在主险之下，但投保“一切险”后所有险种均包含在内。有一点值得额外提及，海洋货物运输险还包括特别附加险，如交货不到险、进口关税险、战争险等，但不包含在“一切险”范围内。此外，陆上、航空及邮包运输保险构成同海洋货物运输险类似，也都是由运输险和运输一切险的形式构成。

由于运输量、运输方式、运输工具、运输路线及投保公司等因素，货物运输保险办理的实际做法不尽相同。货物运输保险的保险金额应为项目运输货物的总价值，保险标的是运输货物。保险投保人应该根据买卖双方商定的价格条件和合同格式来确定，可以为承包商或供应商，如按照 FOB 和 CRF 条件成交，保险即由承包商办理；如按 CIF 条件成交，保险应由供应商办理。当供应商负责办理该保险时，需要特别注意货物保险的地址区间，是到达港口还是承包商指定的仓库，如果保险范围仅到达港口，承包商可能还需要另考虑剩余区间的运输保险。

五　运营服务阶段的保险

有些项目合同要求承包商负责一定阶段的运营服务，这种情况下承包商应作为投保人对以下事项办理保险。

(一) 工程火灾及扩展责任

承包商和雇主联名，按合同数据中的规定投保工程火灾及扩展责任险；在雇主批准保险条件和该保险生效前，不能开始运营服务；在应颁发试运行证书的日期前规定的时间（例如，FIDIC DBO 合同规定至少 28 天前），将保险单条款提交雇主批准，保险单应在试运行证书中注明的生效日期生效。

(二) 人员伤害和财产损失

该保险在颁发试运行证书前生效，至颁发合同完成证书时为止；承包商和雇主联名投保；保险范围为除运营服务期雇主风险和特殊风险事件之外的，在颁发合同完成证书之前因履行合同导致的任何人员伤害；此保险单应包含交叉责任条款；此保险的有效期自在试运行证书中注明的生效日期（该日期在颁发试运行证书之前）至颁发合同完成证书时为止；保险额度不少于合同数据中规定的数额。

（三）雇员的伤害

该保险在颁发试运行证书前生效，至颁发合同完成证书时终止，或承包商的雇员最终离开现场为止，取两者较晚的时间。保险范围为承包商人员的伤病或死亡引起的赔偿责任。除由于雇主行为引起的损失和索赔外，雇主应被该保险单给予保障。保险应在承包商人员参加工程实施的整个期间保证全面有效。分包商的雇员可由分包商投保，但承包商应对分包商的保险符合相关规定负责。

（四）法律和当地惯例要求的其他保险

如果有法律或当地惯例要求承包商办理的其他保险，应该在合同数据中详细注明。例如，在国际市场一些法语区国家，业主要求承包商对完工后的工程承担十年内或两年内相应的质量缺陷责任，强制承包商必须办理十年/两年责任险。在这种保险下，承包商是投保人，业主是被保险人，保险标的是合理使用年限内建筑物本身及有关的人身财产。承包商需要在工程验收之前办理相关保险，在自验收之日起的保险规定范围内出现质量缺陷及导致损失发生后，由保险公司给业主提供相应的索赔补偿。对于道路、管线等“线性”项目，可能还需要单独办理车辆责任险，包括机动车本身和第三者责任，一般来说，各国法律通常要求必须对正式办理牌照的车辆办理保险，而对于仅在工地使用的车辆则不作强制要求，但业主可能要求将其包含在施工机具险中。

虽然上述险别属于保险公司的通常险别，其保单条件往往为格式条款，但由于国际工程的复杂化，不同的总承包合同及相关法律对保险的要求不一样，所以针对某些保险条件，承包商可以与保险公司进行商谈，并对格式条款进行修改，作为特别约定包含在保险合同中。

第三节　FIDIC 银皮书中 EPC 总承包商的保险

根据 FIDIC EPC 交钥匙合同条件（2017 版，FIDIC 银皮书），EPC 项目总承包商（本节以下称承包商）应办理的保险包括：工程、永久设备和材料及承包商文件的保险；承包商的设备及物资保险；职业责任保险；第三方人身伤害与财产损害保险；承包商雇员人身保险以及当地法律和惯例要求的其他保险。

一　工程、永久设备和材料及承包商文件的保险

承包商应以承包商和业主联合的名义为工程、永久设备、材料及承包商文件办理保险，保险范围应涵盖工程、永久设备、材料及承包商文件的重置以及因设计、材料或施工问题导致工程构件不能工作而造成的损失或损害，还应涵盖为纠正这些损失和损害而产生的附加费用，包括专业人员费用以及拆除和运走废弃物的费用，因此保险额应不低于全部重置费用加 15% 附加金额，保险期限除了应覆盖工程开工到工程接收证书颁发，并在此后继续对缺陷责任期内可能出现的问题提供保险，直到履约证书颁发日期为止。

二　承包商的设备及物资保险

承包商应以承包商和业主联合的名义并依据合同数据表中规定的范围或金额为运到现场的承包商设备和物资进行投保，保险金额不低于全部重置价值，包括运至现场的费用。保险期限从这些承包商设备和物资运至现场到不再为本工程使用为止。

三　职业责任保险

承包商应以承包商和业主联合的名义针对其在合同下负责的永久工程设计和其他设计的责任投保职业责任险。保险应涵盖承包商设计工作中的错误或疏漏以及由此导致的完工后的工程或主要生产设备不能达到预期目的的职业责任，投保金额不低于合同数据中注明的金额（如合同数据中没有注明，按照与业主商定的金额投保）。承包商职业责任保险的期限为合同数据中规定的期限。

四　第三方人身伤害与财产损害保险

承包商应以承包商和业主联合的名义投保人身伤害与财产损害责任

险，包括由承包商履行合同引起并在履约证书颁发前发生的任何人员的死亡或伤害以及任何财产（不包括本项目工程）的任何损失或损害，但不包括由异常事件（Exceptional Event）引起的损失或损害。保险单中应包含交叉责任条款，以使此保险对承包商和业主分别作为单独的被保险人均能适用。该保险投保金额不低于合同数据中注明的金额（如合同数据中没有注明，按照与业主商定的金额投保）。保险期限应从承包商开始在现场工作之前到履约证书颁发为止。

五 承包商雇员人身保险

承包商应对承包商雇员或承包商其他人员的伤害、患病、疾病或死亡引起的索赔、赔偿、损失或开支（包括法律费用和开支）的责任办理保险。本保险也应同时为业主提供保障（因业主或业主人员的行为或疏忽引起的损失或索赔除外）。该保险应该在承包商人员协助实施工程期间一直全面有效。对于分包商的雇员，此类保险可以由分包商投保，但承包商应对其符合本款规定负责。EPC 银皮书没有给出承包商雇员人身保险的期限，一般应在这些人员参加工程实施的整个期间保持有效。

六 法律及当地惯例要求的其他保险

承包商应自费办理工程所在国法律要求的任何其他保险。如果有当地惯例要求承包商办理的其他保险，应该在合同数据中详细说明，承包商应按照合同数据中的说明自费办理。

第四节 国际 EPC 工程项目投保和索赔

一 保险公司选择

选择合适的保险公司投保也是保险管理的重要工作。承包商应依据合同和法律对保险的要求，分析保险需求，在充分调研保险市场和各保险公司保险产品的基础上，选择合适的保险公司并制定投保方案。

对于中国的国际 EPC 项目总承包商来说，若业主没有限制，最好选择国内的保险公司，这样便于沟通和后续可能的保险索赔，但如果国内的保险公司服务覆盖不到相关海外市场，则需要在项目所在地投保。在选择保险公司时，首先要让保险公司了解业主对保险的各项要求，并让保险公司承诺其开出的保险条件符合合同要求。若保险费较大，可以考虑同时向几家资金雄厚、服务全面、信誉良好的保险公司进行保险询价，选择保险公司具体考虑的因素包括保险险别是否满足合同要求、保险费率的高低、保险费的支付方式、免赔额的设置、除外责任、理赔期限和程序等。让一家保险公司进行一揽子的保险往往是一种比较便捷和经济的方式，但可能因保险公司的承保范围和专业能力有限，无法承保承包商所有类型的风险，或者有能力的保险公司又开价非常高，承包商不得不选择多家保险公司联合承保，具体的选择方式可以包括公开招标、邀请招标、议标或直接询价。在实践中，大型国际 EPC 工程项目可能因保额过高，还可能涉及再保、出保、共保等环节，涉及多家保险公司，询价可能比招标更有效。承包商在询价过程中可将重点放在首席保险的选取上，适当扩大具有开价能力的保险公司之间的竞争，有助于获得更满意的结果。

二　投保文件与程序

（一）投保人提交投保文件

无论采用招标的方式还是直接询价的方式，承包商都需要将详细的工程文件、合同及相关法律信息提供给保险公司或保险经纪人，作为其报价的基础。这类文件具体包括：（1）工程承包合同；（2）承包金额明细表；（3）工程设计文件；（4）工程进度表；（5）工程地质报告；（6）工地略图。

（二）保险公司核实

接到承包商的文件后，保险公司一般会对相关的下列文件信息进行核实：（1）工地的位置，包括地势及周围环境，海、江、河、湖及道路和交通运输条件等；（2）安装项目及设备情况；（3）工地内有无现成建筑物或其他财产及其位置、状况等；（4）储存物资的库场状况、位置、运输距离及方式等；（5）工地的管理状况及安全保卫措施，如防水、防火、防盗措施等。

（三）承包商与保险公司协商

国际工程保险因项目规模、难度及复杂性差异，其投保是一个需要反复协商的过程。承包商和保险公司通常就下列内容开展协商，并在达成一致意见后订立保险合同：（1）工程项目范围及其总金额；（2）物资损害部分的免赔额及特种危险赔偿限额；（3）是否投保安装项目及其名称、价值和试车期；（4）是否投保施工机具设备及其种类、使用时间、重置价值等；（5）是否投保场地清理费和现场建筑物及其保额；（6）是否参加维修期保险及其期限和责任范围；（7）是否投保第三者责任险及其赔偿限额和免赔额；（8）是否需要一些特别的保障、条件及费率等。

三 保单有效性维护

项目完成工程保险投保后，投保人还应做好保险跟踪管理，确保保单持续有效。一方面，随着工程进展项目风险在持续变化、工程范围及保险范围、保险有效期等都可能出现变动，需要及时对保单进行调整；另一方面，要防止一些本应由保险人承担的保险赔偿责任，可能被以除外责任、免赔额等各种复杂理由而拒绝。这客观上要求 EPC 总承包商重视工程保险的保后管理工作，通过委派专项人员或部门或保险经纪人进行保后跟踪管理，真正实现各类工程险种的保障作用。一般来说在保险及保单的管理过程中应该注意以下事项：

1. 保险范围的变化

由于工程范围在项目实施期间难免发生变更，应事先在保险单中约定工程范围发生变化的处理方法，若变更范围幅度不大，在约定的范围内，保险公司放弃被通知的权利。若发生大幅度的工程变更，则承包商应按约定通知保险公司，并对费率做相应的调整。

2. 工程期限的扩展或缩减

若发生工期延长的情况，需要对保险期限也做相应的扩展，此情况下应按保险单的规定，由承包商向保险公司提出，经保险公司同意后，保险仍然持续有效。同样，当工期出现大幅缩减的情况出现时，承包商也应当及时通知保险公司，因为在工程任务总量不变的情况下，工期减少可能意味着工程实施中工作面数量和交叉作业增加，从而可能改变工程实施的风险水平。

3. 保单的失效

通常造成保单失效的原因包括没有在规定的时间内缴纳保费、保险已经到期失效、重大变化发生后承包商没有履行及时通知义务等。

四 保险索赔

因保险范围内的风险发生造成保险标的损失后，获取保险索赔是被保险人在保险合同中所享有的基本权利。通常保险公司对索赔和理赔有很严格的控制，工程保险条款具有很强的专业性，而且条款之间具有非常强的逻辑关联性，加上国际 EPC 工程项目本身的复杂性，决定了保险索赔也是一项复杂的工作，承包商应熟悉保险条款，一旦发生保险范围内的风险事件，应及时通知保险公司，依据索赔程序办理索赔事宜。

（一）工程保险索赔原则

1. 损失补偿原则

损失补偿原则指在补偿性的保险合同中，保险公司给予被保险人的经济补偿额度不能超过被保险人因风险事件导致的经济损失额度。这一原则强调只有损失发生后才会有补偿，无损失发生则没有补偿，被保险人不能将保险补偿当成获利的手段，目的是避免经济因素驱动下人为制造风险事件骗取保险补偿，防止保险道德风险的产生。一般在保险索赔时可以参考以下三个赔偿标准：一是以风险事件导致保险标的实际损失为准（包括财产损失和施救费用），但最高不能超过保险金额；二是以保险合同的保险金额为限；三是以被保险人的保险利益为限。在复杂的国际工程保险活动中，可能还会涉及代位求偿权原则，即在保险人向被保险人赔偿后，可以向对保险事故负有法律责任或是对保险标的的损害负有责任的第三方请求承担赔偿责任的权利。

2. 最大诚信原则

保险当事人要向对方充分而准确地告知和保险相关的重要事实，互不欺骗、隐瞒和虚假告知，若一方违背该原则，则另一方可以要求解除合同或认定合同无效。这一原则不仅在保险索赔时起着重要界定作用，也适用于整个保险有效期，如当工程范围发生变更时承包商应及时告知保险公司。因此，当承包商因保险范围内的风险导致保险标的损失发生后，应充分、准确、如实告知事件发生详细事实、可能的因果和造成的损失大小，避免因存在侥幸心理，被保险公司认定合同无效而失去补偿机会。

3. 保险近因原则

保险近因原则是判断保险事故与保险标的损失之间的因果关系，是在分析事故起因和确定保险赔偿责任时遵循的一项基本原则。“近因”是指在风险和损失之间，导致损失发生的最直接、最有效、最具决定性作用的因素，而非时间上或空间上最接近的原因。按照近因原则，当导致保险标的损失的近因（风险因素）属于保险合同承保范围内时，保险公司应负赔偿责任，但对近因以外的风险和未保风险，保险公司不负赔偿责任。有时候损失的发生可能来自多种近因的共同作用，这时则应分析属于保险责任的近因对损失大小所占的比例来计算赔付，通常这种情况下分析更加复杂。

4. 保险利益原则

保险利益原则指投保人对其想要保障的标的必须有法律承认的经济利益，否则保险合同无效。这种利益因保险标的完好、健在而存在，因保险标的损毁、伤害而受损。衡量投保人或被保险人对保险标的是否具有保险利益的标志，是看他们是否因保险标的损害或灭失而遭受经济上的损失。强调这一原则的动因主要是为了通过锁定利益相关者，划分可投保的对象范围，防止保险合同成为一种赌博工具，即从不具有利害关系的标的变动中获益，防止道德危险的发生。

5. 协商原则

在国际工程保险索赔中可能面临多种复杂的情况，协商是索赔责任界定的一个重要参考原则。责任界定协商是指出现两种或两种以上各方不能准确判断是否属于保险责任或除外责任，或这种责任以多种形态出现时，这种情况下协商是确定赔付的一个重要手段，也是避免诉讼的重要途径。

(二) 保险索赔的程序

在发生了不可测风险事件导致费用和工期损失后，承包商获得损失补偿的两个基本渠道是根据合同和法律向保险公司索赔和向业主及其他相关方索赔。EPC 总承包商办理相关工程保险后，一旦发生保险范围内的风险事件并蒙受了损失，应积极进行保险索赔，使损失降到最低限度。通常保险索赔程序如下：

1. 发出通知和保留证据

发生索赔事件后按保险合同规定，第一时间通知保险公司，并保存好报案证据。同时承包商应对事故现场进行拍照、录像以记录损失情况，尽可能保留现场或保留证据供后续保险公司人员的现场勘查；在紧急情况下承包商为防止损失进一步扩大，不得不组织及时施救，更应注意现场的保护，在征得保险公司的施救许可后，采取必要的施救措施，并做好现场施救记录以备后期保险公司查勘。此外，抢险和修复工作最好能在业主人员或监理工程师的见证下开展，以便后期在赔偿谈判中能够作为第三方目击者或见证人为承包商提供支持。

2. 协助勘查现场

保险公司在接到承包商的出险报案后，会安排相关的勘探人员到事故现场开展勘探工作以收集必要的理赔依据，了解并核实事故发生的时间、地点、原因及造成的损失评估等有关的信息。这一阶段，承包商应派出专业人员积极配合保险公司勘探人员的工作和询问，尽力配合搜集相关的资料和证据。需要注意的是，承包商应只确认现场事实而不就任何推断进行确认。

3. 整理索赔资料

按照要求整理索赔的资料，并提交保险公司申请索赔。索赔资料可能包含详细的工程事故报告、事故发生当月的施工进度计划、事故发生前一段时间（如：一周）的工程日志、受损工程施工合同的工程量清单和单价、工程损失清单和证明文件等。其中，事故报告是确定事故责任是否属于保险责任的主要依据，承包商在提交前可交由专业的保险经纪人审核。为提高索赔的有效性，承包商在提出自身的索赔要求时，可以按照保险合同中可赔偿项目或条件有针对性地做好准备，对构成索赔条件的因素、文件及材料务必保证真实可靠，否则可能造成保险公司拒绝赔付或保险合同无效。

4. 保险损失赔偿金额的计算和谈判

在保险索赔过程中，若保险赔偿金额较小，双方没有分歧，承包商索赔单证齐全，保险双方就赔偿金额达成一致，即可签订赔偿协议，保险公司按协议中明确的最终赔偿金额支付赔款。但如果索赔金额较大，双方对赔偿金额存在较大分歧时，承包商可以申请保险经纪人介入以帮助争取最大的权益。

5. 保险公司支付赔偿金额

在保险公司和承包商双方对保险赔偿金额达成一致的前提下，保险公司在支付前通常要求承包商签署支付协议，证明双方对保险责任、损失认定、补偿金额及追偿权转移等问题已经明确无误，以减少后续出现争议。之后，保险公司会在约定的期限之前把赔偿款打到承包商指定的账户上。但是，保险公司的赔付方式不仅仅限于现金赔付，也有可能采用重置受损对象或进行修理的方式进行赔偿，具体赔偿方式的选择取决于保险合同的规定和相关方式成本高低。

（三）保险索赔注意事项

1. 涉及第三方的赔偿

若承包商给第三方造成损失并需要赔偿时，在保险公司授权之前，不应作出任何承诺和赔付，否则保险公司可能不予赔偿。而如果第三方给承包商造成损失时，未经保险公司同意，承包商不得擅自放弃追偿的权利，否则将得不到保险赔偿。

2. 重复保险与超值保险

对于工程财产保险，包括工程本身及相关设备机具等，不得向多家保险公司重复保险，否则保险公司仅有按比例承担相应责任的义务。财产保险不应超值保险，否则在出险后保险公司最多赔偿该财产的实际价值，对超出部分有权拒绝赔偿。

3. 报案措辞严谨

保险公司的电话通常带有录音功能，保险现场勘探人员也会根据报案信息了解案件的基本信息，所以说承包商报案的逻辑清晰度、对项目及损失描述的准确度、对查勘人员制定现场勘查计划有很大的影响。有时可能因为承包商报案人的报案描述不清晰、不准确，对事故发生原因和责任超前定性，导致无法获得赔付。

4. 索赔资料编制

保险公司为避免赔偿，往往会要求承包商提供大量的证明材料，如果不去分辨出这些证明材料是否对索赔有利，照单仓促提供有可能被保险公司抓住漏洞，造成索赔难度加大。因此，索赔发生后，承包商在收到保险公司要求提供的索赔依据的所有证明文件、资料和单据时，应该保持谨慎态度，对掌握的每一条信息认真考虑后再决定是否提交，因为自身掌握的全部资料不一定都有利于帮助自己获得理赔；另外，提交资料的表述不当可能会涉及保险合同中的免责条款。因此，在编制索赔资料时尽量按照索赔要点展开，精简描述，并经专业的保险经纪人审核，以提高索赔的成功率。

5. 在承包商或业主均未违反总承包合同及保险条件的情况下，对于不能从保险人处获得赔偿的部分所造成的损失，应根据双方合同下对该出险事件的责任比例进行分担

如果损失是因为承包商或业主某一方违反合同或保险条件所引起的，违反的一方应承担由此遭受的损失。

6. 保险单中的免赔额的高低会影响被保险人的索赔权限，免赔额不应超过承包合同专用条款数据中规定的金额

如果合同数据表中没有注明，则不应超过与业主商定的金额。

参考文献

一 中文文献

蔡文：《可拓学概述》，《系统工程理论与实践》1998 年第 1 期。
蔡文：《新学科〈物元分析〉》，《广东工学院学报》1992 年第 4 期。
陈勇强：《基于现代信息技术的超大型工程建设项目集成管理研究》，博士学位论文，天津大学，2004 年。
邓丽珊：《国际工程市场中中国高铁项目的政治风险管理研究》，硕士学位论文，东南大学，2017 年。
冯昕：《EPC 工程总承包项目目标控制体系研究》，硕士学位论文，中南大学，2012 年。
姜鹏：《大型工程项目复杂性影响因素分析及测度研究》，博士学位论文，哈尔滨工业大学，2016 年。
蒋甲丁等：《知识生态视角下基于 WSR 的大型工程项目知识共享影响因素及实证研究》，《管理评论》2021 年第 5 期。
冷眉：《新形势下国际工程项目的风险类型及防范措施探讨》，《企业改革与管理》2021 年第 24 期。
刘朝阳：《高速公路建设多目标协调控制研究》，博士学位论文，北京交通大学，2020 年。
刘嘉等：《基于 CRITIC 算法的绿色制造合作伙伴选择》，《工具技术》2021 年第 2 期。
柳春娜：《浅析大型国际 EPC 项目合同管理控制要点》，《项目管理技术》2021 年第 3 期。
乔实：《大型工程项目设计方与施工方知识共享激励机制研究》，博士学位论文，武汉理工大学，2019 年。
秦旋等：《基于市场推广视角的 BIM 技术采纳障碍因素中意对比研究》，《管理学报》2016 年第 11 期。
沈思伟：《国际 EPC 工程项目风险及应对措施》，《电站系统工程》2022 年第 4 期。
盛昭瀚等：《大型复杂工程管理的方法论和方法：综合集成管理——以苏通大桥为例》，《科技进步与对策》2008 年第 10 期。
寿涌毅等：《基于内容分析法的大型项目特征研究》，《项目管理技术》2013 年第 6 期。
汤晨曦：《基于系统动力学的工程项目目标五要素集成管理研究》，硕士学位论文，内蒙古财经大学，2017 年。
唐小丽：《模糊网络分析法及其在大型工程项目风险评价中的应用研究》，博士学位论文，南京理工大学，2007 年。
王进：《大型工程项目成功标准研究》，博士学位论文，中南大学，2008 年。
王伍仁编著：《EPC 工程总承包管理》，中国建筑工业出版社 2008 年版。
王颖等：《基于结构方程的建设工程项目成本控制影响因素研究》，《建筑经济》2020 年第 2 期。
吴希：《三种权重赋权法的比较分析》，《中国集体经济》2016 年第 34 期。
许鹏：《海外大型工程项目成本管理及风险控制研究》，《工程技术研究》2021 年第 7 期。
杨婧：《大型工程项目网络化建模及关键节点分析方法研究》，博士学位论文，国防科学技术大学，2012 年。
余清芝：《铁路工程项目目标体系构建研究》，硕士学位论文，中南大学，2013 年。
袁立：《新形势下国际工程高质量发展能力建设系列之二　国际工程市场选择能力建设》，《施工企业管理》2022 年第 2 期。
翟丽等：《特大型工程项目的项目管理价值研究——以 SHRBC 公司为

例》,《管理世界》2009 年第 S1 期。

张水波、陈勇强:《国际工程总承包 EPC 交钥匙合同与管理》,中国电力出版社 2009 年版。

张咏梅、陈芳:《现代工程项目管理目标体系的构建》,《华东经济管理》2008 年第 6 期。

赵政等:《基于 ISM 模型的 EPC 项目风险网络分析》,《会计之友》2019 年第 20 期。

朱晗等:《公路建设项目目标管控体系构建研究》,《公路》2017 年第 12 期。

朱思雅等:《基于改进 DEMATE 的海外工程项目进度影响因素分析》,《中外公路》2018 年第 5 期。

[英] 威廉·戈德温:《工程建设合同》,刘梦娇等译,中国建筑工业出版社 2008 年版。

二 外文文献

Akhtar M.,"Dealing with EPC Project Management Problems and Challenges: A Case Study on Petrochemical, Oil and Gas EPC Projects in Middle-East", *Abu Dhabi International Petroleum Exhibition & Conference*, No. 9, 2020.

Alsubaie, A. A., Faisal, M. N., Aouni, B. et al., "A Strategic Framework for Transformational Leadership Development in Megaprojects", *Sustainability*, Vol. 13, No. 6, March 2021.

Bakhshi, J., Ireland, V., & Gorod, A., "Clarifying the Project Complexity Construct: Past, Present and Future", *International* Journal *of Project Management*, Vol. 34, No. 7, October 2016.

Brookes, Naomi J., "Mankind and Mega-projects", *Frontiers of Engineering Management*, Vol. 1, No. 3, July 2014.

Cantarelli, C. C., Flyvbjerg, B. & Buhl, S. L., "Geographical Variation in Project Cost Performance: The Netherlands Versus Worldwide", *Journal of Transport Geography*, Vol. 24, No. 9, September 2012.

Carlos, Caldas, Ashish, & Gupta, "Critical Factors Impacting the Performance of Mega-projects", *Engineering, Construction and Architectural Management*, Vol. 24, No. 6, November 2017.

Denicol, J., Davies, A., & Krystallis, I., "What Are the Causes and Cures of Poor Megaproject Performance? A Systematic Literature Review and Research Agenda", *Project Management Journal*, Vol. 51, No. 8, February 2020.

ENR. ENR's 2022 Top 250 International Contractors. Top-250-International-Contractors-Preview. (2022) https://www.enr.com/toplists.

Eweje, J., Turner, R., & Ralf Müller, "Maximizing Strategic Value from Megaprojects: The Influence of Information-feed on Decision-making by the Project Manager", *International Journal of Project Management*, Vol. 30, No. 6, August 2012.

FIDIC, *Conditions of Contract for Construction* (*Second Edition*), Geneva: FIDIC, 2017.

FIDIC, *Conditions of Contract for EPC Turnkey Projects* (*Second Edition*), Geneva: FIDIC, 2017.

FIDIC, *Conditions of Contract for Plant and Design-Build* (*Second Edition*), Geneva: FIDIC, 2017.

Fiori, C., & Kovaka, M., "Defining Megaprojects: Learning from Construction at the Edge of Experience", paper delivered to Construction Research Congress 2005, sponsored by the ASCE, University of California, August 715 - 724, 2005.

Flyvbjerg B. and Bruzelius N., Rothengatter W., *Megaprojects and Risk: An Anatorny of Ambition*, Cambridge UK: Cambridge University Press, 2003.

Flyvbjerg Bent, *The Oxford Handbook of Megaproject Management*, Oxford, Eng: Oxford University Press, 2017.

Flyvbjerg, Bent, "What You Should Know about Megaprojects and Why: An Overview", *Project Management Journal*, Vol. 45, No. 2,

April 2014.

Flyvbjerg B., *Megaproject Planning and Management: Essential Readings*, Birmingham, UK: Edward Elgar Publishing, 2014.

Gamil, Yaser, et al., "Qualitative Approach on Investigating Failure Factors of Yemeni Mega Construction Projects", *MATEC web of conferences. EDP Sciences*, No. 103, 2017.

Goodier, ChrisI, et al., "Delay Factors for International Engineer-Procure-Construct (EPC) High-Speed Rail Construction Projects", Ph. D. dissertation, London: Loughborough University, 2018.

Hassan, T. M., Mccaffer, R., & Thorpe, T., "Emerging Clients'Needs for Large Scale Engineering Projects Engineering", *Construction and Architectural Management*, Vol. 6, No. 1, January 1999.

He, Q. H., Xu, J. Y., Wang, T., et al., "Identifying the Driving Factors of Successful Megaproject Construction Management: Findings from Three Chinese Cases", *Frontiers of Engineering Management*, Vol. 8, No. 1, April 2021.

Hu, Y., Chan, A. P. C., Le, Y., et al., "From Construction Megaproject Management to Complex Project Management: Bibliographic Analysis", *Journal of Management in Engineering*, Vol. 31, No. 4, September 2015.

Ika, L., Pinto, J. K., "Love PE, et al. BiasVersus Error: Why Projects Fall Short", *Journal of Business Strategy*, Vol. 44, No. 2, February 2022.

Invernizzi, D. C., Locatelli, G. & Brookes, N. J., "A Methodology Based on Benchmarking to Learn across Megaprojects", *International Journal of Managing Projects in Business*, Vol. 11, No. 1, March 2018.

Li, Y., Lu, Y., Taylor, J. E., et al., "Bibliographic and Comparative Analyses to Explore Emerging Classic Texts in Megaproject Management", *International Journal of Project Management*, Vol. 36, No. 2, February 2018.

Mišić, Sandra; Radujković, & Mladen, "Critical Drivers of Megaprojects Success and Failure", *Procedia Engineering*, Vol. 122, December 2015.

Miller, R. and Lessard, D. R., *The Strategic Management of Large Engineering Projects: Shaping Institutions, Risks and Governance*, Cambridge, MA: MIT Press, 2001.

Ninan, J., Clegg, S., Burdon, S., et al., "vert Obstacles and Covert Causes: An Exploratory Study of Poor Performance in Megaprojects", *Project Leadership and Society*, Vol. 2, No. 2, December 2021.

Olaniran, O. J., Love, P. E. D., Edwards, D., et al., "Cost Overruns in Hydrocarbon Megaprojects: A Critical Review and Implications for Research", *Project Management Journal*, Vol. 46, No. 6, December 2015.

Pitsis, A., Clegg, S., Freeder, D., et al., "Megaprojects Redefined-Complexity Vs Cost and Social Imperatives", *International Journal of Managing Projects in Business*, Vol. 11, No. 1, March 2018.

Pollack, J., Biesenthal, C., Sankaran, S, et al., "Classics in Megaproject Management: A Structured Analysis of Three Major Works", *International Journal of Project Management*, Vol. 36, No. 2, February 2018.

Rothengatter, W., "Megaprojects in Transportation Networks", *Transport Policy*, Vol. 75, March 2019.

Rudolf, C. A., Stefan, S., "Key Risks in The Supply Chain of Large Scale Engineering and Construction Projects", *Supply Chain Management*, Vol. 23, No. 4, July 2018.

Söderlund J., Sankaran S., Biesenthal C., "The Past and Present of Megaprojects", *Project Management Journal*, Vol. 48, No. 6, 2017.

Shenoy, D., Mahanty, B., "Biswajit Mahanty Measuring the Readiness of A Megaproject", *International Journal of Managing Projects in Business*, Vol. 14, No. 4, February 2021.

Tshidavhu, F., Khatleli, N., "An Assessment of the Causes of Schedule and Cost Overruns in South African Megaprojects: A Case of the Critical

Energy Sector Projects of Medupi and Kusile", *Acta Structilia*, Vol. 27, No. 1, June 2020.

Wang, T., Owusu, EK., He, Q. et al., "Empirical Assessments of the Determinants of Construction Megaprojects' Success: Evidence from China", *Sustainability*, Vol. 14, No. 22, November 2022.

附录

RG项目风险评价调查表

尊敬的专家：

您好！近年来，EPC作为一种重要的国际工程总承包项目模式在国际工程市场上受到广泛重视。为应对国际工程承包市场发展的新形势，深入实施“一带一路”倡议，我们正在开展“国际EPC工程项目风险管理”调研，希望得到您的鼎力支持。

此致

祝身体健康，工作顺利。

一　专家基本信息

1. 您所在的行业为：

A. 石油化工

B. 交通运输

C. 房建

D. 电力

E. 制造

F. 其他

2. 您所在的单位类型为：

A. 大型施工单位

B. 勘察设计单位

C. 科研教育单位

D. 政府管理部门

E. 其他

3. 您目前的岗位性质为：

A. 企业管理人员

B. 施工技术或施工管理人员

C. 设计人员

D. 科研人员

E. 其他

4. 您参与的您所在单位作为总承包商实施的 EPC 国际工程总承包项目数量为：

A. 0 个

B. 1 个

C. 2 个

D. 3 个

E. 更多

5. 您参与的您所在单位作为总承包商实施的最大的 EPC 国际工程项目投资规模为（折合人民币）：

A. 1 亿—10 亿元

B. 10 亿—100 亿元

C. 100 亿—500 亿元

D. 500 亿—1000 亿元

E. >1000 亿元

二　风险等级及指标量化数据调查

本次调查主题是 R 国 RG 项目风险指标评价，课题组在前期调查的基础上，初步设计了风险事件概率等级分值区间（表 1）、风险后果影响程度等级分值区间（表 2）和风险等级矩阵（表 3），并初步确定了 R 国 RG 项目风险指标体系（表 4、表 5、表 6），请结合您对项目实际情况的了解，完成风险指标量化数据调查，给出每个风险对应的概率和后果影响程度的量化分值，即完成表 4、表 5、表 6 的填写。

（一）风险等级划分

表 1　　**风险事件概率等级表**

风险发生概率（RP）	解释说明	量化分值
(80%, 100%]	发生可能性很大	5
(50%, 80%]	发生可能性较大	4
(30%, 50%]	发生可能性中等	3
(10%, 30%]	发生可能较小	2
(0, 10%]	发生可能性极小	1

表 2　　**风险后果影响程度等级表**

影响程度（RI）	解释说明	量化分值
极度严重	风险发生导致项目失控或失败	5
严重	风险发生导致项目损失很大，控制难度极大	4
一般	风险发生导致项目损失较大，基本还能控制	3
较小	风险发生导致项目损失较小，在可控范围内	2
轻微	风险发生影响可以忽略	1

依据风险等级划分原理，即：

（风险等级）$RR = F(RI, RP) = RI$（影响程度）$* RP$（概率）

形成风险等级矩阵（表 3）。

表 3　　**风险等级矩阵**

风险等级 RI / RP	1（轻微）	2（较小）	3（一般）	4（严重）	5（极度严重）
1（极小）	1 极低	2 极低	3 低	4 低	5 中等
2（较小）	2 极低	4 低	6 中等	8 中等	10 高
3（中等）	3 低	6 中等	9 中等	12 高	15 高
4（较大）	4 低	8 中等	12 高	16 高	20 极高
5（极大）	5 中等	10 高	15 高	20 极高	25 极高

（二）风险指标量化数据调查

表4　　与外部环境相关的风险指标

准则层	指标层	发生概率					影响程度					指标简要说明
		(0, 10%]	(10%, 30%]	(30%, 50%]	(50%, 80%]	(80%, 100%]	轻微	较小	一般	严重	极度严重	
		[0, 1]	(1, 2]	(2, 3]	(3, 4]	(4, 5]	[0, 1]	(1, 2]	(2, 3]	(3, 4]	(4, 5]	
政治风险	政府行为风险											政府部门可能存在腐败、办事效率低、干预项目执行等行为风险
	政策变动风险											政策可能发生重大变动给项目执行带来的风险
	国际关系风险											项目所在国与其他国家的关系可能带来的风险
社会风险	社会治安风险											项目所在地社会秩序是否稳定及治安状况可能带来的风险
	文化冲突风险											不同宗教信仰和文化背景差异可能引起的风险
	疫情突发风险											疫情可能突发或加重对项目执行造成不利影响的风险
	恐怖活动风险											项目所在地可能遭遇恐怖袭击等暴力事件的风险

续表

准则层	指标层	发生概率					影响程度					指标简要说明
		(0, 10%]	(10%, 30%]	(30%, 50%]	(50%, 80%]	(80%, 100%]	轻微	较小	一般	严重	极度严重	
		[0, 1]	(1, 2]	(2, 3]	(3, 4]	(4, 5]	[0, 1]	(1, 2]	(2, 3]	(3, 4]	(4, 5]	
经济风险	汇率变化风险											汇率变化对不同货币支付与结算的影响
	通货膨胀风险											物价上涨导致成本上升的风险
	资源短缺风险											市场上缺乏项目所需的材料、设备、劳动力等资源的风险
	财税制度风险											中外税务体系不同及项目所在国税收制度变化引起的风险
法律风险	法律体系风险											中外法律不同以及项目所属国家法律体系不健全带来的风险
	法律改变风险											现有法律或其解释发生改变、废除及新法律实施给项目带来的风险
	法律执行风险											当地部门执法可能不公正、不客观的风险

续表

准则层	指标层	发生概率					影响程度					指标简要说明
		(0, 10%]	(10%, 30%]	(30%, 50%]	(50%, 80%]	(80%, 100%]	轻微	较小	一般	严重	极度严重	
		[0, 1]	(1, 2]	(2, 3]	(3, 4]	(4, 5]	[0, 1]	(1, 2]	(2, 3]	(3, 4]	(4, 5]	
自然风险	交通条件风险											项目现场位置偏僻、运输环境恶劣、交通设施落后等对项目实施造成不利影响的风险
	气候条件风险											项目所在地区固有气候特点及可能发生恶劣气候的风险
	不良地质风险											施工现场复杂地质条件、不良地质构造等带来的风险

表 5 **与项目利益关系人相关的风险指标**

准则层	指标层	发生概率					影响程度					指标简要说明
		(0, 10%]	(10%, 30%]	(30%, 50%]	(50%, 80%]	(80%, 100%]	轻微	较小	一般	严重	极度严重	
		[0, 1]	(1, 2]	(2, 3]	(3, 4]	(4, 5]	[0, 1]	(1, 2]	(2, 3]	(3, 4]	(4, 5]	
业主行为风险	资金能力风险											业主财务状况恶化、项目资金不足的风险

续表

准则层	指标层	发生概率					影响程度					指标简要说明
		(0, 10%]	(10%, 30%]	(30%, 50%]	(50%, 80%]	(80%, 100%]	轻微	较小	一般	严重	极度严重	
		[0, 1]	(1, 2]	(2, 3]	(3, 4]	(4, 5]	[0, 1]	(1, 2]	(2, 3]	(3, 4]	(4, 5]	
业主行为风险	支付信誉风险											业主能否按照合同规定和项目进度支付工程款的风险
	过度干预风险											项目执行期间业主干预过多，干扰承包商项目执行的行为风险
	交付现场风险											业主不能及时交付现场（或部分现场）导致承包商不能按计划实施的风险
	图纸审批风险											业主人员效率低，不能在规定期限内完成审批导致延误的风险
设计分包商行为风险	设计能力风险											设计机构资质、设计人员素质对项目设计的影响
	设计经验风险											设计单位是否有类似项目的设计经验对项目设计的影响

续表

准则层	指标层	发生概率					影响程度					指标简要说明
		(0, 10%]	(10%, 30%]	(30%, 50%]	(50%, 80%]	(80%, 100%]	轻微	较小	一般	严重	极度严重	
		[0, 1]	(1, 2]	(2, 3]	(3, 4]	(4, 5]	[0, 1]	(1, 2]	(2, 3]	(3, 4]	(4, 5]	
设计分包商行为风险	设计标准风险											设计单位对项目功能及技术标准、规范等要求的理解和熟悉程度可能对项目设计的影响
	设计执行风险											因设计组织不力等导致设计进度与质量不能满足要求的风险
	环境勘察风险											勘察不充分或勘察资料错误或疏漏的风险
供应商行为风险	供应能力风险											从供应商业绩、经营财务状况、研发和生产能力、原料可获得性等方面综合判断其履约能力
	及时交付风险											供应商能否按合同保质保量及时交货的风险
	运输损害风险											运输方式、运输工具、包装等是否恰当可能给设备和物资造成损害的风险
	现场服务风险											供应商是否能够提供及时可靠的现场指导和技术服务对项目实施的影响

续表

准则层	指标层	发生概率					影响程度					指标简要说明
		(0, 10%]	(10%, 30%]	(30%, 50%]	(50%, 80%]	(80%, 100%]	轻微	较小	一般	严重	极度严重	
		[0, 1]	(1, 2]	(2, 3]	(3, 4]	(4, 5]	[0, 1]	(1, 2]	(2, 3]	(3, 4]	(4, 5]	
施工分包商行为风险	履约信誉风险											分包商企业资质、业绩、财务状况、履约记录等可能对本项目履约的影响
	施工能力风险											分包商拟派到本项目的团队的管理能力、施工设备、劳务资源等对本项目施工的影响
	技术经验风险											分包商是否实施过同类型或同区域项目经验对项目执行的影响
	施工方案风险											施工分包商拟采用的施工方案的先进性、合理性对项目实施的影响

表 6　与项目和承包商自身相关的风险指标

准则层	指标层	发生概率					影响程度					指标简要说明
		(0, 10%]	(10%, 30%]	(30%, 50%]	(50%, 80%]	(80%, 100%]	轻微	较小	一般	严重	极度严重	
		[0, 1]	(1, 2]	(2, 3]	(3, 4]	(4, 5]	[0, 1]	(1, 2]	(2, 3]	(3, 4]	(4, 5]	
技术管理风险	标准规范风险											承包商对合同要求的规范标准理解和熟悉程度对项目的影响
	技术复杂性风险											项目自身要求实施工艺技术复杂，技术要求高而带来的风险
	技术成熟度风险											承包商是否有类似项目或相关技术的经验对项目的影响
	分包划分风险											分包工作划分是否科学合理对项目执行及效益的影响
合同管理风险	合同模式风险											是否熟悉项目合同模式可能导致的风险
	合同审读风险											专业技术翻译理解是否准确、对合同各方权利、义务、责任理解是否充分准确可能引起的风险
	递交延误风险											能否按照合同程序要求及时尽早提交各种文件、申请、样品等导致工期延误的风险

续表

准则层	指标层	发生概率					影响程度					指标简要说明
		(0, 10%]	(10%, 30%]	(30%, 50%]	(50%, 80%]	(80%, 100%]	轻微	较小	一般	严重	极度严重	
		[0, 1]	(1, 2]	(2, 3]	(3, 4]	(4, 5]	[0, 1]	(1, 2]	(2, 3]	(3, 4]	(4, 5]	
合同管理风险	保函办理风险											能否及时办理符合要求的各类保函对项目执行的影响
	合同索赔风险											索赔是否条款公正严谨以及能否按索赔程序组织好索赔对项目的影响
	争端处理风险											争端处理不当可能对项目造成的不利影响
资金管理风险	资金计划风险											资金计划是否科学充分，既要保证项目流动资金又要节约资金成本
	项目融资风险											资金渠道是否畅通、充足可能对项目执行的影响
	计量支付风险											计量支付程序是否明确，以及计量支付资料提交是否及时和充分完整对付款的影响

续表

准则层	指标层	发生概率					影响程度					指标简要说明
		(0, 10%]	(10%, 30%]	(30%, 50%]	(50%, 80%]	(80%, 100%]	轻微	较小	一般	严重	极度严重	
		[0, 1]	(1, 2]	(2, 3]	(3, 4]	(4, 5]	[0, 1]	(1, 2]	(2, 3]	(3, 4]	(4, 5]	
人员管理风险	承包商人员能力风险											承包商人员的素质、能力、经验是否符合项目岗位要求，项目团队人员是否稳定对项目执行的影响
	组织管理风险											项目部组织设计是否科学合理、权责是否明确、管理流程是否科学高效对项目执行的影响
设计控制风险	设计协调风险											能否及时审查设计流程、协调各设计部门各阶段的设计工作，协助解决设计单位遇到的困难，及时处理设计工作出现的问题
	设计质量风险											总承包商能否对设计成果的质量实施及时有效的控制
	设计进度风险											总承包商能否对设计进度实施有效控制

续表

准则层	指标层	发生概率					影响程度					指标简要说明
		(0，10%]	(10%，30%]	(30%，50%]	(50%，80%]	(80%，100%]	轻微	较小	一般	严重	极度严重	
		[0，1]	(1，2]	(2，3]	(3，4]	(4，5]	[0，1]	(1，2]	(2，3]	(3，4]	(4，5]	
设计控制风险	设计概算控制风险											能否对设计概算实施有效控制以防止项目造价过高
采购控制风险	采购计划风险											采购内容和时间是否符合设计和施工要求、计划是否科学合理
	采购合同风险											采购合同条款是否严谨、定价机制是否科学、权利责任是否明确等
	采购设备监造风险											能否对设备制造过程进行详细的质量、进度监督
施工控制风险	施工组织风险											施工组织方案是否科学合理，能否高效地协调设计、采购、施工及各分包商工作

续表

准则层	指标层	发生概率					影响程度					指标简要说明
		(0, 10%]	(10%, 30%]	(30%, 50%]	(50%, 80%]	(80%, 100%]	轻微	较小	一般	严重	极度严重	
		[0, 1]	(1, 2]	(2, 3]	(3, 4]	(4, 5]	[0, 1]	(1, 2]	(2, 3]	(3, 4]	(4, 5]	
施工控制风险	施工质量风险											总承包商负责施工部分的质量控制风险及对分包部分的质量控制风险，包括材料、设备和施工工艺过程
	施工进度风险											总承包商负责施工部分的进度控制风险及对分包部分的进度控制风险
	施工成本风险											总承包商负责施工部分成本控制风险以及对分包商的计量支付、索赔变更等的控制风险
	施工安全风险											操作位置、环境和难度；安全教育、安全措施是否到位

如果您认为还有其他事项，也请留下宝贵意见。